双子&三つ子ママの妊娠・出産・育児

妊娠～3才代の育児まで、まるごとわかって安心!

たまひよ
新・基本シリーズ
+α

監修
横浜市立大学附属市民総合医療センター
総合周産期母子医療センター
高橋恒男先生（センター部長・産科医）
関 和男先生（NICU担当部長・新生児科医）

たまごクラブ
ひよこクラブ
こっこクラブ
特別編集

双子&三つ子ママの妊娠・出産・育児 CONTENTS

第3章
PART 2 出産編
不安や心配を解消してポジティブに臨む！お産

番外編

第8章 やっぱり気になるお金&手続き情報 189

この本の使い方と表記について

●「多胎」とは本来、2人以上を同時にみごもることを意味しますが、複産のほとんどが「双子」「三つ子」で占めるため、この本では主に「双子」「三つ子」の妊娠・出産・育児についてまとめています。文中の「多胎」は「双子・三つ子」の意味で使っています。

●本書は横浜市立大学附属市民総合医療センター総合周産期母子医療センターの取材をベースにまとめています。

●横浜市立大学附属市民総合医療センター総合周産期母子医療センターは、文中では横浜市大センター病院母子医療センターとして表記しています。

●この本で紹介する「双子・三つ子ママDATA」は2つのアンケートをもとにしています。ひとつは、「ウィメンズパーク」の会員を対象に、2005年11月に取材・集計したもので、調査Ⓐとして表記しています。もう1つは、「たまごクラブ」「ひよこクラブ」「たまひよこっこクラブ」の読者と、多胎サークル関係者などの協力のもとで2005年11月に取材・集計したもので、調査Ⓑと表記しています。

参考文献

●加藤則子編『すぐに役立つ双子・三つ子の保健指導BOOK』(診断と治療社)

●武 弘道著『ふたごの話、五つ子の秘密』(講談社)

●吉田啓治著『多胎妊娠の基礎知識』(ビネバル出版)

●ツインキッズクラブ編著『私たちの双子育て』(ビネバル出版)

●天羽幸子・ツインマザースクラブ編著『ふたごのお母さんへ』(ブレーン出版)

スタッフ＆協力

取材・文
朝倉利枝　東 裕美　大石久恵　岡田稔子　新西和子
高橋裕子　坪川仁保　ますだもとみ

イラスト
小西優子　坂本直子　佐古百美(扉)　シダエリ
本郷けい子　BABA (PAPA'S SCHOOL)

撮影
北村隆之

取材協力
鈴木千恵子先生(社会保険労務士)

写真協力
菅美奈さん(陸渡くん＆海渡くん)
伊藤幸子さん 快くん＆沙莉ちゃん)

表紙デザイン
風讃社デザイン室

本文デザイン
フレーズ(河内沙耶花)

校閲
東京出版サービスセンター

構成
風讃社

監修

高橋恒男先生(産科医)

横浜市立大学附属市民総合医療センター
総合周産期母子医療センター部長

1976年、横浜市立大学医学部卒業。横浜市立大学医学部産婦人科学教室を経て、2000年より横浜市立大学附属市民総合医療センター総合周産期母子医療センター部長。「産婦人科で『双子・三つ子ですよ』と言われて不安と戸惑いの中、この本を手に取られた方も多いと思います。この本が、双子・三つ子の妊娠・出産の正しい理解のお役に立ち、不要な不安を解消し、複数の生命の誕生という、より一層の喜びの手助けとなることを確信しています」

関 和男先生(新生児科医)

横浜市立大学附属市民総合医療センター
総合周産期母子医療センターNICU担当部長

1980年、横浜市立大学医学部卒業。神奈川県立足柄上病院、日赤医療センター、横浜市立大学医学部小児科学教室を経て、2000年より横浜市立大学附属市民総合医療センター総合周産期母子医療センターに勤務。2005年、同NICU担当部長就任。「双子・三つ子の子育て情報はなかなか手に入りにくいものです。この本には、先輩ママやパパの体験談が豊富にあり、戸惑いや不安を和らげ、実際の生活に役立つ内容になっています」

仲 真紀子先生(学術博士)

北海道大学大学院文学研究科・心理システム科学講座教授

1984年、お茶の水女子大学大学院博士課程単位取得退学。東京都立大学助教授などを経て2003年より現職。「私も双子のママです。大変さも2倍ですが、楽しさも2倍。自然体で乗りきってください！」(第7章の監修をご担当)

巻頭メッセージ

双子・三つ子のママたちへ

双子・三つ子ならではの不安を解消して、前向きに妊娠・出産・育児に臨みましょう

「双子・三つ子」ママは単胎妊娠では味わえない、特別で貴重な体験ができます

この本は、双子・三つ子の赤ちゃんたちを妊娠したママや、すでに出産を終え、育児の真っただ中にいるママに向けた一冊です。同時に2人以上の子を身ごもる場合を「多胎」といいますが、そのうち大半を双子・三つ子が占めるため、双子・三つ子ならではの妊娠・出産・育児について、まとめています。

多胎ママは単胎（1人の赤ちゃん）の妊娠・出産・育児では味わえない、ある意味、特別で貴重な体験をすることになるでしょう。不安もあるとは思いますが、案ずるより産む（やす）が易し。先輩ママの体験談も参考に、前向きに一歩を踏み出しましょう。

喜び、驚き、不安や心配、戸惑い……。妊娠判明時のママの気持ちはとても複雑です

「おなかの中に複数の赤ちゃんが」。そう知らされたとき、多胎ママはどんな気持ちだったのでしょうか。双子・三つ子ママDATAによると、「うれしかった」よりも「びっくりした」という回答が微妙に上回っており、「不安・心配・戸惑った」という回答が次に続きました。

それも当然のことでしょう。1人と思っていたら、いきなり双子・三つ子が自分のおなかの中にいると告げられたのですから。先輩ママからも「聞いてない〜」「家系にはいないはずなのに、なぜ⁉」など驚きや不安、戸惑いの声が多く寄せられました。

とはいえ、喜びの声もたくさん届いています。「もともと双子に憧れていたので、うれしかった」「赤ちゃんたちが母親に選んでくれたことに感謝した」「高齢だったので一度に2人も授かれてラッキー！」など喜びぶりが伝わってきます。

双子・三つ子ママDATA

Q 多胎妊娠を知ったときの気持ちはどうでしたか？

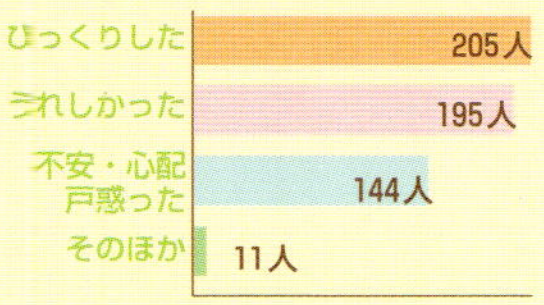

回答数300人、複数回答（調査Ⓐ）

双子・三つ子の妊娠を知ったときの気持ちは？

「とにかく混乱」

「あ、そうですか〜と間の抜けた返事をしてしまった」

「双子ができたらいいなと思っていたのでウェルカム！」

「うれしいけど、大丈夫かなぁという感じ」

「正直、どうしよう〜と思いました」

「妊娠は1回でいいと思っていたので、うれしかった」

「2人いっぺんにかい！　とつっこみたくなった」

「夢がかなった」

「経済面の不安など、いろいろ考えてしまった」

「不妊治療をしていたので、ヤッター！」

「ハイリスク」といわれる多胎妊娠だからこそ専門家と不安について話をしましょう

妊娠生活では「ちゃんと無事に2人とも産めるだろうか」「1人がおなかの中で育たないことがあるって聞いたけど大丈夫かな」など、双子・三つ子ならではの悩みがあります。

とくに双子・三つ子の場合、単胎よりも病院などから「リスクが高い」と言われることが多いため、妊娠判明時には喜んだものの、少し時間を置くと「だんだんと不安になっていった」と妊娠生活を振り返る先輩ママも少なくありません。

けれど、やみくもに不安がるのは、ママはもちろん、おなかの赤ちゃんたちにとっても、あまり好ましくありませんね。知らないことに起因する不安の多くは、正しい知識を身につけたり、医師などの専門家とちゃんと話をしたりすることで軽減できます。ちょっとした疑問や不安についても胸の中にしまっておかず、納得いくまで話をしてみましょう。そうすれば自信が持て、妊娠生活にもお産にもゆとりを持って向き合えるようになります。

複数の赤ちゃんたちのお世話は大変！
1人で頑張りすぎないことが大切です

けれども、育児に「待った」はありません。いやおうなしに赤ちゃんたちのお世話をしなければならないのです。ママは1人でなんでもやろうとせずに、パパなり祖父母なりベビーシッターなり、頼れる人にサポートをお願いしましょう。「とにかく頑張りすぎないこと」ということは、先輩ママの多くが口をそろえてアドバイスしています。育児に押しつぶされてしまわないよう、多胎ママに無理は禁物。これに赤ちゃんたちのためでもあります。

あんなに不安だったお産も無事終わり、いよいよ怒濤（どとう）の育児生活へ。双子・三つ子ママは、単胎よりもお産に対する不安が大きい分、出産＝ゴールという意識が強く、そのあとに続く育児にまでなかなか気持ちがいかないといわれます。そのため、「いきなりミルクをせがんで泣きまくる2人のママになり、パニック状態に」「育児がこんなに大変なんて聞いてない〜！」というように戸惑いを覚えるママが多いのも事実です。

育児はいろいろと大変だけれども、その分、喜び&幸せも大きくなります

本書を作るにあたり、先輩ママに「双子・三つ子を産んでよかったと感じるときは？」と聞いてみました。喜びや幸せを感じる瞬間は人それぞれのようですが、ほとんどの先輩ママが「本当に大変だけれども」と前置きしながらも、「その分、喜びや幸せは倍増！」「人数分倍になるどころか、4倍にも5倍にもなる」と幸せの大きさをアピールしています。

このことは、出産前の不安なママや、育児に追われっぱなしのお疲れママにとっては信じられないことかもしれませんね。先輩ママからは「振り返れば、あっという間に子どもたちは成長する」「なんとかなるもんだ～と心に余裕を」「いずれきっと双子(三つ子)を産んでよかったと思える日が来るはず」といったエールも数多く届いています。

この本には先輩ママの体験談が随所に盛り込んであります。当事者だからわかる熱い言葉に耳を傾け、一歩ずつ前に進んでいきましょう。

双子・三つ子を産んでよかったと感じるときは？

「毎日」

「2人が仲よく遊んでいるとき」

「2人同時の同じ笑顔を見たとき。たまりません！」

「双子だぁ～と声をかけられるとき」

「両手に花2つがうれしい」

「とにかくかわいいし、面白い」

「子ども嫌いだった私が変われたのは2人のおかげ」

「普通のママができない体験ができた」

「2人の子どもが自分のことを取り合いするとき」

「双子でよかったと本人たちに言われた」

PART 1 妊娠編

第1章

妊娠の基礎知識とママの体の変化

双子・三つ子の妊娠がわかったとき、喜びの半面、不安に思ったママも多いことでしょう。卵性や膜性診断など多胎妊娠ならではの基礎知識をしっかり理解し、おなかの中の赤ちゃんたちと充実した妊娠生活をスタートさせましょう。

多胎妊娠の基礎知識 1

双子・三つ子の分娩数が年々少しずつ増えています

少子化が危惧される昨今。出生率が減り続けている一方で、多胎妊娠は少しずつ増加中。もともと日本人には少なかった双子や三つ子の分娩数の動向を、統計をもとに見てみます。

人種的に日本人は本来多胎妊娠は少なめです

多胎妊娠とは、2人以上の赤ちゃんを同時に妊娠することです。1人の妊娠は「単胎（たんたい）」と呼びますが、双子は「双胎（そうたい）」、三つ子は「品胎（ひんたい）」、四つ子は「要胎（ようたい）」とも呼ばれます。

妊娠というと、通常はおなかの中の赤ちゃんは1人であると考えますね。ヒトの体には、1回の月経周期で1つだけ排卵するしくみが備わっています。ですから、ほかの哺乳類と違って、ヒトは1人ずつ生まれてくるのが通常と考えられています。

ところが、排卵された1つの卵子が1つの精子と受精したあと、2つに分かれたり、あるいは一度に複数の排卵があり、それぞれに精子が結びつき、複数個の受精卵となって子宮の中に着床した場合は、双子、三つ子などの多胎妊娠となります。

なぜ自然に1つの受精卵が2つに分かれたり、一度に複数個の排卵があるのか、詳しいことはよくわかっていません。ただ、複数個の卵子が排出されやすい体質というのはあるようで、それは母親側の遺伝的な素因によって起こるといわれています。

ちなみに人種による差が見られ、多胎妊娠は多い順に黒人、白人、黄色人種となっています。余談ですが、アフリカのナイジェリアでは20の出産のうち1組が多胎妊娠だそうです。

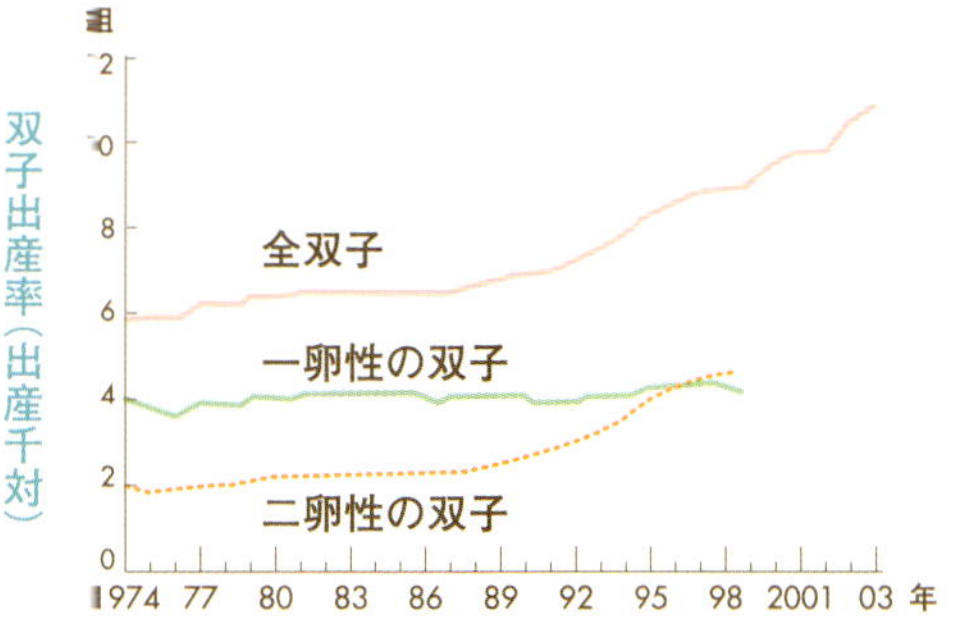

全双子と卵性別出産率の年次推移（1974～2003年）
兵庫大学健康科学部 今泉洋子作成

1974年以降、双子の出産率は2倍近い伸びとなっています。（「周産期医学」vol.35 no.7、2005-7より）

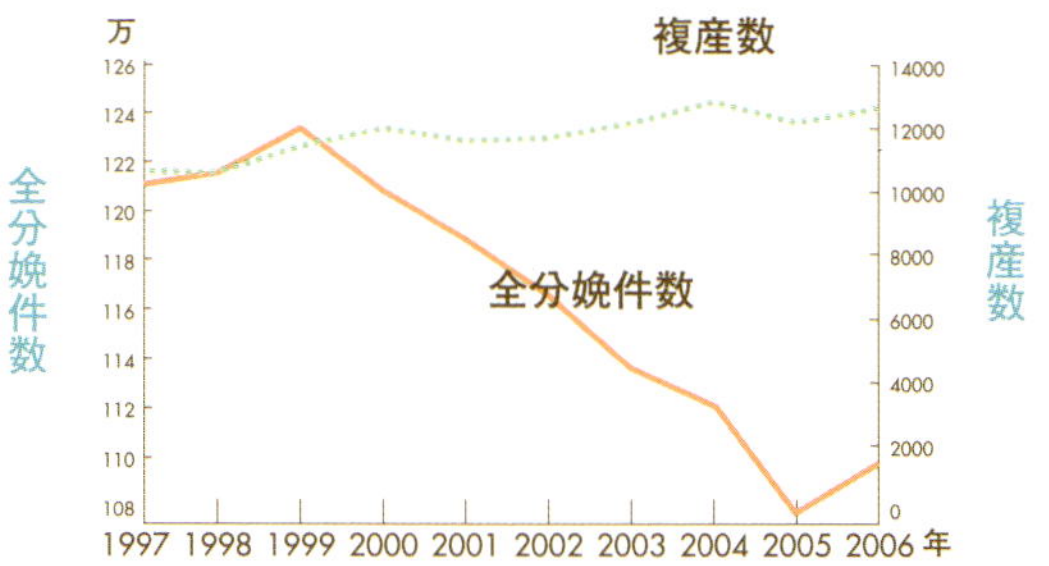

全分娩件数と複産数の最近10年の推移（1997～2006年）
厚生労働省人口動態統計より編集部作成

1年間の全分娩件数が減る中、複産（双子・三つ子・四つ子・五つ子の総称）が増えていることがわかります。

多胎の分娩の中でも双子の分娩が増えています

多胎の分娩数は年々増加しています。日本では、1975年から注射による排卵誘発剤（hMG）を使った不妊治療が始まり、83年からは体外受精も行われるようになりました。

上の右のグラフにもあるように、全分娩件数が減少する中、複産数（双子、三つ子などの多胎分娩件数）は少しずつ増加しています。2006年には約111万の全分娩件数のうち、複産が1万2883組と約1％を占めるまでになっています。

多胎のうち、双子の出産率は従来、東洋人の自然妊娠による双子出産率である、1000の出産のうち6組ぐらいで推移してきました。上の左のグラフによると、hMGが使われるようになってから双子出産率は少しずつ上がり始め、体外受精の実施開始後はさらに上がり、2003年には11組に。三つ子・四つ子の場合も体外受精の治療が始まってからは増えています。しかし、日本産科婦人科学会が1996年に、体外受精で母体に戻す胚（受精卵）を3個以内に制限する勧告を出したことから、三つ子、四つ子の分娩は減ってきました。

二卵性の双子が一卵性を上回ってきました

双子の卵性（18ページ参照）に目を向けましょう。

上の左のグラフを見ると、1974年は二卵性の双子の出産率は一卵性の双子の約半分で、1000の出産に対し約2組でした。けれども不妊治療の影響で87年以降上昇し、97年にはついに一卵性の双子との逆転が見られました。二卵性の双子は今後もしばらく増え続けていくと考えられています。

一卵性の双子は偶然によるものと考えられ、人種や家系にかかわらず、1000の出産に対し4組程度と、ほぼ一定の出産率を示してきました。しかし、これもまた最近では不妊治療の影響によって、ごくわずかではありますが、増えてきています。その理由ははっきりとしてはいませんが、排卵誘発剤の刺激や、体外受精の物理的な刺激が、受精卵の分離を促しているのではないかなどといわれています。

三つ子の場合は、3人とも違う受精卵の三卵性のほか、二つの受精卵と一卵性の双子が組み合わさったケースもあります。

多胎妊娠の基礎知識 2

やっぱり気になるのは卵性。一卵性と二卵性はこう違います

双子・三つ子といえば気になるのが卵性です。そもそもなぜ双子や三つ子になるのでしょうか？おなかの赤ちゃんたちのルーツを考え、生まれたあとのことを想像してみましょう。

別々の受精卵が育つ二卵性の双子が増加

おなかの赤ちゃんたちが一卵性か二卵性(三卵性)かと気になる双子・三つ子ママ、パパも多いでしょう。双子・三つ子ママDATAでは、7割が二卵性、3割弱が一卵性で、二卵性の多さが目立ちました。

一卵性の双子とは、もともとは1つの受精卵だったのが早い時期に2つに分離して、そのまま育っていったものです。一卵性の双子のほとんどはなんらかの理由で自然に受精卵が分離したものですが、不妊治療によるものではないかと考えられる一卵性の双子もわずかにあります。一方、二卵性の双子とは、2つの別々の受精卵が育っていったものです。

二卵性の双子になるのは、ママが複数個の排卵が起きやすい体質だった場合もあれば、不妊治療による場合もあります。体外受精で受精卵を2個以上母体に戻し、2つ以上の受精卵が着床して育ったもののほか、排卵誘発剤で2個以上の排卵が起き、それらが受精・着床して成長した場合もあります。

三つ子では、排卵誘発剤で3つの受精卵ができる場合のほか、体外受精で2個の受精卵を戻したところ、1つが一卵性の双子として分離し、それとは別の受精卵が着床し、結果、三つ子となる場合もあります。

双子・三つ子ママDATA

Q 卵性をどのように知りましたか？

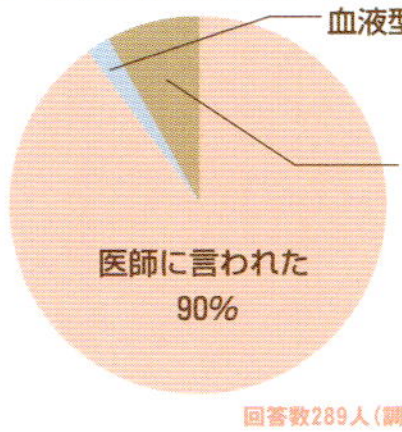

回答数289人(調査Ⓐ)

医師から言われたというママたちの多くは、胎盤の数や絨毛膜(20ページ参照)の数からのよう。

Q 双子の場合、卵性の種類は？

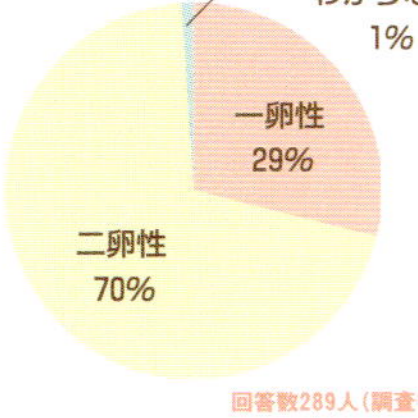

回答数289人(調査Ⓐ)

双子ママのDATAでは、二卵性が70%と、多くの割合を占めていました。わずかですが、わからないママも。

異性の双子なら二卵性、同性の場合は両方の可能性が

一般に、容姿がよく似ていれば一卵性の双子、年の違うきょうだい程度に似ているようなら二卵性の双子と考えられています。でも、毎日双子ちゃんたちに接しているママ・パパの目からはたとえ一卵性の双子でも、それぞれの違いがよくわかるものです。

異性の双子は性が違うため問題なく二卵性。同性の双子の場合は、一卵性と二卵性の両方の可能性があるので注意して。卵性の判断は左の表を参考にしてみてください。

卵性に振り回されず個性を大切にして

双子・三つ子ママは医師から卵性を伝えられたというケースが多いようですね。

医師はこれまで、出産のときに胎盤や卵膜の数から、一卵性、二卵性と判断してきました。しかし、遺伝子診断など厳密な卵性診断の技術が進んでくると、二卵性だと思われていた中にも一卵性の双子がないわけではないことがわかってきました。胎盤が1つだから一卵性、2つだから二卵性、ましてや、不妊治療の経験があるから二卵性と決めつけることは誤りです。

より正確な卵性診断が求められる例としては双子のうちの1人が遺伝的な病気になり、治療のためにもう1人の遺伝的な情報が必要となった場合があります。それ以外では、育児などで卵性を考えるときもあるでしょうが、振り回されず、本人の個性を大切にしてあげたいですね。

似てる？ 似てない？

	一卵性	二卵性
性別	男の子と男の子、あるいは女の子と女の子というように、必ず同じ性で生まれてきます。	年の違うきょうだいと同じように、同性の組み合わせ、男の子と女の子という組み合わせがあります。
血液型	2人とも同じ受精卵の同じ遺伝子情報を持って生まれてくるので、当然、血液型も同じになります。	同じ両親から生まれたことを考えると、同じこともありますが、異なっている場合もしばしばです。
大きさ	本来、同じぐらいですが、おなかの中にいる間は、胎内環境によって差が生じることもあります。	似ていることもありますが、1人ずつ生まれてくるきょうだい程度には違いは見られるでしょう。
性格	本来の性格は似ているかもしれませんが、生後は環境や受ける刺激の違いによって個性が出てきます。	もともと別の遺伝子を持っていますから、きょうだいと同様に、それぞれの性格は違っているでしょう。
その他	顔、指紋、手形・足形などは似ています。ただ、利き手が逆、つむじの巻き方などが反対のことも。	別々に生まれたきょうだいの場合と同じ程度に、顔、指紋、手形・足形などはそれぞれ違っています。

双子ママの「うちの子たちの場合」

一卵性

宮崎県
太田ともこさん（29才）
あかりちゃん
ひかりちゃん（3才3カ月）

睡眠のリズムも同じ！

出生体重は300g違い。赤ちゃん時代は授乳や睡眠のリズムも同じで驚きました。性格は似ているかも。場面や場所によってどちらが強いか変わります。

二卵性

東京都
本多ゆう子さん（34才）
葵ちゃん
宙くん（11カ月）

個性？ 性差？

出生時も今もそんなに体格に差はありませんが、髪の量は違っていましたね。男の子が物を奪い、女の子が奪われるというのは個性なのか、性差なのか!?

一卵性

大阪府
山瀬佳世子さん（29才）
優弥くん
陽哉くん（9カ月）

性格には差が……

一卵性ですが、生後3カ月ごろから、長男はいわゆる「お兄さん」らしくおっとり型に、二男はやんちゃ型に。発育に差はほとんどありません。

二卵性

埼玉県
小坂由美子さん（30才）
里菜ちゃん
伶菜ちゃん（1才10カ月）

性格は大きく異なる

二卵性です。性格はまったく違っていて、1人は1つのことに集中するタイプ、もう1人はいろいろなことに興味・関心を持つタイプでおもしろいですね。

多胎妊娠の基礎知識 3

多胎妊娠の経過は膜性がカギ。早めに膜性診断を受けておいて

ひと口に「多胎妊娠は単胎妊娠よりもリスクが高い」といいますが、リスクの高さや内容は双子・三つ子の膜性の種類によって大きく異なります。妊娠初期に膜性診断をしておくことが大切です。

正確な膜性診断は妊娠12週ごろまで可能です

双子・三つ子の種類は、誕生後は卵性で、おなかの中にいる間は「絨毛膜性（膜性）」で区別しています。絨毛膜は卵膜の一部で、赤ちゃんのいる部屋の壁のようなもの（左ページの図を参照）。これが2つなら二絨毛膜性、1つなら一絨毛膜性と呼びます。一絨毛膜性には胎盤が1つできますから、双子であれば二絨毛膜性なら2人で2つの胎盤があり（ただ癒合して1つに見えることも多い）、一絨毛膜性なら2人で1つの胎盤を共有することに。さらに一絨毛膜性の中でも1人が1つの羊膜に包まれているケースと、2人が1つの羊膜に包まれているケースがあります。

胎盤を共有している一絨毛膜性の場合は、妊娠中にリスクを生じる可能性が高くなります。ですから、リスクの高い妊娠かどうか予測するためにも、双子とわかったらできるだけ早い時期に絨毛膜の数を確認しておくことが重要です。妊娠12週を過ぎると膜性が確認しにくくなります。アンケートでは診断を受けていなかったママが目立ちましたが、診断がないときは主治医に尋ねてみることも必要でしょう。もし、きちんと確認できなかったときは、一絨毛膜性かもしれないと考えて、それ相応の管理をしていくことになります。

双子・三つ子ママDATA

Q 膜性診断を受けた方はいつ受けた？

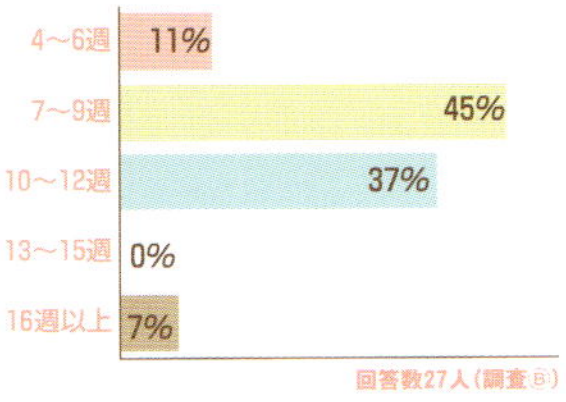

受けたママは4割で、多くは12週までに診断を受けていました。未診断だったママが6割以上。

Q 双子の種類は？

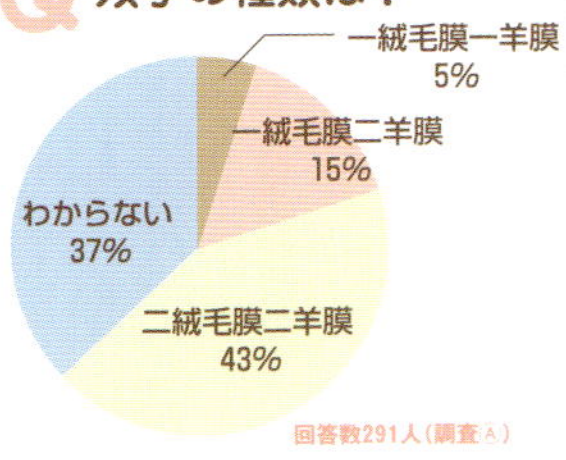

半数近くが二絨毛膜性。わからなかったママは膜性診断を受けていないか、時期が過ぎてわからなかったよう。

双子の種類は大きく分けて4つ！

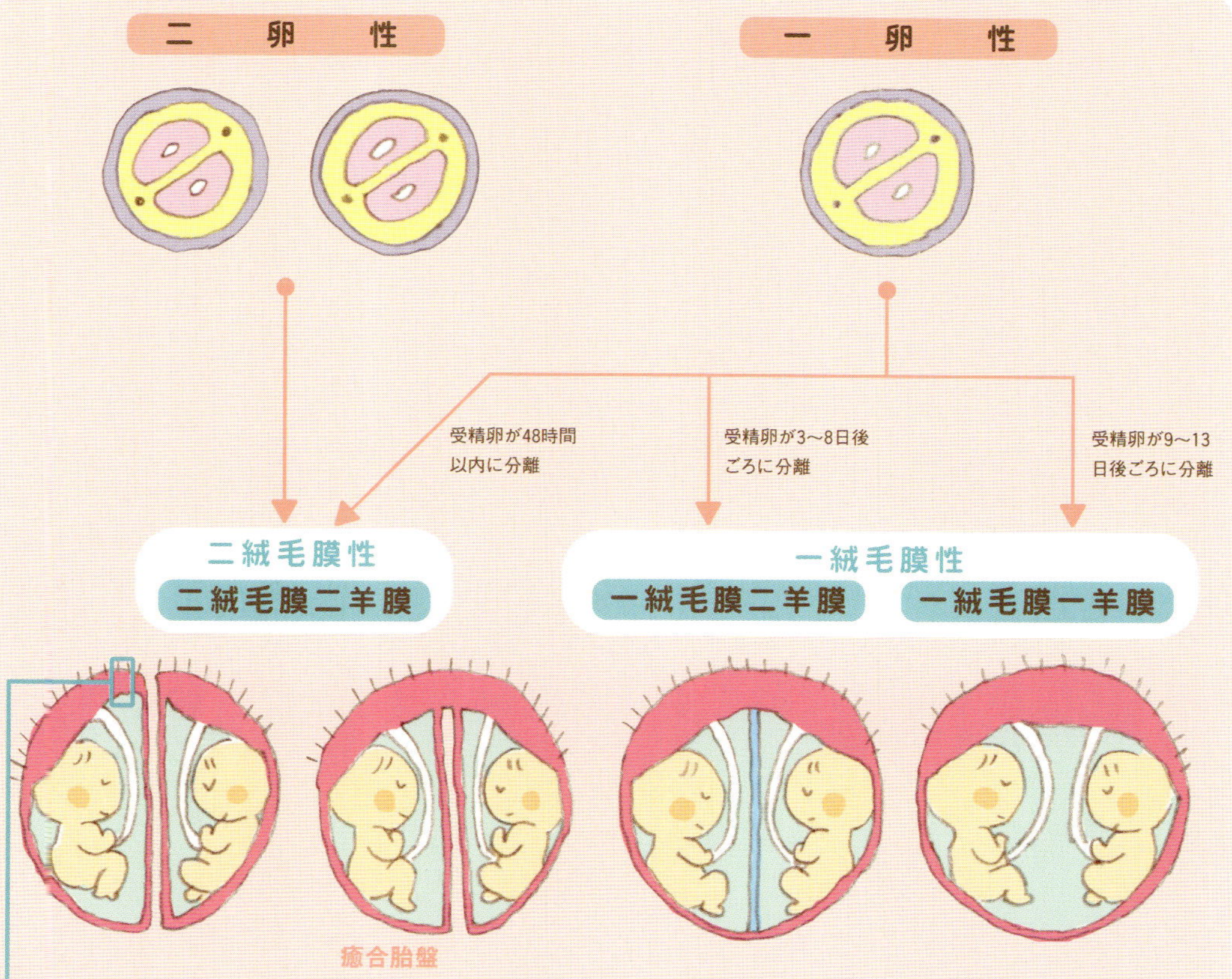

胎盤は2つあり、赤ちゃんそれぞれに持っているので、栄養や酸素の供給は安定しています。比較的リスク発生は少ないでしょう。

胎盤は2つあるものの、妊娠が進んでくると2つがくっついて発育し、見かけ上、1つの胎盤になることも。

赤ちゃんは別々の羊膜にいるが、1つの胎盤を共有。リスクが心配なので入念な管理が必要に。

赤ちゃんたちが1つの胎盤を共有し、1つの羊膜内にいるので、厳重な管理が必要になります。

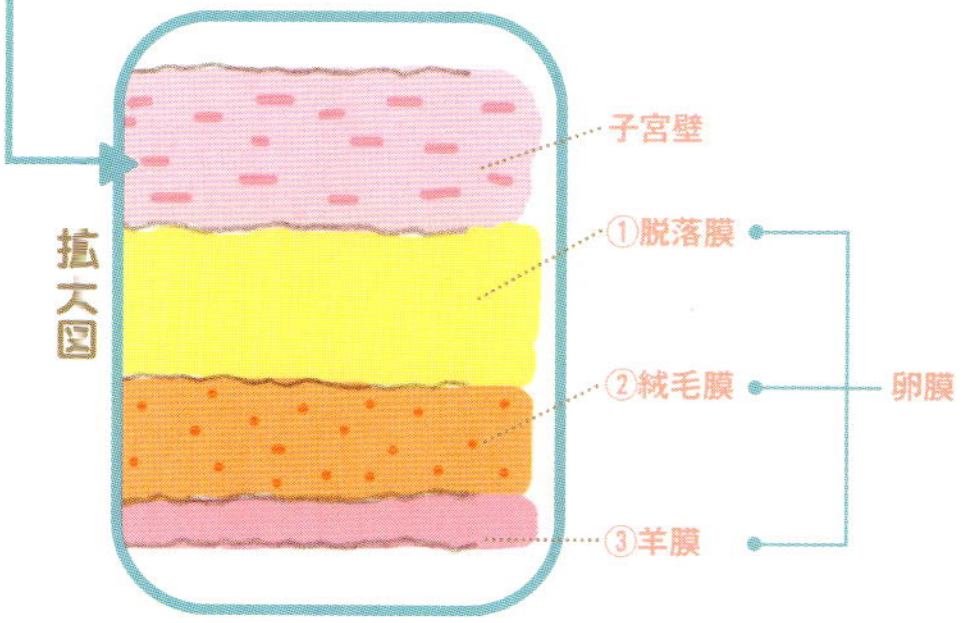

絨毛膜・羊膜は卵膜の一部です

卵膜とは、赤ちゃんが入っている膜状の袋で、以下の３層の異なった組織からなっています。子宮壁に面した層を①脱落膜といい、これはママの体の組織です。その内側に②絨毛膜があり、赤ちゃんを保護し、ホルモンを分泌したりしています。膜性診断で「絨毛膜」というのはこの部分です。その内側が③羊膜で、この内側に羊水と赤ちゃんがいます。一絨毛膜○羊膜の「羊膜」というのがこの部分です。

妊娠早見カレンダー

妊娠2カ月から10カ月まで双子の妊娠の流れをチェック

身近に先輩ママが少なく、想像しにくい多胎の妊娠生活。妊娠判明から出産までの間のママ、赤ちゃんたちの体の変化、気をつけたいことを双子の場合でまとめてみました。これからの生活の目安にしてくださいね。

	初期		
妊娠月数	2カ月	3カ月	4カ月
妊娠週数	4〜7週	8〜11週	12〜15週
赤ちゃんたちの様子と大きさ		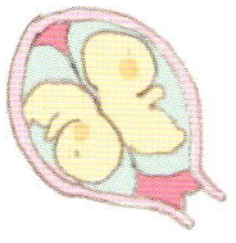	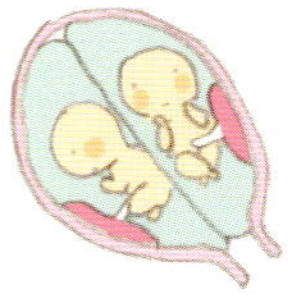
	●頭殿長約1.5cm ●体重約1g 超音波では赤ちゃんたちの入った袋(胎嚢・たいのう)が確認されることも。	●頭殿長約5cm ●体重約20g 多胎の診断がつきます。赤ちゃんたちは人間らしい体つきに。	●身長約16cm ●体重約120g 体の各器官がほぼ完成します。羊水量も増え、活発に動くように。
ママの様子と体の変化	予定月経がやって来ず、妊娠の兆候が表れてきます。体がだるくなり、早いママではつわりの症状が始まることもあります。	つわりのピークを迎えます。多胎妊娠だから単胎よりつわりがひどいということはありませんが、無理せず体を休めましょう。子宮が大きくなるときに周囲の筋肉がひきつれる痛みも。	おなかが少しずつふくらんできます。胎盤が完成するので、流産の心配は少なくなります。だいたいのママがつわりも終わり、食欲が出てきます。食べすぎには注意したい時期です。
気をつけたいトラブル	赤ちゃんたちの心拍が確認されるまでは、流産が心配なとき。赤ちゃんにとっては器官形成の大切なときなので、安易に薬などを服用しないように気をつけましょう。	つわりがひどいと脱水症状を起こしやすくなります。水も受け付けないようなときは、早めに受診を。膜性診断は12週までに受けて。その結果しだいでは、転院が必要になることもあります。	単胎のママに比べて早めにおなかが大きくなり始めます。おなかが大きくなると腰や背中への負担も増してくるので、この時期から姿勢をよくすることを心がけておきましょう。

後期			中期		
10ヵ月	9ヵ月	8ヵ月	7ヵ月	6ヵ月	5ヵ月
36〜39週	32〜35週	28〜31週	24〜27週	20〜23週	16〜19週
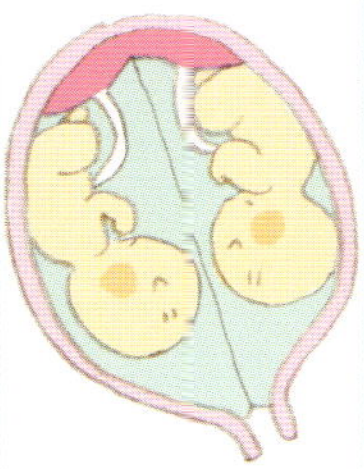	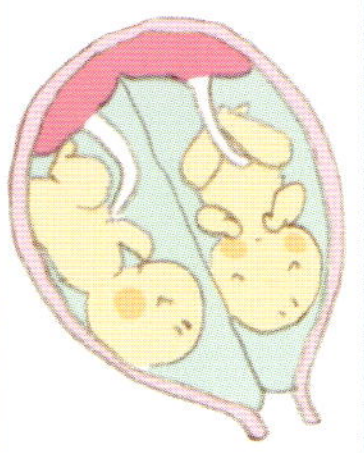	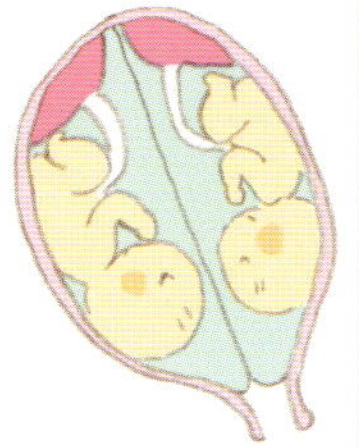		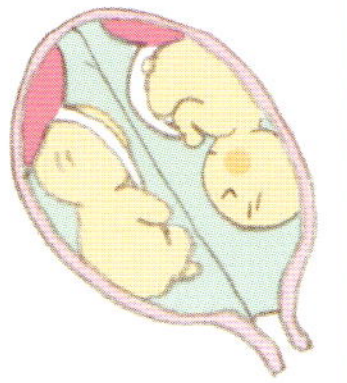	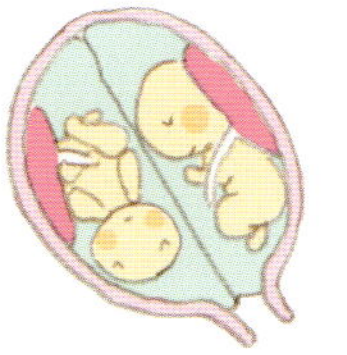
●身長約45〜48cm ●体重約2700ｇ **体は小さめながら機能は成熟。産道へ出ていく順番も決まってきます。**	●身長約42cm ●体重約2300ｇ **34週を過ぎると肺も成熟。万が一外に出ても成長していけるように。**	●身長約38cm ●体重約1600ｇ **さかごになることもありますが、お産までには直る可能性も。**	●身長約34cm ●体重約1000ｇ **聴覚や視覚が発達してきます。皮下脂肪も増えてふっくらとしてきます。**	●身長約30cm ●体重約660ｇ **顔だちがはっきりしてきます。22週以降は体外での成長も可能に。**	●身長約25cm ●体重約300ｇ **筋肉や骨格が発達し、ママのおなかにも動きを伝えるようになります。**
赤ちゃんたちが下がってくるため、足のつけ根や恥骨(ちこつ)に痛みを感じるようになります。多胎ママは子宮が大きく伸びているので、陣痛の予行演習の張り(前駆陣痛)を感じにくいことも。	おなかが最も張りやすいころ。ほとんどの場合、生理的な張りですが、お産につながるものではないか、常によく観察しておく必要があります。	おなかの大きさは単胎ママの臨月ぐらいに。マイナートラブルやむくみ、貧血などの症状も増してきます。管理入院が必要になることもありますので、そろそろ入院準備をしておきましょう。	胎動がより活発に。複数の赤ちゃんたちの動きを外から触ったり見たりすることができるかも。単胎に比べて妊娠高血圧症候群や妊娠糖尿病などのトラブルが起こりやすいので注意して。	赤ちゃんたちは急に大きくなってくるため、単胎ママより、おなかの大きさが顕著に。乳腺が発達するので、乳房も大きくなってきます。下着はゆったりしたものにしましょう。	そろそろ胎動を感じ始め、ママになった実感も大きくなるでしょう。戌(いぬ)の日に腹帯を巻いて安産祈願をするママも多いでしょうが、そろそろマタニティウエアやインナーが必要に。
双子の妊娠では37〜38週ごろにお産が始まることが多く、お産に向けた管理入院が行われる場合もあるでしょう。いつもと違った痛みや出血があったときはすぐに受診しましょう。	おなかの張りに加えて、子宮口が開き気味になったり、破水しやすくなります。いつお産が始まってもいいように、入院の準備は整えておきましょう。	一絨毛膜性の双子や三つ子の場合、このころから管理入院になることが多いでしょう。早産の早期発見のため、おりもの検査や子宮頸管の長さをチェックすることもあります。	経過によっては赤ちゃんたちの間に体重差が生じ始めたり、羊水量や血流のバランスが悪くなったりという症状が出始めることも。そのときは注意深く診察が進められます。	単胎の場合はマタニティスポーツや旅行などに適した時期ですが、多胎の場合、控えめにするようにと言われることが多いでしょう。腰痛やむくみを感じ始めるころです。	子宮が大きくなってくることで内臓が圧迫され、食後に胃もたれを感じることも。赤ちゃんたちの成長とともにママの栄養も吸収されていきます。貧血にもなりやすいので注意を。

＊身長・体重はその月数の末の目安です。赤ちゃんたちやママの様子なども個人差があるので、参考として見てください。頭殿長とは、頭からおしりまでの長さです。

ママと赤ちゃんたちの体の変化

おなかの中で赤ちゃんたちはこんなふうに過ごしています

ここからは、妊娠月数別に、ママの体の変化とおなかの赤ちゃんたちの成長の様子を見ていきます。まずは、赤ちゃんたちが約9カ月間を過ごすママのおなかの中の様子を知っておきましょう。

妊娠に気がつく前に赤ちゃんたちは日々成長

妊娠週数の始まりである0週0日は、ママの最終月経の開始日です。ですから、このときはまだ赤ちゃんは存在していません。月経が終わると、子宮内膜が次の受精卵を迎えるべく準備を始めます。月経周期が28日の人なら、月経開始から14日目ごろが排卵日です。このときが妊娠1週の終わりです。

ここでママの卵子とパパの精子がうまく受精すると、受精卵は、約1週間かけて卵管から子宮内へと移動します。そして子宮内に着床できたときが妊娠成立です。このときは妊娠2週の終わりから3週の初めとなっています。

ママはまだ妊娠に気づきませんが、着床と同時に赤ちゃんを育てる準備がどんどん始まっています。赤ちゃんをしっかり根づかせるために、将来胎盤となる絨毛が根っこのように広がり、ここから妊娠を継続させるホルモンがたくさん分泌されていきます。

赤ちゃんのほうも、とても速いスピードで細胞分裂を繰り返し、予定月経が少し遅れたころの妊娠4週半ばには脳や心臓など、重要な臓器は形成されてきています。妊娠がわかるまでに、こんなにも赤ちゃんは成長しているのですね。

おなかの中ってどうなってるの？

赤ちゃんたちは羊水の中をプカプカ

赤ちゃんにとって子宮内はとても居心地のいいところです。赤ちゃんは3重構造の頑丈な卵膜の中で羊水に浮かんでいます。羊水はママの体温よりやや温かく、圧迫や振動から赤ちゃんを守ってくれていて、この中で自由に動くこともできます。栄養や酸素、老廃物や二酸化炭素のやりとりは臍帯(さいたい)（へその緒）を通して胎盤が行っています。

初期 妊娠2カ月（4～7週）

多くの場合、多胎妊娠の診断がつくのはもう少し先。1人と思っているママも多いはず。

ママの体の変化
つわり症状が始まることも

多くのママが「生理が遅れているな」と思い始め、初診を受けるころです。超音波検査の時期によってはなかなか赤ちゃんの姿がモニターに映らず、何度か受診を重ねることもあります。妊娠が判明しても多胎とはまだわからないことも。体温が高めになり、だるさを感じたり、吐き気、胃のもたれを感じるママも。

赤ちゃんたちの体の変化
胎嚢の数で「多胎かも」と

妊娠4～5週で超音波検査のときに胎嚢（たいのう）が見えます。胎嚢の数で、多胎かもしれないと診断されますが、確定はもう少しあとです。このころ、脳、心臓、肝臓、腎臓、すい臓などのほとんどの内臓の形が急速につくられていきます。この時期の赤ちゃんは「胎児」になる前の「胎芽（たいが）」と呼ばれる状態。

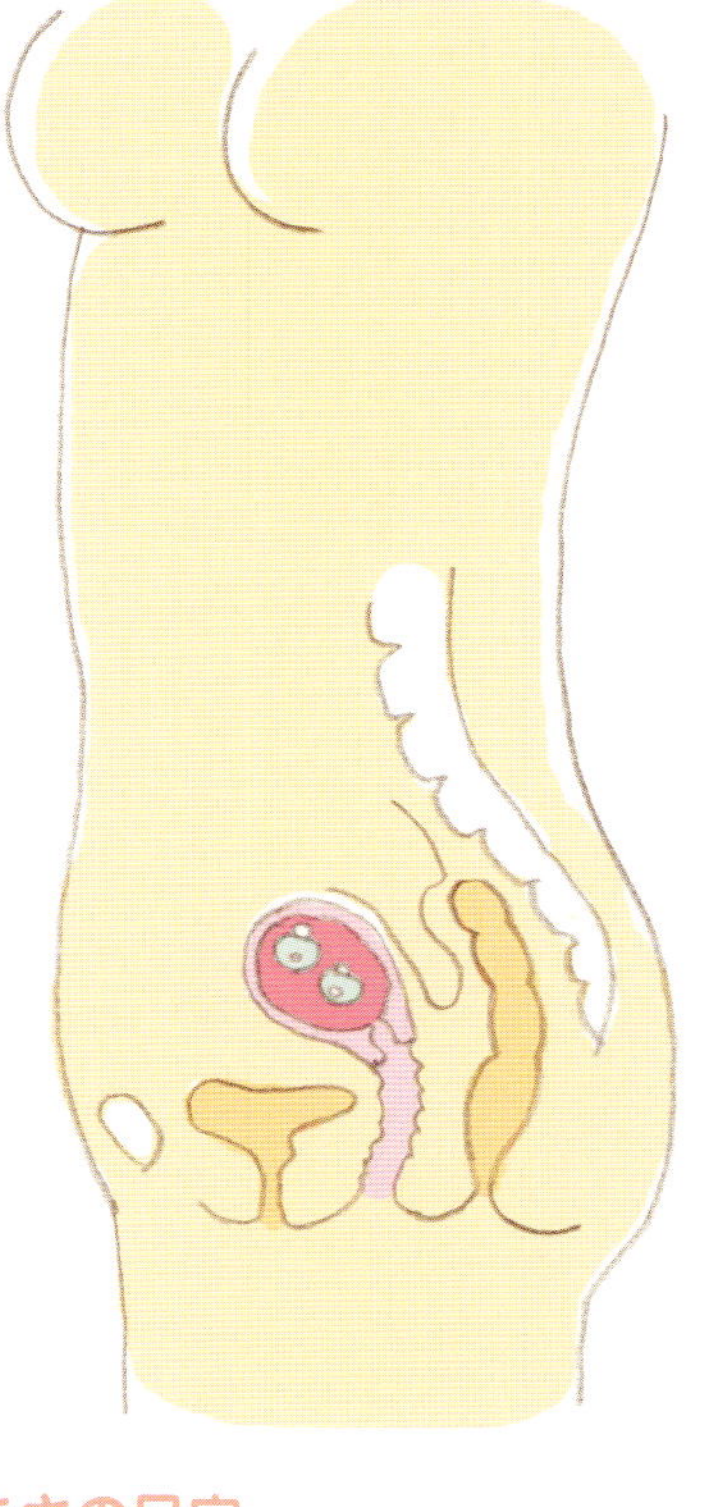

大きさの目安

- ママの子宮・・・・・・・・・レモン大
- 赤ちゃん（1人）・・・・・頭殿長約1.5cm／体重約1ｇ

双子ママのHELLO！赤ちゃん

妊娠7週

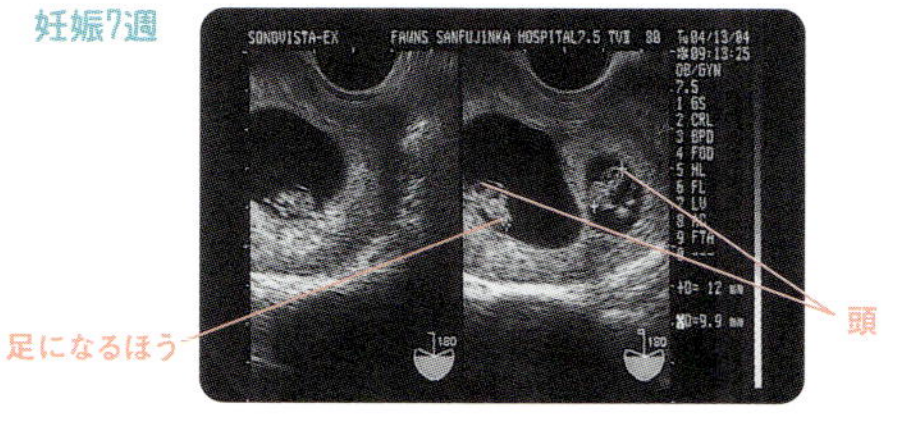

2回目の健診で双子であることが判明！

初めての受診で妊娠がわかり、次に健診（妊娠7週）に行くと先生が「1つ、2つ……」。2つって何だろうと思っていると「双子ですね」と言われてビックリ！　すでに1人、子どもがいたので育児が不安に。（東京都　田中マキさん　36才）

＊妊娠2～10カ月の超音波写真とコメントは田中マキさんによるものです

初期 妊娠3カ月（8～11週）

多胎妊娠がわかります。早い時期に膜性（20ページ参照）を診断し、今後の方針を決めます。

ママの体の変化

赤ちゃんの姿が確認されます

何度かの診察を重ね、ようやく赤ちゃんが複数いることが確認されます。この時期に膜性のタイプを診断してもらい、それに応じたリスクを知り、管理のしかたの方針をあおぎます。ママはつわりのピークを迎えるころ。子宮はやや大きくなり、膀胱や腸を圧迫するために、頻尿や便秘になることもあります。

赤ちゃんたちの体の変化

心臓の動きがはっきりと

「胎芽」だった赤ちゃんは「胎児」に。少しずつ胎盤ができ始め、栄養は徐々にママからもらうようになります。超音波で心臓の動きが確認されれば、流産の心配も少なくなります。しっぽの部分はなくなり、頭・胴・足の3頭身に。目、鼻、耳の形が整い、だんだんと人間らしい顔だちになってきます。

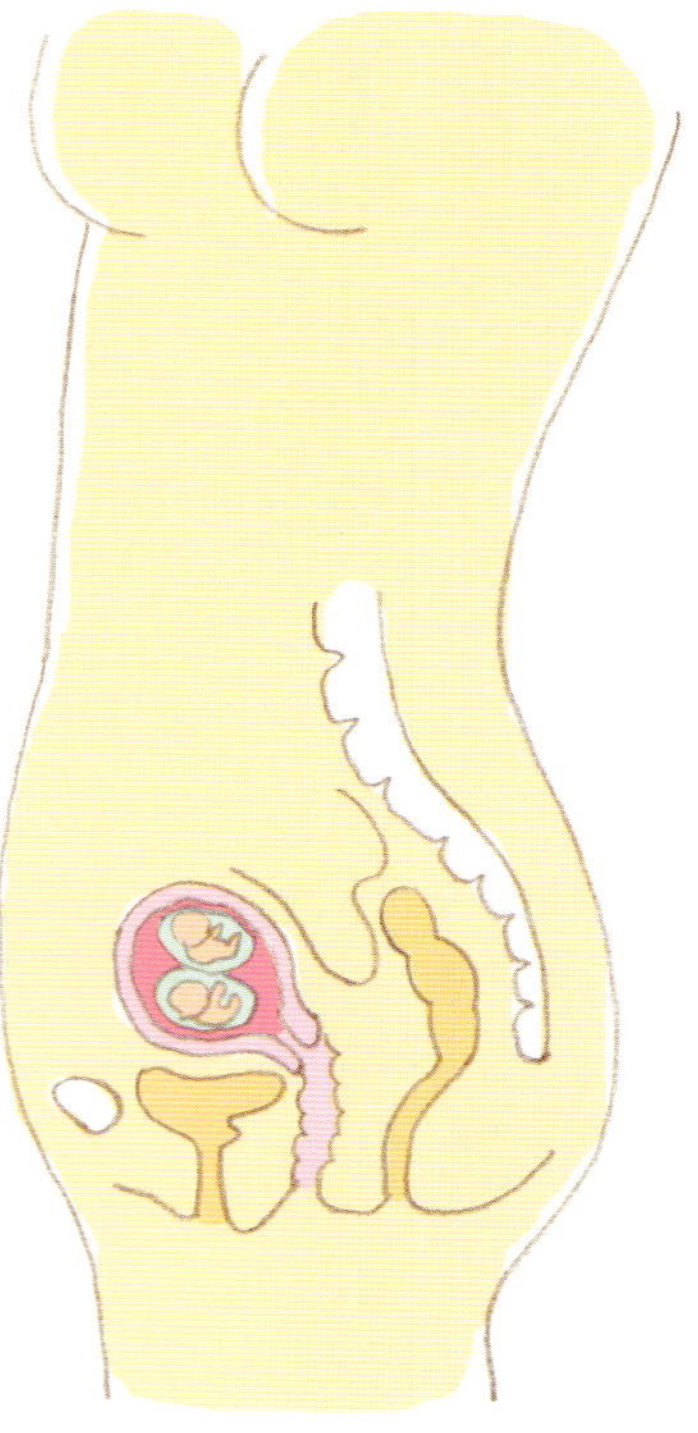

大きさの目安

- ママの子宮 ・・・・・・・握りこぶし大
- 赤ちゃん（1人）・・・・・頭殿長約5cm／体重約20ｇ

双子ママのHELLO！赤ちゃん

妊娠9週

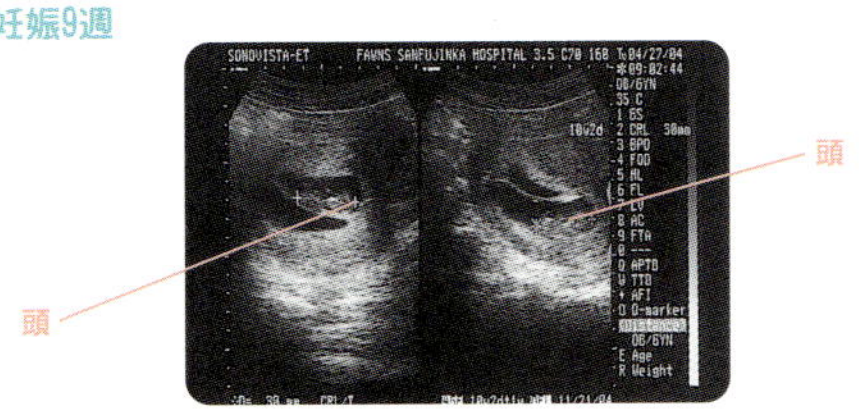

2人が無事成長していてひと安心しました

この時期、双子の1人が大きくならないケースがあると聞いていたので心配していました。超音波画像を見ると、わずか30㎜しかない双子ちゃんですが、2人ともしっかり育っていることがわかってホッとしました。

初期

妊娠4カ月（12～15週）

つわりが治まり、だんだん体調がよくなってきます。おなかのふくらみがわかるころです。

ママの体の変化

おなかがふくらみ始めます

個人差はありますが、つわりが治まってきます。多胎と診断されて不安を感じていたママも、体調がよくなることで前向きな気持ちになってくるはず。食欲が戻った人は、食べすぎには注意しましょう。胎盤が完成するので流産の可能性が少なくなります。子宮が恥骨の上まで達し、下腹部のふくらみもわかるように。

赤ちゃんたちの体の変化

重要な器官が動き始めます

胎盤が完成し、ママの体から栄養と酸素を受け取り、老廃物を返すように。これからは出来上がった内臓の機能が充実してきます。腎臓の機能も発達してくるため、羊水を飲んで尿として出すようになり、羊水量が増してきます。筋肉や骨格も充実してくるため、手足を曲げたり体を伸ばしたりと、活発に動きます。

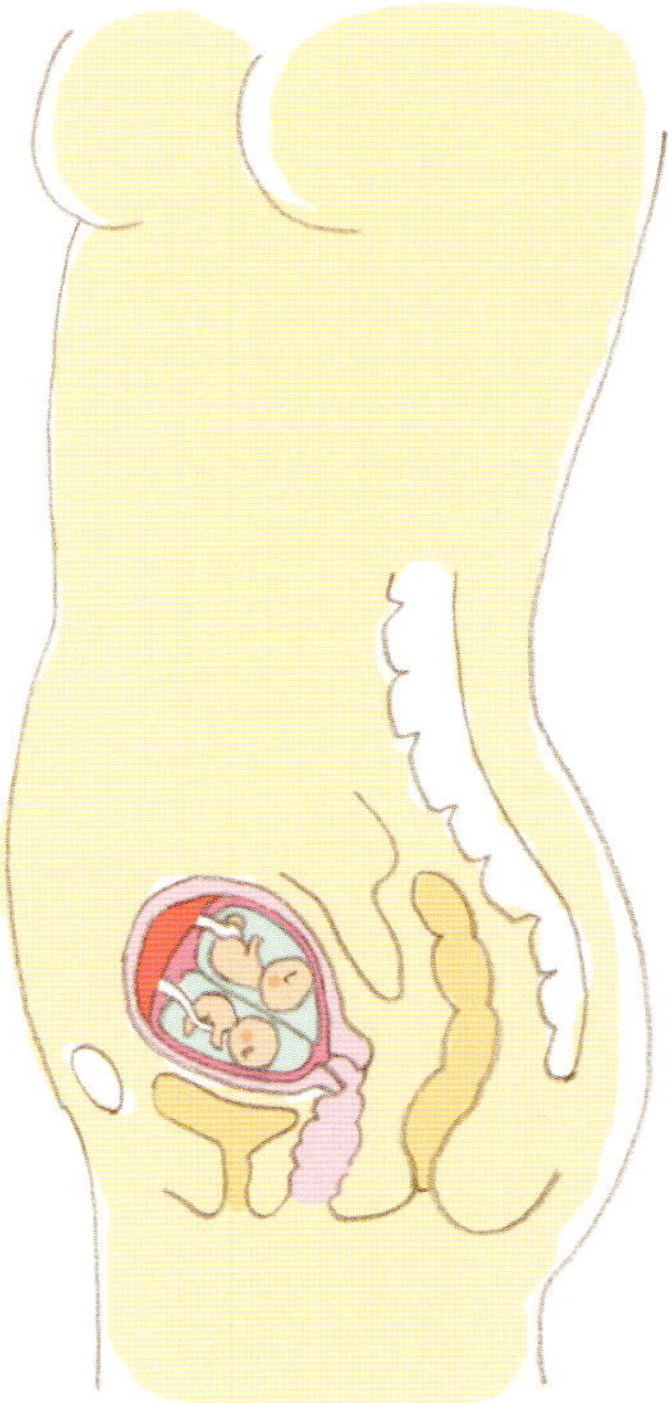

大きさの目安

- ママの子宮 ・・・・・・・ 子どもの頭の大きさぐらい
- 赤ちゃん（1人）・・・・・ 身長約16cm／体重約120ｇ

双子ママのHELLO！赤ちゃん

妊娠13週

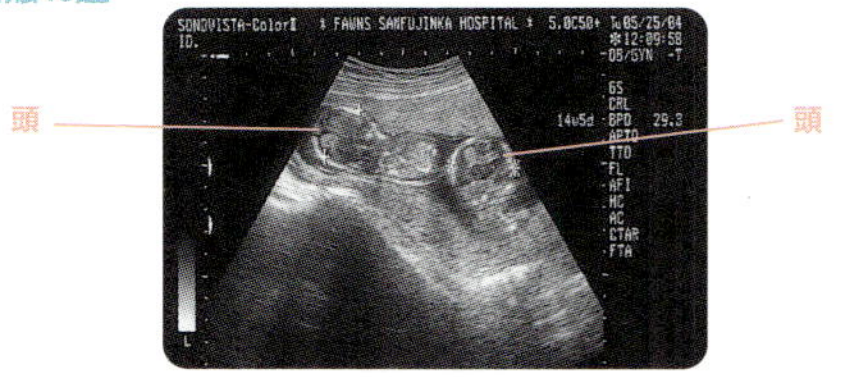

双子ママになることを少しずつ実感

2人とも顔をこちらに向けている超音波写真が撮れました。本当におなかの中に2人いて生まれてくるんだと実感。私に育てられるのか不安に思う半面、無事生まれてきてほしいと願いました。つわりがあるものの体の変化はほとんどなし。

中期 妊娠5カ月（16～19週）

そろそろ胎動を感じ始めます。赤ちゃんたちが動くのをどう感じられるのか楽しみですね。

ママの体の変化

体全体がふっくらします

おなかのふくらみはもちろん、体全体に脂肪がついてふっくらとしてきます。健診ではおなかの上から子宮の大きさを測れるようになりますが、単胎ママに比べて、早い時期から大きめの数字となるでしょう。ただ、最初の胎動も感じられるように。胎動のうちは、どちらの動きかはわからないことが多いでしょう。

赤ちゃんたちの体の変化

二卵性では体の違いも

ママに胎動として感じられるほど盛んに動きます。体には皮下脂肪がつき、髪が生え始めます。指紋や体の各所のこまかな発育が始まりますが、一卵性の場合は似た形に、二卵性の場合は違った形になっていきます。口に触れたものは吸おうとする吸啜反射が始まり、超音波画像で指しゃぶりをする姿が見られるかも。

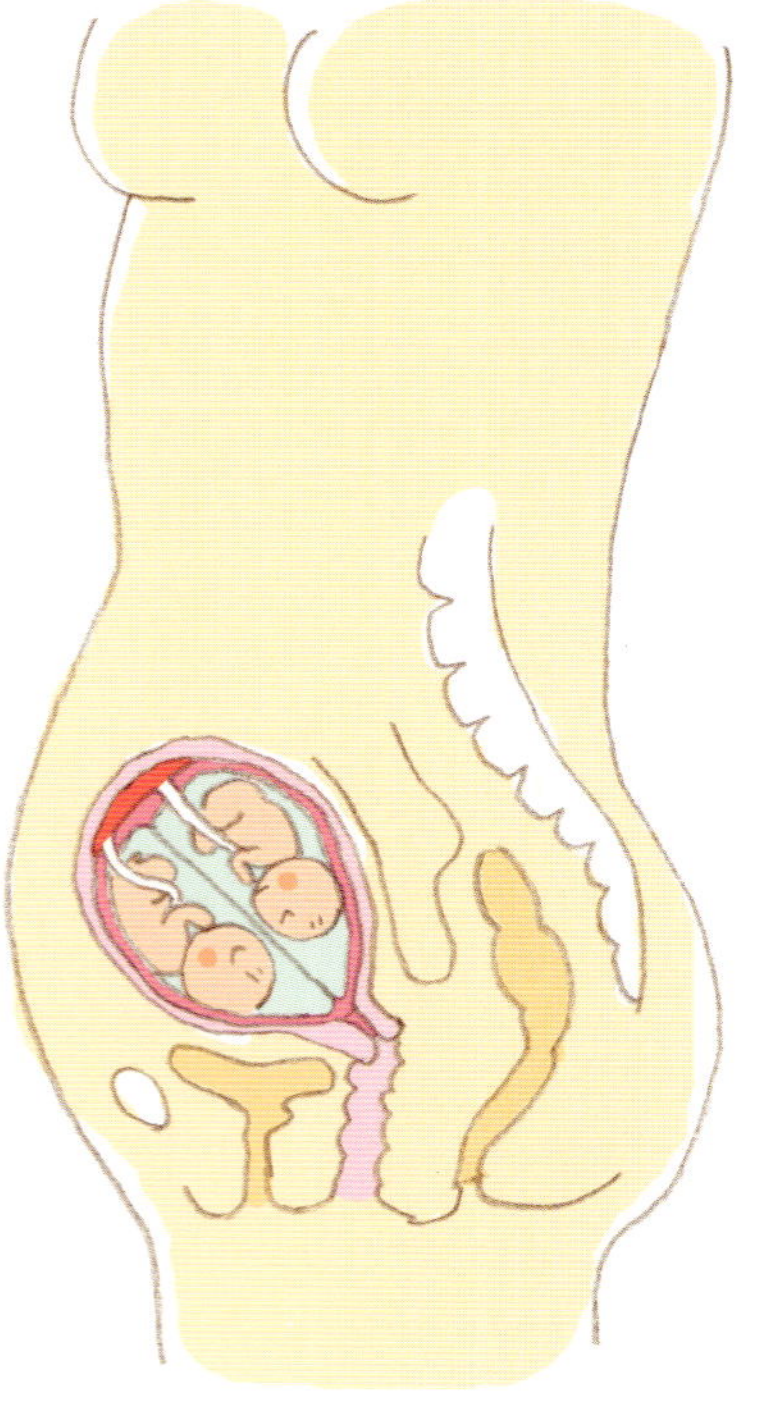

大きさの目安

- ママの子宮 ・・・・・・・ 子宮底長18～21㎝
- 赤ちゃん（1人）・・・・・ 身長約25㎝／体重約300ｇ

双子ママのHELLO！赤ちゃん

妊娠17週

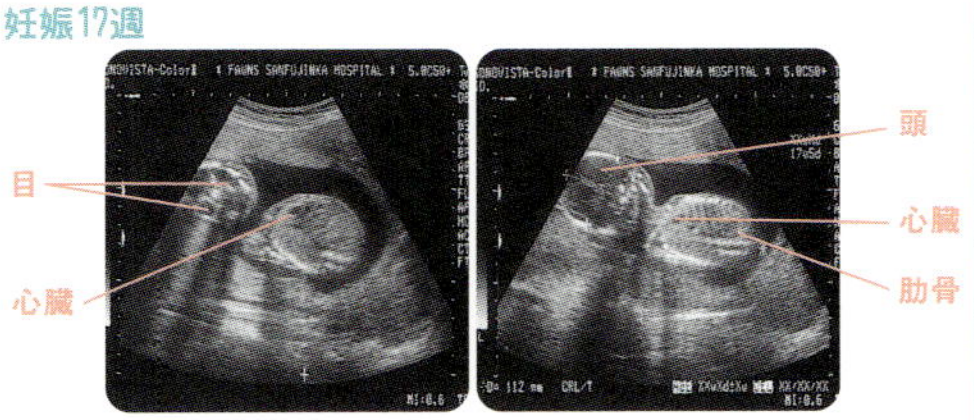

双子であることを自慢していました

5カ月に入ると急におなかが大きくなり、マタニティウエアを着るように。私の場合はつわりや頭痛がひどかったのですが、おなかに2人も赤ちゃんがいると思うとうれしくて。友だちやご近所に双子であることを自慢していました。

中期 妊娠6カ月（20〜23週）

おなかが急に大きくなり〝たまごママ体形〟に。乳腺が発達し、乳房も大きくなってきます。

ママの体の変化

大きなおなかが目立つように

同じ妊娠週数の単胎ママと比べるとおなかの大きさが顕著になってきます。乳房も大きくなってくるので、乳腺の発達を妨げないようなゆったりとした下着を着けましょう。おなかが大きくなるとともに、腰痛や背中の痛み、こむら返りなどのマイナートラブルといわれる不快症状が起こり始めます。

赤ちゃんたちの体の変化

小さめでも機能はしっかり

超音波画像には体の一部しか映らないほど大きくなります。筋肉や骨格、神経がますます発達し、多彩な動きをし始めます。このころから、単胎の赤ちゃんに比べて小さめに成長していきます。子宮内のキャパシティーの関係であり、体の機能自体は単胎の赤ちゃんと同じように発達していくので安心を。

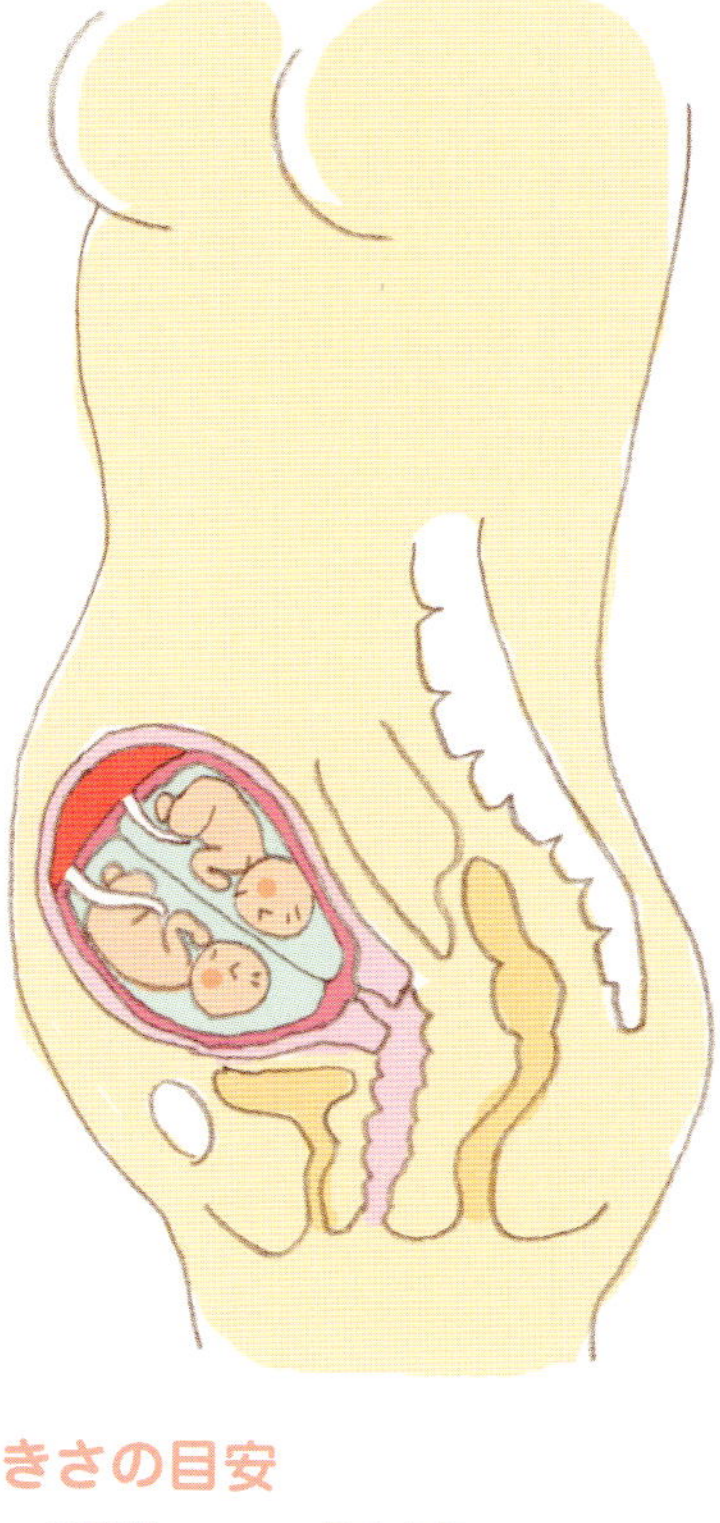

大きさの目安

- ママの子宮 ・・・・・・・ 子宮底長23〜26cm
- 赤ちゃん（1人）・・・・・ 身長約30cm／体重約660ｇ

双子ママのHELLO！赤ちゃん

妊娠21週

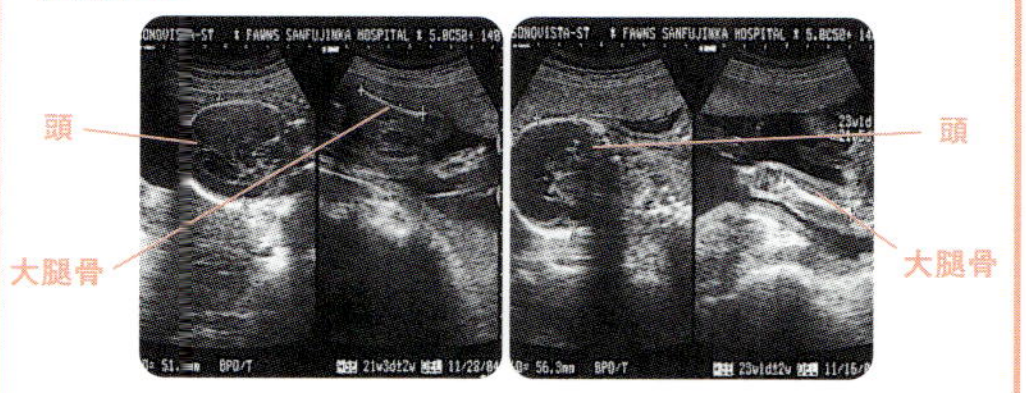

健診の前の日に初めて胎動を感じました

どちらの子が動いたのかは不明でしたが、ようやく胎動を感じました。2人いるためか、どんどんおなかが大きくなって、かなり目立つようになりました。あらためて双子なんだなあと実感。2人はおなかの中が窮屈じゃないのかしら!?

中期

妊娠7カ月（24～27週）

赤ちゃんたちの五感が発達していくころ。2人（3人）に向けた話しかけも楽しくなりますね。

ママの体の変化

トラブルの兆候に注意して

おなかが大きくなり、あお向けに寝るのが苦しくなることも。おなかの皮膚も伸ばされる時期なので、妊娠線ができるママもいるでしょう。単胎に比べて妊娠高血圧症候群（51ページ参照）や妊娠糖尿病（52ページ参照）などのトラブルが起こりやすいので、小さな兆候を見逃さないことが大切です。

赤ちゃんたちの体の変化

五感が発達していきます

聴覚や視覚などの五感が発達していきます。ママの血流の音はもちろん、子宮壁が伸びて薄くなるので、外の音も聞こえるように。妊娠経過によっては、赤ちゃんたちの間に体重差ができ始めたり、羊水量や血流のバランスが悪くなったりという多胎ならではの症状が現れることもあるでしょう。

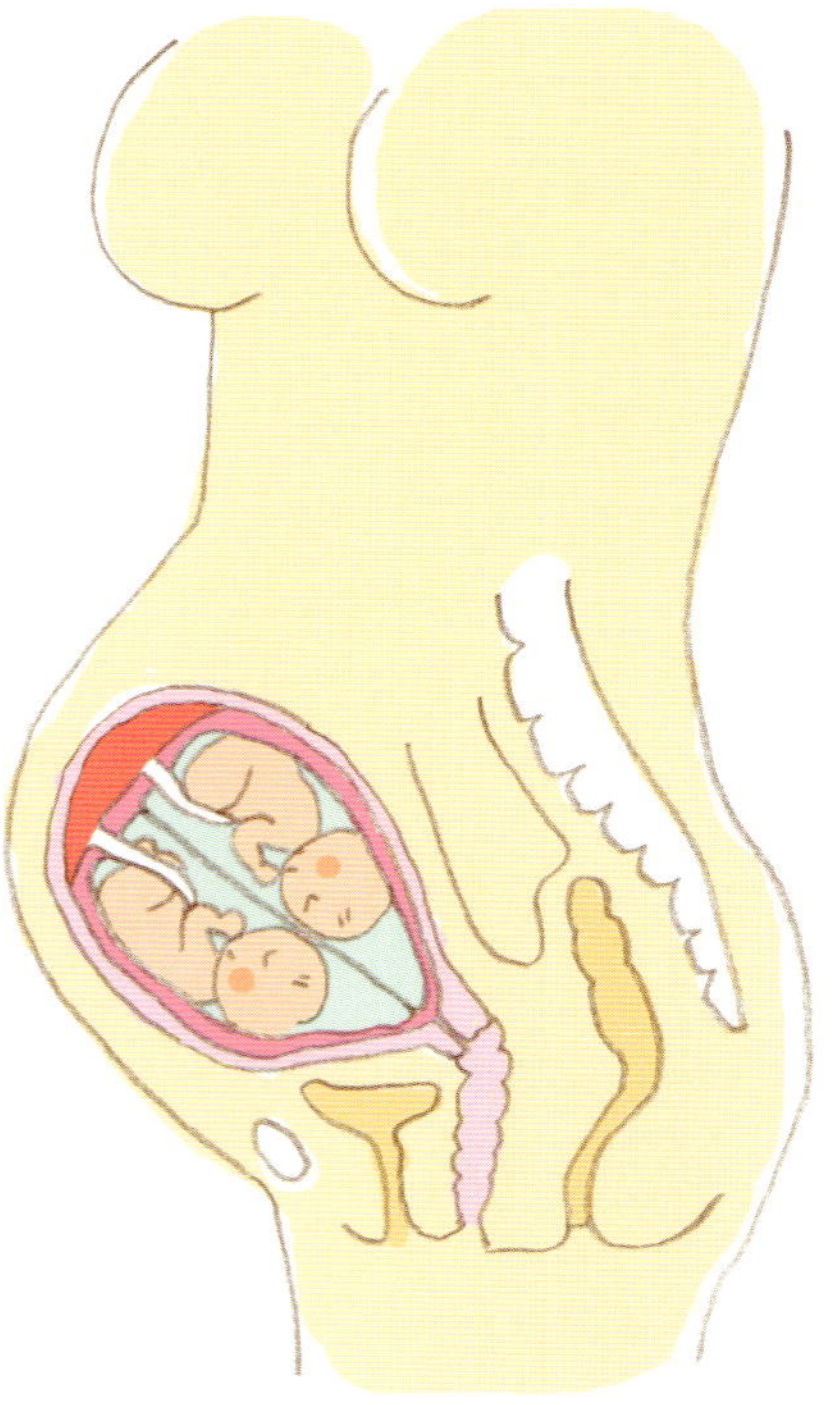

大きさの目安

- ママの子宮 ・・・・・・・ 子宮底長30～32cm
- 赤ちゃん（1人）・・・・・ 身長約34cm／体重約1000ｇ

双子ママのHELLO！赤ちゃん

妊娠27週

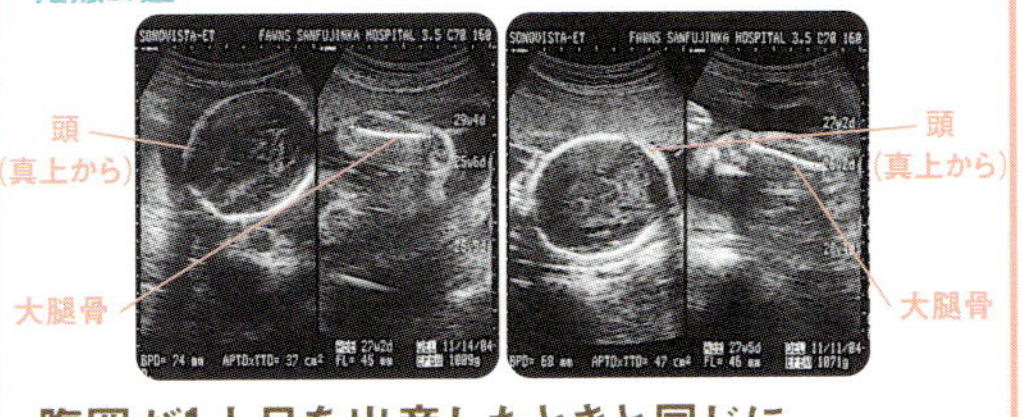

腹囲が1人目を出産したときと同じに

おなかがますます大きくなり、1人目を出産したときと同じ大きさに。双子の場合、この時期、管理入院や早産になるケースも多いですが、私自身は結構元気。でも相変わらずつわりが続いていて、口の中にはいつも食べ物を入れていました。

後期 妊娠8カ月（28～31週）

一絨毛膜性の双子や三つ子の場合、このあたりから管理入院に。入院の準備を整えておいて。

ママの体の変化
マイナートラブルも増加

おなかの大きさは単胎ママの臨月ぐらいになるでしょう。それに伴い、マイナートラブルやむくみ、貧血の症状も増してきます。管理入院が必要なケースはこのあたりから。そうでない場合も、いつ入院になるとも限りませんから、準備をしておいて。また、緊急の場合に備えて家族とも連絡を密にとっておきましょう。

赤ちゃんたちの体の変化
体の位置を定めてきます

お産に備えて、頭を下に向け、だんだん体の位置を定めてきます。この時期にさかごでも、お産までに直る可能性はあります。生きていくのに必要な機能は完成してくるので、万が一早産になっても、多くの赤ちゃんに育っていくでしょう。とはいえ、もう少しおなかの中で育ってもらうのが理想です。

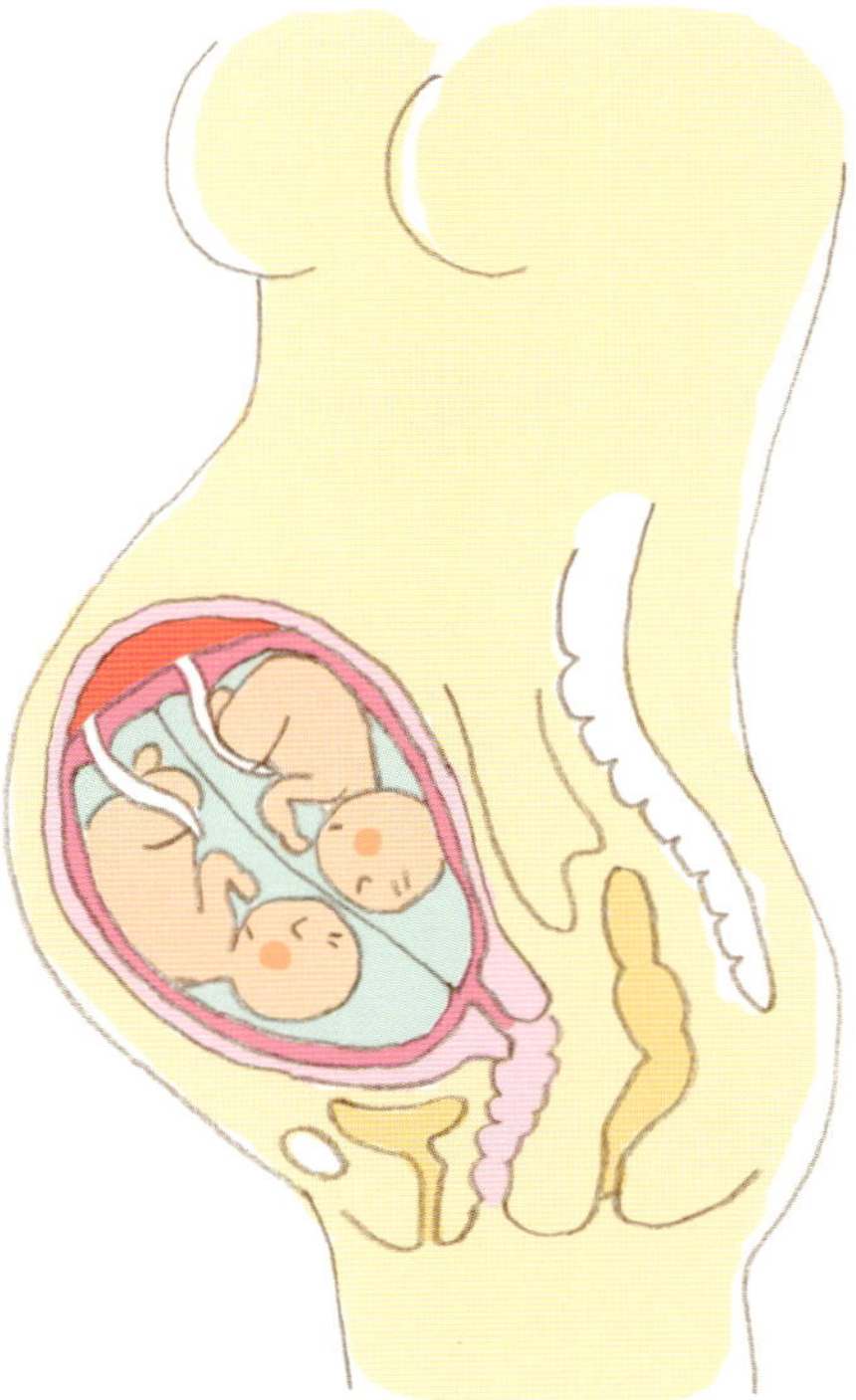

大きさの目安
- ママの子宮 ・・・・・・・ 子宮底長31～35cm
- 赤ちゃん（1人）・・・・・ 身長約38cm／体重約1600ｇ

双子ママのHELLO！赤ちゃん

妊娠28週

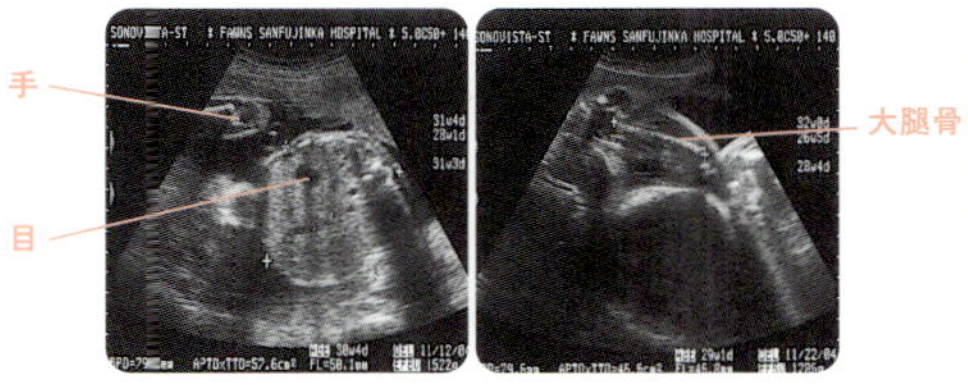

2人とも横を向いたままで直らない

2人ともおなかの中で横に向いたままの状態が続いていました。夜寝ていると左右でおなかを蹴飛ばされ、とっても痛い！健診のとき上を向いて寝るのも苦痛でした。2人の重さで息苦しく、超音波写真もきちんと撮れませんでした。

後期

妊娠9カ月（32～35週）

おなかが頻繁に張るでしょう。つらい時期ですが、あと少し！赤ちゃんたちの肺は成熟します。

ママの体の変化

子宮が下半身を圧迫します

おなかが頻繁に張る状態が続きます。張りだけでは早産にはなりませんが、張ったときはすぐに横になって体を休めましょう。大きくなった子宮はさらに下半身を圧迫し、頻尿や尿もれ、足のつけ根の痛みなどを引き起こします。胃が圧迫されて食べられないときは、少量ずつ何回かに分けて食べるようにしましょう。

赤ちゃんたちの体の変化

34週が在胎目標ライン

妊娠34週ごろには肺が成熟。早産になってしまったときにも無事に育っていける目標ラインです。ただし、あくまでも目安にして。この時期はママから免疫物質を盛んに受け取っているので、もうしばらくおなかの中にいてもらいたいところです。自律神経が発達し、おなかの中でも昼夜の区別が少しずつついてきます。

双子ママのHELLO！赤ちゃん

妊娠33週

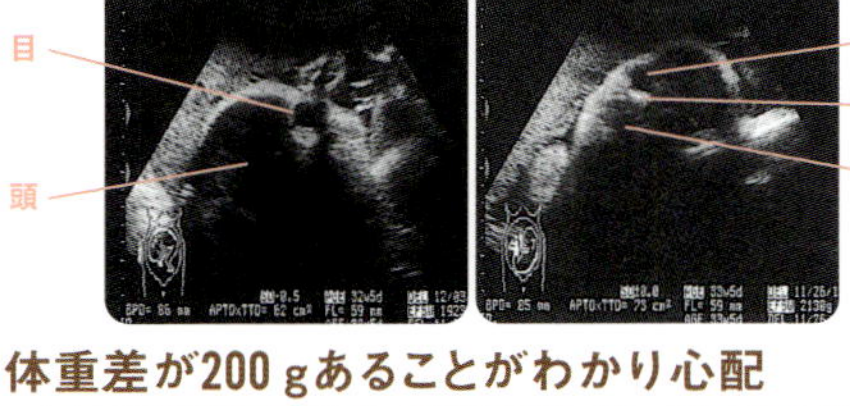

体重差が200ｇあることがわかり心配

1人は超音波写真にバッチリ顔が映っていて「もうすぐ生まれるから待っててね」と言われたような気がしました。もう1人はひと回り小さく、200ｇくらい体重差があるそう。なんとなく顔つきも弱々しく、無事生まれるか心配でした。

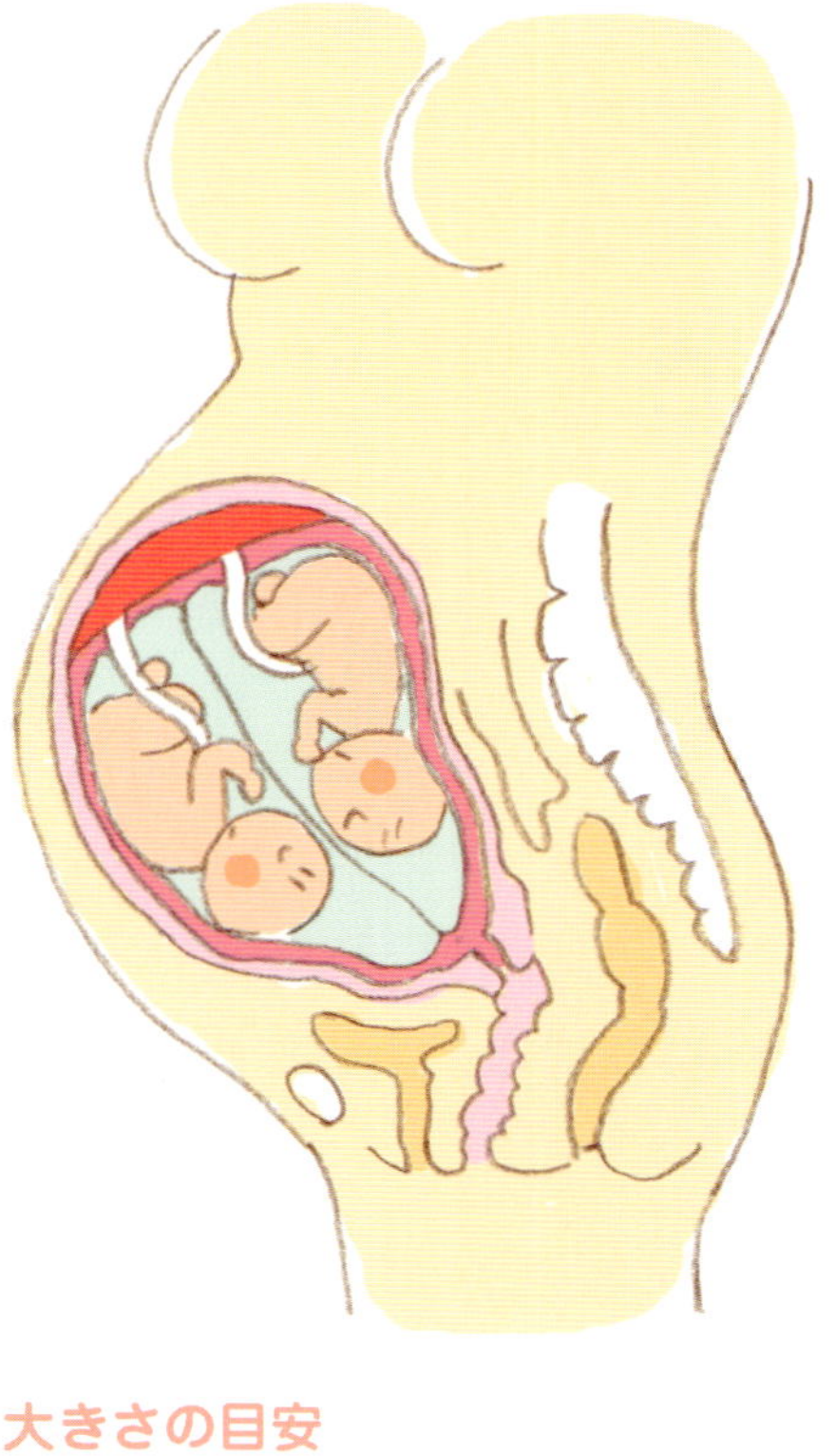

大きさの目安

- ママの子宮 ……… 子宮底長34～39cm
- 赤ちゃん（1人）…… 身長約42cm／体重約2300ｇ

後期 妊娠10カ月（36～39週）

双子の場合、出産は予定日より少し早めに。いよいよ赤ちゃんたちに会えますね！

ママの体の変化

前駆陣痛が感じにくいことも

単胎に比べて子宮の筋肉が大きく伸びているので、陣痛の前に起こる前駆陣痛という不規則な張りは、感じにくいかもしれません。お産は妊娠37～38週ころに始まることが多いでしょう。赤ちゃんたちは十分成長していますし、ここまで大きなおなかを抱えてきたママも、安心してお産に臨めますね。

赤ちゃんたちの体の変化

小さめながらも十分に成長

単胎の赤ちゃんに比べると少し小さめですが、体の機能は単胎の赤ちゃん同様に育っています。おなかの中では、どちらが先に生まれるかという順番はすでに固定されています。あとはお産の始まりを待つだけです。病院によっては、お産が始まる少し前に入院して、管理をしながら、始まりを待つことも。

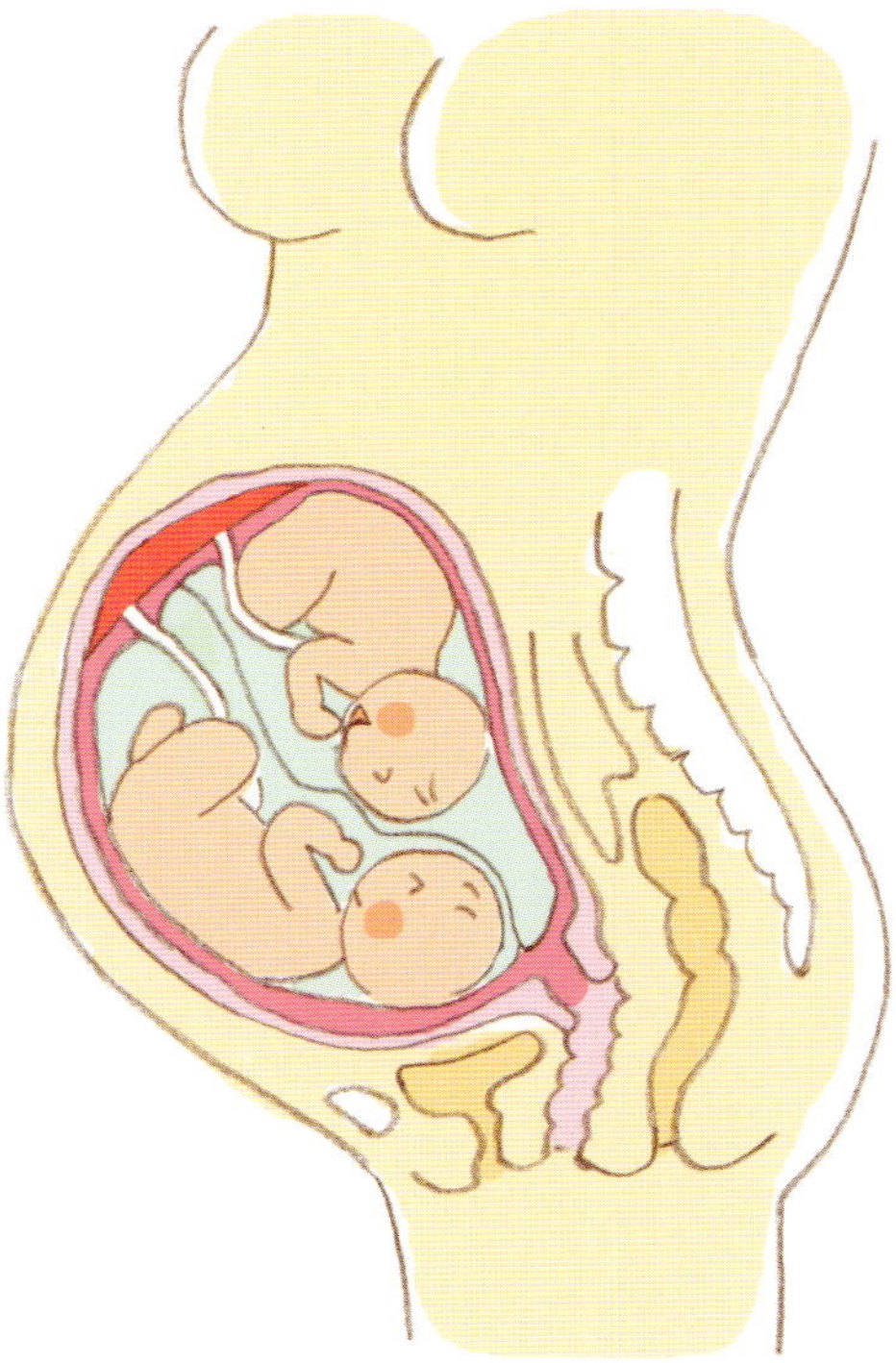

大きさの目安

- ママの子宮 ・・・・・・・ 子宮底長38～41㎝
- 赤ちゃん（1人）・・・・・ 身長約45～48㎝／体重約2700ｇ

双子ママのHELLO！赤ちゃん

妊娠36週

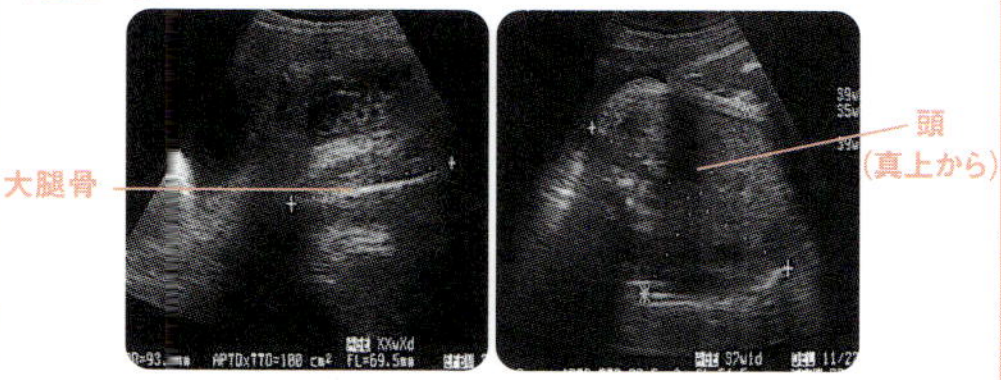

帝王切開の手術日までもうすぐ！

超音波写真では体の一部分しか見えなくなるほど成長した双子ちゃん。手術日も決まって出産準備も万全。私のおなかは下が見えないくらいパンパンに。手術前は、ようやく会えるという思いと生まれたら大変かも、と複雑な心境でした。

双子・三つ子パパのための学校
PAPA'S SCHOOL

**忙しいパパのために全7回の父親学級を開講！
ママと赤ちゃんたちのよきパパを目指して勉強しましょう。**

1時間目 「多胎妊娠が判明したら」

ママと赤ちゃんたちにまずは「パパ宣言」を！

何はともあれ妊娠を一緒に素直に喜んで

多胎妊娠とわかって、最初はうれしいと思いながらも、次の瞬間から不安に襲われてしまうのがママです。こんなとき、パパも一緒になってあれこれ不安を言い始めると、ママはますます心配が募ってしまうでしょう。

パパはまず「一度に2人（3人）の子が授かるなんて、僕たちはなんてラッキーなんだろう！」と前向きに喜んであげてください。

病院で言われたリスクをしっかり受け止めて

病院では「インフォームドコンセント」の観点から、患者さんに詳細な情報提供が行われます。このため、妊娠の早い時期に多胎妊娠のリスクや心配事も強調されがちです。このときママは多胎妊娠を受け入れるだけで精いっぱいですから、リスクや心配事についてはパパがしっかりと受け止め、必要ならば自分で調べて、ママに納得してもらえるまで主治医に質問をしましょう。

ママ1人で心配事を抱えないように伝えて

ママはこれから2人（3人）の子をいっぺんに育てていけるか、とても不安な気持ちでいます。多胎妊娠がわかったら、パパは「育児の悩み事や心配事は一緒に考えていくつもりだから、ママ1人で抱え込まないように」と、きちんと伝えてあげましょう。それだけでもママの気持ちはうんと軽くなります。もちろん、それは言葉だけでなく、きちんと実行していってくださいね。

子どもたちのいる生活をいっぱいイメージして

赤ちゃんたちが生まれるのは遠い先のように思えますが、あっという間です。今から、赤ちゃんたちが生まれたあとの生活について具体的にイメージしていきましょう。多胎育児はパパの協力なくしてはありえません。ママとともに、妊娠中からこまかなイメージを一つ一つ重ねていくことで、どのように育児を分担していけばいいか考えられるようになってくるでしょう。

お手本にしたい
こんな先輩パパがいるよ！

先輩パパファイル No.01

にーにパパ（東京都・35才）
礼香ちゃん＆和香ちゃん（2カ月）のパパ

妊娠、そして双子を授かったと聞いたとき、産婦人科医である僕は「偉い！　これから大変だけれど無理しないで。できる限り手伝うから」と言って祝福しました。それからは妻の主治医＆夫として、体調がすぐれないときはごはんを作ったり、荷物持ちや布団の上げ下ろしの担当に。安心して過ごせるよう努めました。

先輩パパファイル No.02

土屋勝裕さん（愛知県・28才）
瑠久ちゃん＆璃久ちゃん（11カ月）のパパ

一度に2人の父親になれるなんてとってもうれしかったです。だから「2人の大切な赤ちゃんだから2人で育てよう。1人で頑張らなくてもいいからね」と妻を励ましました。仕事の行き帰りには、妻とおなかの双子に向かって「行ってきます」「ただいま」とあいさつ。胎動を感じると、父親になることを実感しました。

先輩パパファイル No.03

草木康雄さん（東京都・34才）
心美ちゃん＆望心ちゃん（2才8カ月）のパパ

最初の健診ではわからなかったけれど、数回目の健診で双子であることが判明。僕は素直に「よかったね」と喜びました。しかし、妻は双子を育てている友人の大変さを知っていたためか、不安だったよう。「大丈夫。なんとかなるよ」と励ましていくうちに、双子を産んで育てることに自信がついていったようです。

第2章

妊娠生活の過ごし方とトラブル対策

多胎は単胎よりリスクが高いといわれますが、過度な不安は不要です。病院選びを慎重に、経過を入念に見守ることが大切。管理入院やトラブル対策、お産までの流れなどを頭に入れ、健やかな妊娠生活を過ごしてください。

双子・三つ子の病院選び

多胎妊娠の特性を熟知し、万が一の対応もできる病院を

妊娠したらこんな病院で産みたいなという願いを持っていたママも、双子・三つ子を妊娠とわかれば、そのことを視野に入れた病院選びをしなくては、と不安になってしまいますね。病院選びのポイントを考えてみましょう。

双子・三つ子とわかって転院するケースが多いです

「妊娠したかもしれない」と診察を受けるとき、単胎妊娠を想定して、もともとそこで産みたいと考えていた病院を受診したり、とりあえずは妊娠診断だけしてもらおうと近所の病院を受診するのが一般的でしょう。初診またはその後何回かの診察で「双子・三つ子を妊娠している」と診断を受けて初めて、多胎の妊娠・出産のための病院はどうしたらいいのだろうという問題に直面します。

双子・三つ子ママDATAを見てみると、60％近くのママが、双子・三つ子の妊娠とわかって転院しています。多くは個人病院からNICU（新生児集中治療室）を持つ大学病院、総合病院などへの転院となっています。とはいえ、家から近いというのも重視されているようです。

二絨毛膜性は個人病院での対応が可能なことも

双子の妊娠の場合、膜性診断を行った結果、リスクが比較的少ないとされる二絨毛膜性であれば、個人病院で出産までみてもらうこともあるでしょう。

ただ、その場合は、医師や助産師などのスタッフが双子の妊娠・出産の特性を理解した上で、経過をてい

双子・三つ子ママDATA

Q どんな理由で病院を選びましたか？

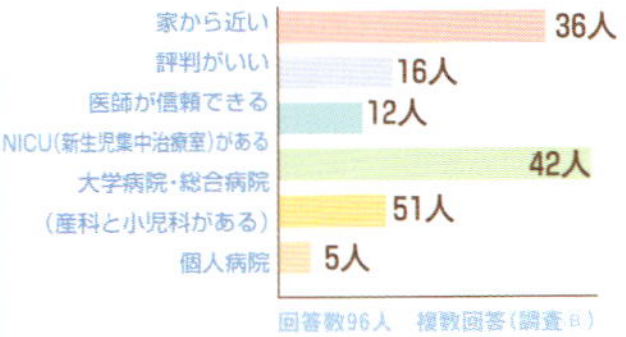

多胎ママたちは万が一のことを考えた上で病院選びをしていることがうかがえます。

Q 多胎の妊娠を知って、病院を替えましたか？

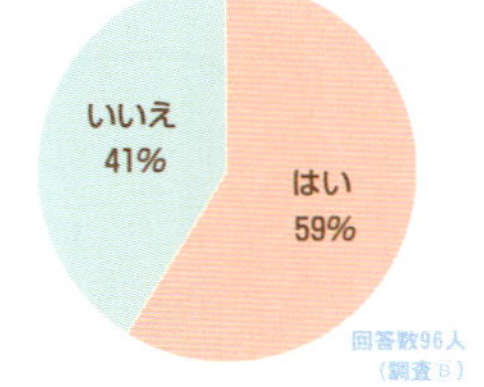

約6割のママが転院。もともと双子・三つ子に対応できる施設だったママは引き続き受診しています。

ねいに観察できることが条件です。また、トラブルがあったときはすぐに受け入れてもらえる医療機関があり、そこと常に連携がとれているか確認しておくことも必須です。

二絨毛膜性の双子であっても、健診ではそれぞれの赤ちゃんの経過をていねいに診察してもらうことが大切になります。そのためには、毎日多くの診察を抱える大学病院・総合病院よりも、双子・三つ子の妊娠・出産の特性を熟知した個人病院で時間を割いてもらうほうがよい場合もあるでしょう。

個人病院に通っている場合は、出産までをどうするか、医師ときちんと話し合うことが必要です。

一絨毛膜性の双子・三つ子は母子の管理ができる施設へ

一絨毛膜性の双子の場合、胎盤の中に2人の赤ちゃんの血管の共有部分があることで、二絨毛膜性の双子に比べてトラブルが起こりやすくなります。そのため、母体のトラブルに対応でき、新生児医療の設備も整った大学病院や総合病院で管理していくことになります。

三つ子の場合も、ママのおなかの中に3人の赤ちゃんが正期産（妊娠37〜41週で出産すること）の時期までとどまることは物理的に困難です。早産とされる時期に生まれることが多いため、小さく生まれた赤ちゃんのための医療設備が整った病院を選ぶことが必要です。

リスクが高いため、転院が必要と医師が判断すれば、トラブルが起こる前に、あるいはトラブルがまだ小さいうちに、緊急時にも対応できる地域の中核病院などへの紹介があるでしょう。そのときは速やかに次の受け入れ先で診察を受けます。

転院したママも、そのまま継続してみてもらうママも、その病院に通うと決めたら、早めに医師やスタッフとなんでも相談できるようになっておきましょう。不安の大きい双子・三つ子の妊娠を乗りきるためにも、病院側との信頼関係を積極的に築いていくことが大切です。

先輩ママも頑張った！ 奮闘STORY

千葉県
中村澄江さん（31才）
歩夢くん
苺花ちゃん（1才0カ月）

見学して、よかった病院を選択

通っていた病院の診察方針や出産態勢が私に合わなかったため、双子の出産率が多いと聞いていた病院に移りました。いくつかの病院を見学し、分娩室や入院する部屋の様子を見たり、費用の説明などを聞き、いちばんよかった病院です。

宮崎県
岩切八千代さん（33才）
咲良ちゃん
香里ちゃん（1才7カ月）

家から近い個人病院を選びました

家から近い個人病院でお世話になりました。双子であることがわかったあとも、担当の先生が大学病院に勤務していたときに三つ子までみたことがあるとおっしゃったので、この先生なら大丈夫と思い、病院は替えませんでした。

兵庫県
中村智江さん（34才）
梨咲ちゃん
隼くん（2才2カ月）

自然分娩させてくれる病院へ

最初は別の病院へ通っていましたが、双子の会で知り合ったママのすすめで、管理入院がなく自然分娩をさせてくれる総合病院に替えました。先生の中にも双子の親がいて、多胎児の妊娠・出産に慣れていて信頼できました。

双子・三つ子妊娠の見守り方

双子・三つ子の妊娠の流れを事前に頭に入れておいて

双子・三つ子の妊娠は、単胎妊娠より健診の頻度が多く、場合によりある時期から「管理入院」したりするなど、出産までの流れが少し違います。ここでは横浜市大センター病院母子医療センターを例に、見ていきましょう。

込み合った子宮は早期から張りやすいです

普通は赤ちゃんを1人育てていくはずの子宮に、2人、3人が育っていくのですから、子宮は早い時期からいっぱいになってしまいます。それでも体はよくできたもので、子宮は破裂せず、おなかの皮膚も大きく伸びてくれます。

とはいっても、早くから大きくなってしまう子宮は張りやすく、それが早産につながってしまうこともあります。また、子宮の容積いっぱいに赤ちゃんたちが大きく育つと、必然的に赤ちゃんたちは外に出ようとします。そのため、単胎の場合に比べて、どうしても早産になりやすいのが双子・三つ子の妊娠です。

ですから、妊娠中は、早産を予防することを主眼として経過が見守られます。ママにはっきりした自覚症状がなくても、頻回に診察を受けていることで、早産の兆候を見つけられることがあります。そこで適切な処置が行われれば、赤ちゃんに深刻な影響を与えるほどの早い時期での早産を避けることも可能です。

事前に病院の方針を確認し、妊娠生活をイメージして

多胎妊娠の見守り方でポイントとなるのは膜性。リスクが高めとされる一絨毛膜性(一絨毛膜一羊膜・一羊膜)は、二絨毛膜性(二絨毛膜二羊膜)よりも慎重に経過をみます。

双子が一絨毛膜性の場合は、妊娠28週ごろから全員が「管理入院」。早産やトラブルが起こらないよう病院で見守ります。三つ子の場合は24週ごろです。一方、二絨毛膜性の場合は必要に応じて入院することもありますが、基本的には外来での健診で経過をみていきます。

出産時期は、双子の場合は妊娠37週ごろ、三つ子の場合は34週ごろが多く、単胎より早めです。出産までの流れは病院によって異なるので、妊娠初期のうちに確認し、妊娠生活をイメージしておきましょう。

多胎妊娠の見守り方

双子＆三つ子を妊娠したママは単胎妊娠のママよりも、慎重な管理が必要。二絨毛膜性よりも一絨毛膜性のほうがリスクが高めです。

双子＆三つ子妊娠と診断

膜性診断
妊娠11週までに診断。不明の場合は、リスクの高い一絨毛膜性として管理する
→ P20

二絨毛膜性
二絨毛膜二羊膜

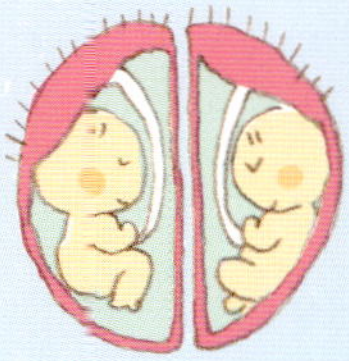

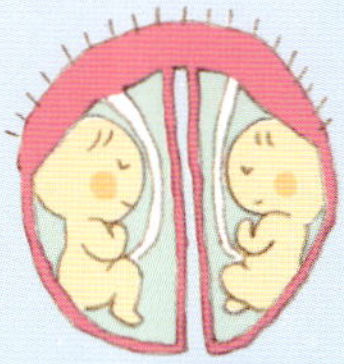

癒合胎盤

一絨毛膜性
一絨毛膜二羊膜　一絨毛膜一羊膜

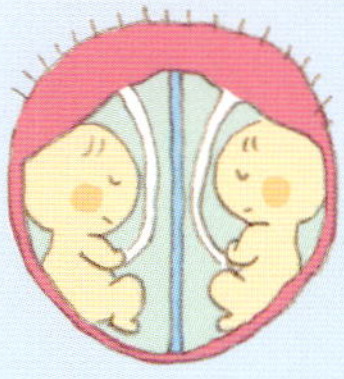

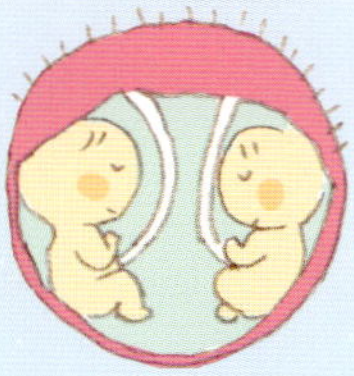

妊婦健診　2週間に1回健診。毎回、超音波検査を行う。妊娠高血圧症候群、早産兆候などがないかどうか、赤ちゃんの発育具合、羊水量などをチェックする
→ P42

※必要な場合、入院

妊娠28週ごろに管理入院
妊娠高血圧症候群、早産予防のために2～3週間入院。安静にし、病院食で管理。三つ子以上の場合は妊娠24週ごろ
→ P46

経過順調

外来
（妊娠34週から1週間に1回）

妊娠36週ごろに検査
（すでに出産を経験したママも初産のママとともに骨盤を計測、術前検査を行う）

経過異常
※双胎間輸血症候群などのトラブルの可能性があるため注意が必要

入院管理

分娩時期・方法を検討　帝王切開と経腟分娩それぞれのリスクなどを十分説明の上、決定する
→ P70

帝王切開　経腟分娩

※上記は横浜市大センター病院母子医療センターの場合です。経過の見守り方は病院によって異なります。

健診や検査は単胎より多め。経過をていねいにチェックします

双子・三つ子の妊娠はリスクが高いと言われて心配なママも多いかもしれません。でもリスクを未然にチェックし、大事にいたらないよう健診や検査が多く行われます。きちんと受けて、不安はそのつど解消しましょう。

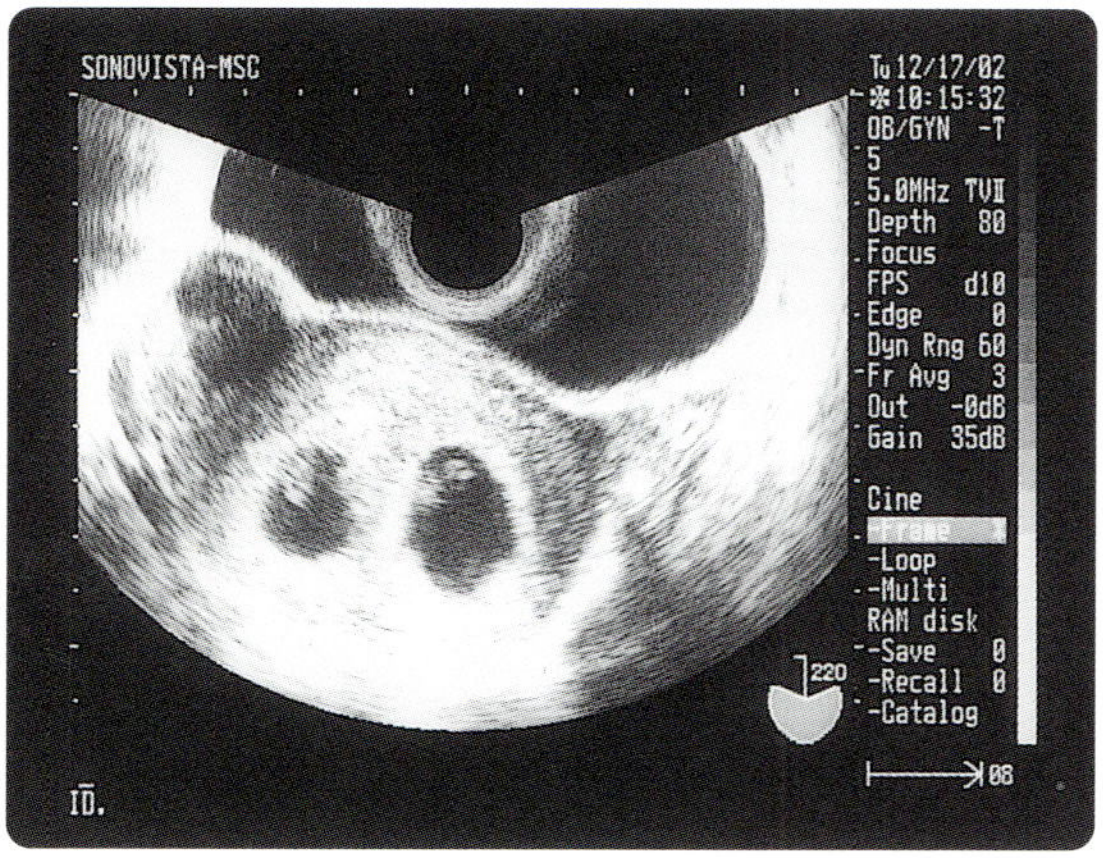

右は、超音波写真です。単胎の場合、超音波検査は妊娠初期、臨月のほかは随時行われますが、双子・三つ子の場合は健診のたびにあり、こまかなところまでチェックします。

健診は一般的に2週間に1回のペースです

単胎の妊婦健診は、一般的に妊娠6カ月までは4週間に1回、7～9カ月までは2週間に1回、臨月以降は1週間に1回の間隔で行われます。

双子・三つ子の場合、出産予定日が決定したあとは、たいてい初期のうちから2週間に1回ぐらいの間隔で健診があります。健診の頻度が単胎よりも多くなるのはトラブルにつながるような、わずかな変化も見逃さないよう、ていねいに診察するためです。

リスクが生じにくい二絨毛膜性の双子の場合で、経過が順調なときは、3～4週ごとに1回という間隔になることもあります。34週以降になると、双子の種類にかかわらず、1週間ごとに健診を受けていきます。

この頻度は、正常な経過をたどっている場合ですから、もし何かトラブルがあったときは、1週間ごとになるなど、さらに頻回に受診することになるでしょう。これは、横浜市大センター病院母子医療センターの場合で、施設によって多少異なるかもしれません。それでも単胎の場合よりも多く健診があるということは覚えておきましょう。頻回な健診に加えて、単胎にはない「管理入院」（46ページ参照）が指示されることもあります。

早産と母子のトラブルの兆候を早期発見します

多胎妊娠ならではの検査は、妊娠初期に行われる膜性診断(20ページ参照)です。超音波検査で絨毛膜の数を知り、タイプによって妊娠中にどんなトラブルが起きる可能性があるかを確認します。

このほか多胎妊娠に限った検査はとくにありませんが、健診ではひととおりの検査(尿検査、体重測定、腹囲・子宮底長測定、問診、内診、血液検査、超音波検査など)を単胎に比べて、より頻回にチェックしていきます。医師が重点的にチェックしているのは、左のコラムのように、早産兆候がないか、母子にトラブルの兆候はないかということです。

超音波検査は毎回。こまかなチェックをします

とくに超音波検査は毎回あり、こまかいところまでチェックしています。超音波検査では、赤ちゃんたちの推定体重、羊水の量、臓器の様子などがわかるほか、ママの子宮頸管の長さ(短くなってくるとお産が近くなる)や内子宮口の開き具合までわかります。早産兆候や赤ちゃんのトラブルをいち早く発見するために、欠かすことのできない検査です。ママにとっても、赤ちゃんたちの元気のよさを自分の目で確認できるチャンスですから、超音波検査を楽しみにしている人も多いでしょう。施設によっては、通常の超音波検査とは別に、より精度の高い器械を用いて、へその緒の付着部位の確認や赤ちゃんたちの体の様子などを精査することもあります。

単胎の場合で、出産間近に行われるノンストレステスト(NST・おなかの張りと赤ちゃんの心拍数を調べる検査)は、赤ちゃんたちの間に発育の差が出てきた場合、何度もすることがあります。このほか、妊娠糖尿病(52ページ参照)の早期発見のための糖負荷試験をする施設もあります。

また、施設によって異なりますが、早産予防の観点から、感染症がないか、おりもの検査をすることも。

双子・三つ子の場合 とくにCHECKする点

早産の予防と合併症の予知・予防を徹底する

医師は起こりうるトラブルに備え、とくに以下のような点について念入りに診察しています。これらについて自身の体にも変化が感じられないか、普段から注意しておきましょう。

早産兆候

子宮頸管の長さが妊娠を継続するのに十分かどうかを超音波検査で調べます。また、おりもの検査などから、早産につながるような細菌がいないかもチェックします。

妊娠高血圧症候群の兆候

血圧が高くなっていないか、尿タンパクが出ていないかを調べ、妊娠高血圧症候群の兆候の有無をチェックします。発症した場合は、安静にし、食事療法をします。

妊娠糖尿病の兆候

健診時の尿糖検査、採血による通常の食事後の血糖値検査のほか、決められた量の糖をとったあとに血糖値を調べる糖負荷試験が行われることもあります。

羊水量

超音波で、それぞれの赤ちゃんの羊水量を調べます。バランスに変化が生じているときは、トラブルの前兆かもしれないので、さらに詳しく検査をすることもあります。

赤ちゃんの大きさのバランス

赤ちゃんの間で血液の行き来があった場合、1人が大きくなりすぎ、もう1人の発育が阻害される双胎間輸血症候群(57ページ参照)を起こすことも。それを早期に発見するためです。

多胎の超音波写真と胎動

赤ちゃんの数だけかわいさ倍増! 超音波写真がママの心の支えに

見るからにかわいい双子・三つ子の赤ちゃんたちの超音波写真。トラブルに直面してつらいことがあっても、赤ちゃんたちの写真や元気な胎動が、きっとママをしっかり支えてくれるはずです。

超音波写真も胎動も多胎ならではの楽しみが

赤ちゃんたちの超音波写真には心が和みます。とくに妊娠初期の、一画面に2人・3人が一緒に収まっている様子には、顔もほころんでしまいますね。

胎動は単胎と同様、初産のママで妊娠18～20週ごろ、経産(出産の経験がある)のママで16～18週ごろから感じ始めます。超音波検査で赤ちゃんの位置を教えてもらっておくと、どちらの子が動いたかがわかり、より楽しいものとなるでしょう。1人の子につられてほかの子も動いたりするのは、双子・三つ子ならではです。

おなかの中の赤ちゃんたち

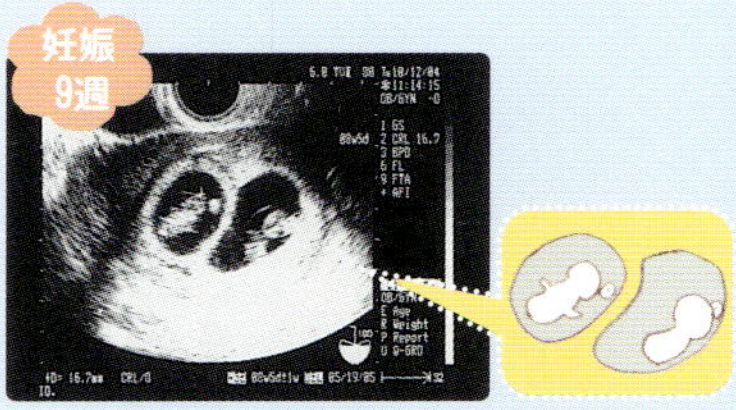

2人の赤ちゃんが人間らしい形に

豆粒のようにしか見えなかった双子の赤ちゃんたちが、ようやくはっきりとした人間の形に。それぞれ、頭、胴、手足が見えます。

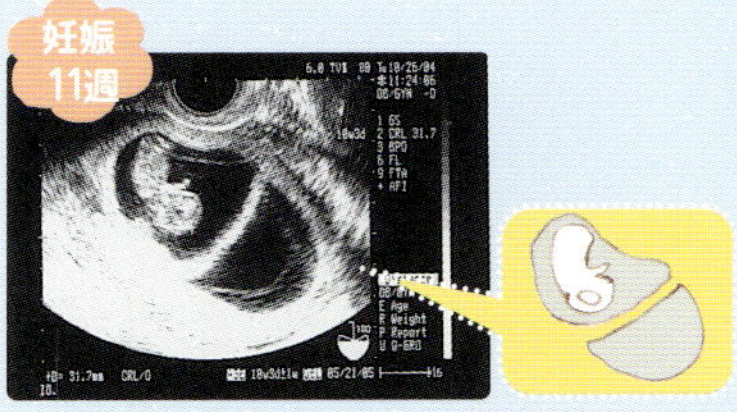

手の動きまではっきりわかる

双子のうち、左側の赤ちゃんに焦点を合わせた写真。手がまるで"おいでおいで"をしているようにはっきり動いているのがわかります。

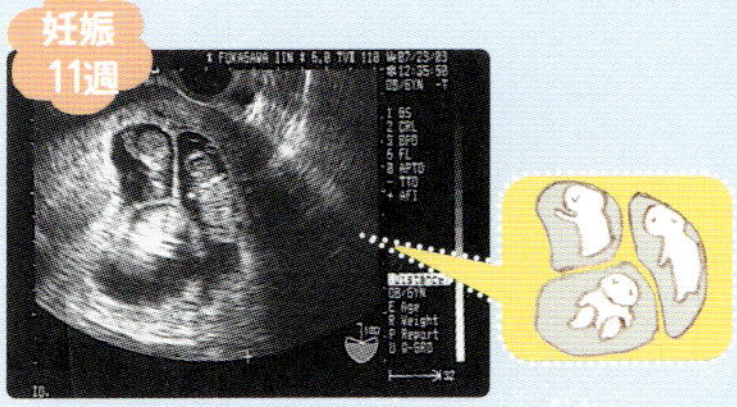

三人三様の姿が写っています

三つ子の写真。右上の赤ちゃんは寝そべっていて、左上は横向きでねんね。下の赤ちゃんはひざを抱えて寝ているように見えます。

先輩ママも頑張った！ 奮闘STORY

2人が動くと、よろけるほどの強さを感じました！

東京都
今井美和子さん（35才）
慈瑛くん
陽悠くん（1才5カ月）

妊娠12週のころ初めて胎動を感じ、妊娠20週ごろには力強くおなかを蹴るように。2人が同時に動くとよろけるほどでした。でも、右側にいる子ばかりがよく動き、左の子は「大丈夫？ 元気だよね」と思うほど静か。左側の子は右側の子より大きかったから動きにくかったようですが、2人の性格を見事に反映。今も1人は好奇心旺盛で活発な子ですが、もう1人はマイペースでのんびり屋さんです。

最初は「ガスがたまってムズムズしている感じ」でした

千葉県
大根那生美さん（28才）
龍成くん
彩花ちゃん（1才6カ月）

妊娠18週、夜寝ているときに、ガスがたまっているようなムズムズした感じがして「おならかな？」と思っていると、おなかの中がポンとはじけたようになり、これが胎動なんだと思いました。赤ちゃんが大きくなるにつれ、胎動も大きく激しくなるように。臨月のころは動くたびにおなかが盛り上がり、実家の母が「こんなに動いてるの!?」とびっくりするくらいダイナミックな動きでした。

最初はおたまじゃくしが動いているように感じました

三重県
加藤多寿美さん（29才）
仁愛ちゃん
快真くん（1才6カ月）

初めて胎動を感じたのは妊娠21週のとき。胎動というくらいだからドンドンという感じなのかと思っていたのに、おなかの中でおたまじゃくしが動いているような感覚で、「これが胎動？」と思いました。妊娠7～8カ月ごろになると、2人の動きが活発で、絶えずどちらかが動いているように。もっと大きくなると、赤ちゃんのこぶしだとわかるように、おなかがふくれることもありました。

初めはこれが胎動なんだという実感がわきませんでした

東京都
佐藤真知子さん（30才）
寿紀くん
悠貴くん（1才10カ月）

おなかがポコッポコッとたたかれるような胎動を実感したのは妊娠24週のときでした。でも最初は、おなかがすいておなかが鳴ったのかな、ガスがたまっているのかなと思い、胎動だと気づきませんでした。それほど激しくはなかったけれど、妊娠6～8カ月ごろは盛んに動いていました。「ああ、胎動だ」と思うと私のおなかで新しい命が確実に育っていることが認識できて、うれしかったです。

管理入院の必要性

管理入院は早産兆候や合併症がみられるときに行われます

早産兆候や合併症などがあるときは、日常生活で無理をしないように管理入院を指示されることがあります。管理入院が必要な理由や、入院中の1日の生活の流れ、どんな処置を受けるのかなどを紹介します。

管理入院の基準は病院の方針によって異なります

管理入院とは、妊娠中のトラブルを防ぎ、万一に備えて予防的に入院すること。一絨毛膜性の双子や母体に合併症・早産兆候がある場合に必要とされ、双子・三つ子ママDATAでも70％のママが経験しています。入院の基準は病院の方針によって異なりますが、中には「妊娠28週から出産まで長期入院した」人も。

30週で単胎の臨月のおなかの大きさになる双子妊娠では、28～30週に早産兆候が出やすい傾向にあります。そのころに生まれるとトラブルが心配なので、早産予防のために出産まで一律に管理入院を行う病院もあるのです。

しかし最近では、「一絨毛膜性を含め妊娠経過に問題のない双子では管理入院の必要はない」と考える医師も増えており、トラブルの兆候がなければ外来で経過観察をする方針の病院も。二絨毛膜性よりリスクが高いとされる一絨毛膜性の場合は28週以降に2～3週間入院して経過を観察し、順調と判断されれば、退院してお産入院日まで自宅で過ごせる病院もあります。

ママたちはおなかが張ると不安になりますが、多くの場合は生理的なおなかの張りです。入院が必要かどうかは、子宮頸管の長さ、安静時の

双子・三つ子ママDATA

Q 管理入院はしましたか？

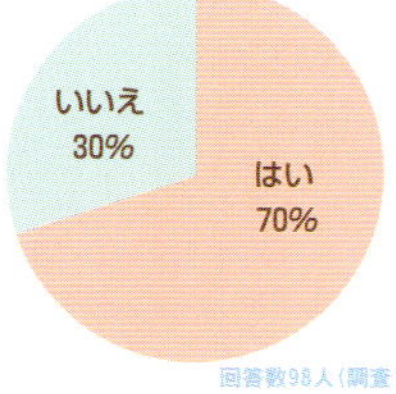

入院期間は2週間から2～3カ月まで。症状にもよりますが、早産兆候のある人は長期化する傾向に。

Q はいと答えたママは妊娠何週目に？

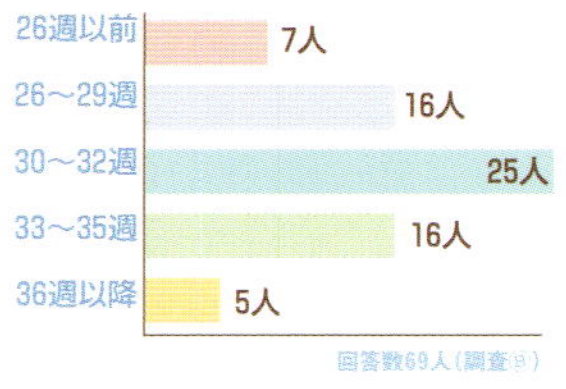

管理入院したママがいちばん多かったのは、30～32週。36％のママがこの時期に入院しています。

子宮収縮の具合などをチェックして医師が判断します。

必要な検査や処置を受け1日を規則正しく過ごします

管理入院中のママは、とても規則正しい生活です。一般的には午前中に検温、血圧測定のほか、子宮の収縮と赤ちゃんの元気のよさをチェックするノンストレステストを受けます。早産兆候があるママは、子宮収縮抑制剤の点滴を24時間継続して受け、1日2~3回のノンストレステストを必要とするケースもあります。午後には面会時間があり、医師の許可があればシャワーも自由にできます。

また、担当医が1日1回、経過のチェックに訪れ、必要に応じて処置をします。夕方以降は病棟医の回診もあり、入院していることで安心感を得るママも多いでしょう。

管理入院は、無理をしないよう「安静」にするのがいちばんの目的。しかし、安静にしすぎて静脈血栓症(52ページ参照)を起こすトラブルが問題となっており、適度に動くことがすすめられています。歩くことが入院中の運動になるので、点滴の台を引きながら院内の廊下を歩くママも少なくありません。出血傾向があるなどの理由で行動を制限される人もいますが、入院室でポータブルトイレを使用するという「絶対安静」は減りつつあります。

最近は、ベッドに横になったまま足首を動かす簡単なストレッチを助産師や理学療法士が指導してくれる病院も。ふくらはぎの血流がよくなると静脈血栓症が予防できます。

拘束されているのではなく力を蓄えていると考えて

上の子がいるママは、入院が長引くのが気でないと感じることもあるでしょう。でも、ママのおなかの中で育つ1週間の間に、赤ちゃんたちの肺の機能が育ち、リスクがぐんと少なくなることも。上の子のお世話は双方の実家などのサポートを借りて乗りきり、ママは入院生活に専念しましょう。病院の方針にもよりますが、症状が落ち着いていれば、週末を自宅で過ごす一時外泊も可能です。「入院生活で拘束されている」とネガティブに考えないで、「元気な赤ちゃんたちを産むために力を蓄えている」と前向きに考えましょう。

管理入院が必要なケース

早産兆候がある場合

37週未満の時期に子宮頸管が短くなる、子宮口が開き始める、破水や陣痛が起こるなどの症状があれば、それはお産の兆候。赤ちゃんたちが少しでも長くママのおなかの中で育つための処置が必要です。

妊娠高血圧症候群などの合併症がある場合

おなかの赤ちゃんたちが大きくなると血管や腎臓への負担が増して、高血圧やタンパク尿が出ることが。多胎妊娠は母体にかかる負担が大きいので、早産予防のためにも重症化しないように注意が必要。

赤ちゃんの発育に異常がある場合

母体の合併症などが原因で妊娠週数のわりに赤ちゃんたちの体重が小さめだったり、なんらかの理由で体重差が大きいなどの場合は、詳しい検査をして、妊娠経過を注意深く観察します。

トラブルを防ぐ生活術

双子・三つ子だからといってトラブルにおびえず前向きに

経過にもよりますが、多胎妊娠だからといって、行動を制限していつも安静にしていなければいけないかというと、そうでもありません。ただし、複数の赤ちゃんたちを育てていくため、体調管理には注意しましょう。

食事

量を増やすのではなくバランスよく食べて

双子・三つ子の妊娠でしっかりとりたい栄養素はタンパク質、ビタミン、鉄分、カルシウムなどのミネラルです。ただ、これらをしっかりとろうとすると、食べる量が増え、結果的に摂取カロリー量が増えてしまうことも。それが必要以上の体重増加や妊娠高血圧症候群を招いたり、お産を長引かせるようなことにつながってしまっては困ります。各栄養素についてはバランスを考えてとるようにしましょう。

単胎より多胎妊娠がなりやすい妊娠高血圧症候群を予防するためには「塩分控えめ」の食事がおすすめ。これもまた、何の症状も出ていない人までが、極端な塩分制限をする必要はありません。妊娠中のママが1日にとる塩分量は10g以下が理想とされていますが、日本人の一般的な食事では12～13gだといわれます。今までの味つけを少し薄めにする程度と考えればいいでしょう。

また、単胎に比べて大きくなる子宮に、腸が圧迫される期間が長く、便秘になるママも多いようです。食物繊維や適度な水分をとり、自分なりの便秘解消法を見つけてみてください。

具体的にどのような食事にすればいいかわからないときは、自分の食事の記録を1週間分程度持参し、病院のスタッフを通じて、栄養士の指導を受けてみるのもいいでしょう。

体重管理

体重増加の目安は単胎より少し多い10～12kg増です

妊娠中の体重増加は、単胎の場合、8～10kgが目安ですが、双子・三つ子妊娠の場合はそれよりも2kgぐらい多めで抑えるというのが理想的です。赤ちゃんの人数分増えていいわけではありません。これは妊娠前に標準体重だった人の場合ですから、標準体重を超えていた人なら、その程度に応じて、さらに少なめの体重増加に抑える必要があります。

そんなにうまく管理できるか心配なママもいるかもしれませんが、双子・三つ子ママは早くから子宮が大きくなって胃を圧迫するようになるせいか、意外と食欲はあまり増えず、結果的に、出産までにはその程度の体重増加で済んでいるということが多いものです。

ママの体重があまり増えていなくても、ママがバランスよく栄養をとれていれば、おなかの赤ちゃんたちはしっかり成長していきます。

食生活のPOINT

鉄分をとる

多胎ママは貧血になりやすいので、レバーやほうれん草など鉄分が豊富な食材を。

食物繊維をとる

子宮に腸が圧迫され、便秘がちに。きのこや海藻は低カロリーで食物繊維も豊富です。

塩分を控える

調理の際、味つけは妊娠前よりも薄めに。味の濃いおかずはごはんも食べすぎます。

薄味で物たりないときは、香辛料で風味を加えたり、酸味を効かせるとよいでしょう。

性生活

流産・早産を配慮してやや控えめにして

双子・三つ子の妊娠では流産・早産が起きる可能性が単胎に比べてやや高いことから、セックスもやや控えめにしたほうがいいでしょう。その際には、感染症予防のためにも、コンドームを使うことが大切です。妊娠経過によっては、中止を指示されることもあります。

運動＆休息

無理は禁物。運動は医師に相談の上で

マタニティスポーツに憧れていたママもいるかもしれませんが、無理は禁物。双子・三つ子ママの場合、経過は個人差が大きいので、まずは医師に相談を。大きなおなかを抱え、エネルギー消費量も増えているため、十分な休息をとることも大切です。買い物や散歩など、長時間にならないように注意しましょう。

多胎ママに起こりやすいトラブル

双子・三つ子に多いトラブルは早期発見・早期治療が大切です

双子・三つ子を妊娠していると診断されたとき、「リスクが高い」と説明を受けたママも多いでしょう。どんなトラブルが起こりやすいのか、双子・三つ子ママDATAの結果をもとに見ていきましょう。

つわり

精神的な不安が大きいときは周囲にサポートを求めて

双子・三つ子ママが体験したトラブルのナンバー1がつわりでした。実は、多胎妊娠だからつわりがひどくなるということはありません。つわりの原因はまだよくわかっておらず、ホルモン分泌の影響だともいわれますが、精神的なこともかなり影響しているようです。予想もしなかった多胎妊娠に直面して落ち込みがちなママは、不安や悩みを周囲にどんどん打ち明けてみて。

流産・早産

心拍が確認されたら心配しすぎずに

双子・三つ子の妊娠の場合、流産率がやや高くなるというデータが出ています。流産の主な原因は、赤ちゃん側になんらかの異常があったためですが、それが単純に多胎妊娠によるものか、多胎妊娠のママの平均年齢が比較的高めであることも影響しているのかは定かではありません。出血やおなかの痛みなどの症状がある場合も、きちんと診察を受け、超音波検査で赤ちゃんたちの心拍が

双子・三つ子ママDATA

Q ママはどんなトラブルを体験した？

上位5位ランキング

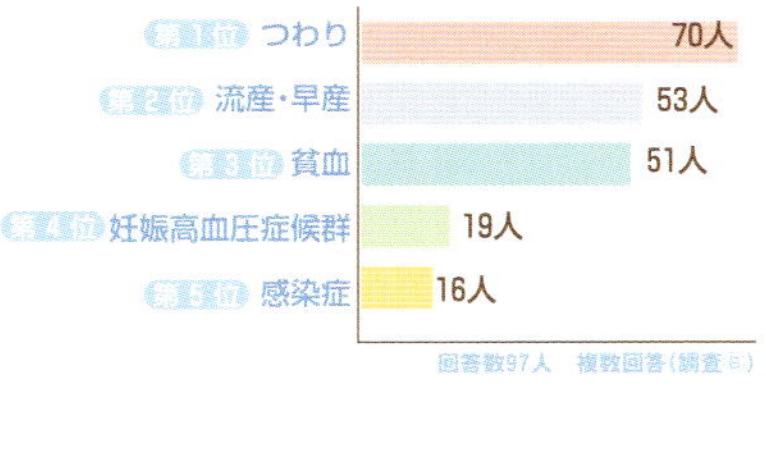

つわりがナンバー1

つわりや貧血に苦しんだ多胎ママが多いようです。流産・早産が2位に入りましたが、切迫流産・早産も含まれていて、深刻なトラブルは意外に少ないことがわかりました。

確認されていれば、あまり心配しすぎず、赤ちゃんたちの育つ力を信じてあげてください。

張り＝早産ではありません。兆候がみられたら入院に

早産とは、妊娠22週から37週未満でお産になることです。双子・三つ子の場合、子宮内が早い時期に窮屈になり、おなかも張りやすくなるので、早産が多くなるのはある意味でしかたのないことです。実際には、生まれた赤ちゃんたちの成長が心配になるような週数での出産はそれほど多くはありません。34週を過ぎると肺が成熟し、外界で安定して成長していくことができます。以前は、早産予防のために子宮頸管を縛る手術が多く行われていましたが、効果が明らかでないことから、現在ではあまり行われないように。健診時に、子宮頸管の長さを測ったり、子宮口のやわらかさ、開き具合を確認し、感染症の有無もチェックしていますから、兆候がみられたときは入院して安静に過ごします。赤ちゃん自身の具合が悪くなったときは、状態とタイミングからお産に誘導していくこともあります。

貧血

双子・三つ子のママはより貧血になりやすいです

妊娠中のママが貧血になりやすいのは、おなかの赤ちゃんに血液をしっかり送り届けるために血液循環量を増やし、水っぽい血液になるからです。多胎ママは赤ちゃんが多い分、より多くの血液が必要になるので、単胎ママ以上に貧血になりがち。ただ生理的な貧血なので、お産までに治療できれば心配ありません。

妊娠高血圧症候群

健診で早期発見が可能。過度な心配は不要です

以前は妊娠中毒症と呼ばれていた病気。原因ははっきりしていませんが、妊娠がママの体に負担をかけることで起きるため、より負担の大きい双子・三つ子ママはなりやすいといえます。とはいえ、いたずらに心配しすぎるよりは、普段から塩分控えめの食事を心がけ、疲れをためないことを考えて。むくみがこの病気に直結するものではありません。

感染症

早産傾向がある場合適切な治療が行われます

双子・三つ子の妊娠において、避けたいことの一つが早産。膣内の細菌感染症が早産リスクを高めるため、注意が必要です。早産傾向のある場合、細菌検査などで症状がみられたときは適切な治療が行われます。

そのほかに注意したいトラブル

静脈血栓症

双子・三つ子の妊娠の場合リスクが重なりやすい傾向が

静脈血栓症とは、長時間体を動かさないことで血行が悪くなり、足などの静脈に血栓(血液のかたまり)ができ、それが肺などに運ばれると、生命の危険さえもたらす病気です。

双子・三つ子の妊娠の場合、大きな子宮が静脈を圧迫し、血流が悪くなりがちなのに加え、切迫早産などによる長期間の安静や、帝王切開後の安静など、静脈血栓症のリスクが重なりやすくなります。最近では安静入院や帝王切開後の入院時には、静脈血栓症の予防策がとられるようになっています。安静時もベッド上でできる体操をしたり、術後はフットマッサージャーや血流をよくする弾性ストッキングを使ったりするなど工夫しましょう。

妊娠糖尿病

母子に影響を及ぼすので血糖値コントロールが必要

糖尿病とは、血液中のブドウ糖をエネルギーに換えるインスリンが不足したり、うまく調節ができずに、糖が尿に排出される病気です。

このうち、妊娠を機に糖尿病が起きるものを妊娠糖尿病と呼んでいます。妊娠糖尿病になると、妊娠高血圧症候群を合併したり、流産・早産を起こしやすくなったり、赤ちゃんが巨大児になったりと、母子共に影響を及ぼします。

アメリカでは、多胎の妊婦さんの妊娠糖尿病が増えているというデータがあり、日本でも妊娠糖尿病に注意する動きが出てきています。

とくに目立った自覚症状はなく、ほとんどの場合は検査によって見つかります。尿検査、血糖値検査、糖負荷試験などから病気が見つかったら、母子の状態をみながら食事療法などで血糖値をコントロールします。食事療法で改善されないときは、インスリン注射を行うことになるでしょう。

羊水過多・過少

それぞれの羊水量のバランスが大切です

卵膜で羊水が必要以上につくられて羊水過多になったり、胎盤や赤ちゃんの腎臓の働きに問題があると羊水過少となったりします。症状や原因はそれぞれですが、多胎の場合は、2(3)人の羊水量のバランスが大切です。バランスが失われているときには、双胎間輸血症候群(57ページ参照)などのトラブルの兆候である場合も考えられます。

先輩ママも頑張った！ 奮闘STORY

つわりがひどく、週1回点滴通院して乗りきりました

富山県
鈴木節子さん（31才）
彩菜ちゃん
唯菜ちゃん（3才5カ月）

妊娠8〜16週にかけてつわりがひどく、動けない、食べられない状態に。週1回、点滴に通院してなんとか乗りきりました。しかし、12週に切迫流産しかけて、おなかの張り止めの薬を飲むことに。結局、出産するまで飲んでいましたね。子宮頸管を縛る手術もしましたが、家事は必要最低限にしかせず、できるだけ動かないで、横になるなど安静を心がけ、おなかが張らないようにしていました。

貧血になりましたが鉄剤と食事で解消しました

埼玉県
唐澤由江さん（36才）
蒼空くん
ひかりちゃん（1才3カ月）

妊娠27週のとき、血液検査の結果、貧血と診断され、鉄剤が処方されました。鉄剤を飲むのと同時に、鉄分を多く含んでいるほうれん草や小魚、ごまを使った食事を作って食べるようにして、解消しました。また、妊娠3カ月ごろはつわりがひどくて毎日トイレにこもりっきり。おなかがすくととくにひどいので、みかんなどのかんきつ類や水で、空腹を感じないようにしていました。

妊娠高血圧症候群になるも薬が効かず、急きょ出産

千葉県
黒崎久乃さん（31才）
茉央ちゃん
優太くん（1才1カ月）

子宮口が開きぎみだったのと病院の方針で、妊娠31週の健診後、管理入院しました。単なる管理入院のはずが、入院した途端、血圧が上がり、手足がむくみだしたため、妊娠高血圧症候群と診断されました。血圧を下げる薬を飲んだり、安静にしていましたが、改善せず、肝臓や腎臓の機能も低下し始めたため、妊娠32週で急きょ出産することに。自覚症状があまりなく、突然の出産でビックリしました。

妊娠糖尿病でインスリン投与や糖尿病食で治療しました

静岡県
Y・Iさん（31才）
Tくん
Hくん（3才0カ月）

妊娠24週のときに糖が出ましたが、一過性のものと問題視されませんでした。翌週調子が悪くて病院へ行くと、おなかがかなり張っていて、切迫早産とのこと。救急車で総合病院へ搬送されました。検査の結果、妊娠糖尿病であることがわかり、インスリン注射や糖尿病食を開始。糖はだいぶ出なくなりましたが、切迫早産は改善されず、23週で出産することになりました。

生じやすいマイナートラブル

ママの体にかかる負担が大きい分、マイナートラブルも増えます

大きなおなかがママの体に負担をかけるので、あちこちに不快な症状をもたらすマイナートラブルも多くなります。双子・三つ子ママDATAより上位4位を取り上げ、その解消法を紹介します。

おなかの張り

早産につながらないものも。張り以外の症状に注意を

おなかの張りというと、早産になってしまうのではと心配になるかもしれませんが、早産につながる場合は子宮頸管が短くなっていたり、子宮口がやわらかく開き始めていたりと、兆候があるものです。双子・三つ子の妊娠の場合、おなかが張りやすいのはしかたのないことですが、張りを感じたら治まるまで安静にしましょう。張りが治まらない、出血、痛みなどがあったときは受診を。

腰痛

大きなおなかでも正しい姿勢を心がけて

多胎ママは2人・3人の赤ちゃんを支えるために、どうしてもおなかを突き出し、背中を反らした姿勢になりがちです。そのために腰や背中に負担がかかり、痛みを感じるようになってきます。おなかがまだ小さい初期のうちから、正しい姿勢を心がけておくとよいでしょう。また、安静を指示されていなければ、適度に体を動かして血行をよくすることも、腰痛の予防・緩和になります。

双子・三つ子ママDATA

Q ママはどんなトラブルを体験した？

上位4位ランキング

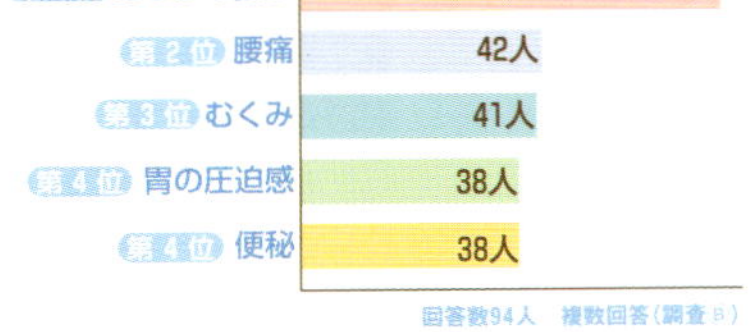

大きな子宮がトラブルの要因

双子・三つ子ならではの大きくなった子宮が原因になっている症状がずらりと並んでいます。「おなかが大きくなるにしたがってひどくなった」との声も。

むくみ

大きな子宮が静脈を圧迫するために起こります

大きくなった子宮が子宮の裏側にある静脈や下半身の静脈を圧迫するため、血流が滞り、単胎ママ以上にむくみが起きやすくなります。むくみがひどいときは、足を高くして寝たり、いすに座るときも台に足を乗せたりするとよいでしょう。おふろでむくんだところをマッサージしたり、こぶしを握ったり開いたりする動きを繰り返すことなどで、多少、改善されます。

胃の圧迫感

大きくなった子宮により食欲も落ちがちです

単胎ママでも、大きくなった子宮が胃の一部を押し上げることで圧迫感を感じますが、双子・三つ子のママはそれ以上ですね。食欲も落ちてくるでしょうから、食事は少量ずつ何回かに分けてとるようにするのがおすすめです。また、子宮は心臓や横隔膜も圧迫するため、動悸や息苦しさを感じるママも多いでしょう。症状がつらいときは、体を休めることが何より大切です。

便秘

ひどくならないうちに解消策を講じましょう

これもまた双子・三つ子のママを悩ませる症状の一つです。大きくなった子宮が腸を圧迫し、腸の蠕動運動を妨げるため、便秘になりやすくなります。また、便秘になったり肛門周辺の静脈がうっ血して、痔の症状が起きているママも多いはずです。食物繊維の多い食べ物をとるなどの予防・解消策も必要ですが、あまりにもひどいときは我慢せず、病院で薬を処方してもらいましょう。

先輩ママも頑張った！ 奮闘STORY

兵庫県
宮田博子さん（28才）
空凜ちゃん
煌斗くん（6カ月）

クッションを使って不眠解消

腰や足の痛み、頻尿などでなかなか眠れず、ものすごくだるかったのですが、股の間にビーズクッションを挟んで横を向いたり、足を高くして眠るとラクでした。クッションのやわらかい感触も気持ちよかったですね。

埼玉県
佐藤涼子さん（28才）
碧波くん
凜空くん（1才5カ月）

温かいほうじ茶でリラックス

妊娠4カ月ごろ、おなかに強い張りを感じるときがありました。そんなときは、温かいほうじ茶を飲みながら、好きな曲を聴いてリラックスしました。妊娠7～9カ月には恥骨痛に悩みましたが、あぐらをかくと痛みが和らぎました。

静岡県
小川朋子さん（36才）
大智くん
大和くん（3才6カ月）

ヨーグルトで便秘対策

便秘になり、医師から薬をもらいました。なるべく薬に頼りたくなかったので、飲むヨーグルトをこまめに飲んで解消するようにしていました。また、トイレのシャワーで刺激を与えて、排便を促すのもおすすめです。

赤ちゃんに起こりやすいトラブル

トラブルの種類によっては出産させたほうがいいことも

双子・三つ子ゆえに赤ちゃんたちに起こるトラブルもあります。胎内治療の技術も進歩してきましたが、トラブルの種類によっては、ママの体外に早く出ることで赤ちゃんたちが元気になるという場合も。

子宮内胎児発育遅延

膜性と週数からお産のタイミングの検討も

おなかの中の赤ちゃんたちは、ママの子宮内の容量と人数に合わせて発育していきます。双子・三つ子の場合は単胎に比べ、多少窮屈に育っていくため、発育の度合いもやや緩やか。ただ、それを考慮したとしても、赤ちゃんが誤差の範囲を超えて、極端に大きくなれないことがあります。これを子宮内胎児発育遅延と呼びます。

この場合、その赤ちゃんだけに体の機能障害や染色体異常などのトラブルが起きている可能性が考えられます。また、同じ遺伝子を持っているはずの一絨毛膜性の双子でも、1人の赤ちゃんのへその緒が卵膜についていたり、胎盤の機能が落ちたりして大きくなれないことも。1人でも発育遅延が現れてきたときは入院して経過をみていきます。

2週間以上、成長がストップしてしまったとき、最悪の場合は赤ちゃんが万が一、死亡してしまうことも考えられるので、週数をみながら、お産のタイミングを探していくことになります。ある意味で運命共同体である一絨毛膜性の双子の場合、慎重な判断が必要です。

双胎間輸血症候群

一絨毛膜性の双子ゆえのトラブルです

一絨毛膜性の双子の場合、赤ちゃんたちの間に血液の行き来があります。片方の子からもう片方の子に輸血するような状態になるため、2人の成長がアンバランスになることがあり、これを双胎間輸血症候群（TTS）といいます。大きさに違いが出るだけではなく、病状が悪化すれば、大きな子は心不全を起こし、やがて小さな子も心不全を起こすことがあります。

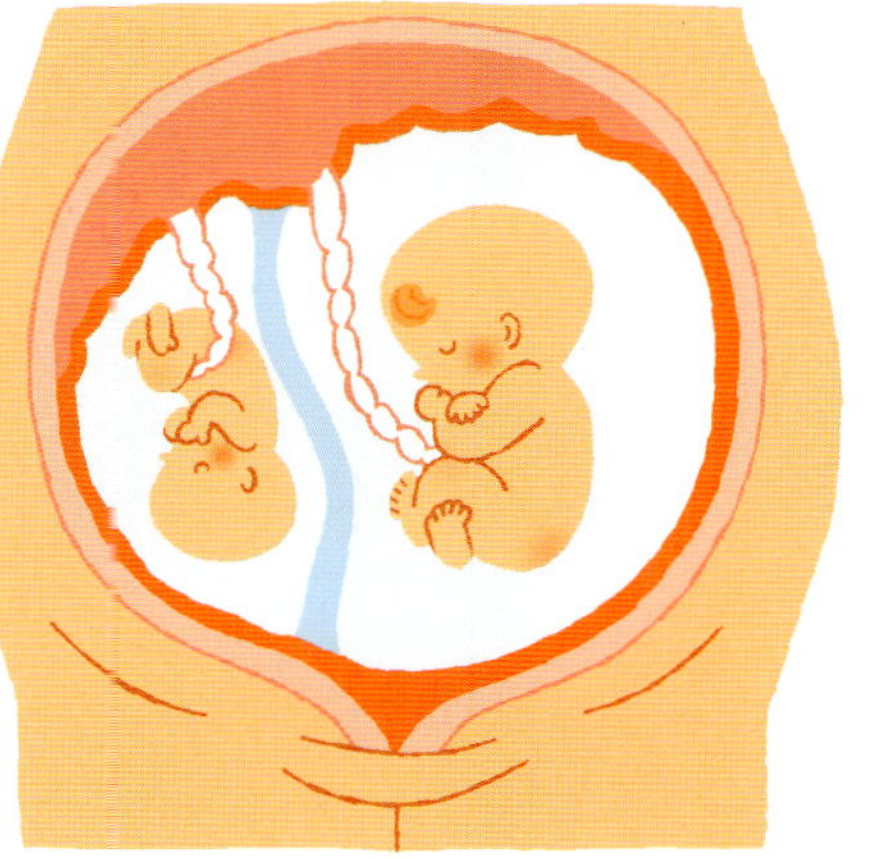

これは胎盤に原因があるため、予防や、発症後の根本的な治療ができません。赤ちゃんたちがある程度大きくなっていれば、出産させてNICUで対応することができますが、それ以前に発症したときが心配です。この場合、大きな子は羊水過多を起こすため、増えていく羊水を除去する処置が行われていましたが、最近では、少ないですが、レーザーによって、胎盤内の血液が交流している部分を焼き切る治療が行われるように。ただ、高度な技術が要る難しいものなので、治療できる施設に限りがあります。これらの方法をとり、新生児医療が可能な週数まで待ち、誕生後の治療にゆだねます。

バニシングツインって何？

双子のうちの１人の赤ちゃんが消えてしまう

妊娠のごく初期には双子と確認されていたのに、途中で１人が消えてしまうことです。単胎の赤ちゃんも、初期には赤ちゃん側の原因から流産してしまうことがありますが、双子の場合、妊娠16週ぐらいまでなら、もう１人が元気だと、流産した赤ちゃんは子宮内に吸収されてしまいます。

胎児不均衡発育

体重差が大きくなってきたら厳重な注意が必要です

赤ちゃんたちがまったく同じ大きさで成長することはありませんが、それぞれの推定体重差が15～25％以上になってきたとき（不均衡発育）は、慎重に経過を観察します。原因不明の場合もありますが、小さいほうの子のへその緒の付着部に問題があるケースに多くみられます。

さかご

単胎と同様、出産までに直る可能性も

人数が多い分、さかご（骨盤位70ページ参照）になる確率は高まります。ただ、単胎の場合と同様に、赤ちゃんの頭が骨盤の中に深く進んでいない限りは、頭位（70ページ参照）に戻る可能性も。いわゆるさかご体操は、あまり効果が認められていないので、負担の大きい多胎妊娠の場合はおすすめできません。

双子・三つ子ママの出産準備

育児用品の必要度を見極めて、早めに準備をしておきましょう

赤ちゃん用品は、必ずしも赤ちゃんの人数分必要なわけではありません。ベッドやベビーカーなど大きなものは、無駄にならないよう、生活スタイルなどをよく考えた上で、レンタルやリサイクルを利用するのも手です。

双子の出産準備は1.5人分ぐらいが目安です

妊娠を告げられたとき、「お金がかかるな」ということが頭をよぎったかもしれません。確かに一度に必要になるものは多めかもしれませんが、それらは決して人数分必要なわけではありません。肌着やウエアなども、双子なら1.5人分、三つ子なら2人分ぐらいで大丈夫です。また、双子・三つ子であるために、お下がりを譲ってほしいと声をかけやすかったという声も多く聞きます。産後の育児がイメージしにくい場合は、最低限のものだけ用意して、徐々に買いたしていけば無駄がありません。

これだけはそろえよう！（双子の場合）

肌着

短肌着（7～8枚）

長肌着orコンビ肌着（5～6枚）

ウエア

ツーウェイオール（4～6枚）

おむつ関連

紙おむつ（1パック）

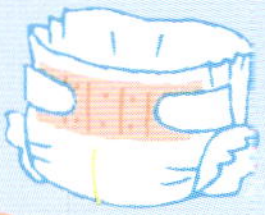

おしりふき（1パック）

ミルク関連

乳首（2～4個）

哺乳びん（2～3本）

粉ミルク（大2缶）

必要に応じて

ベビー布団（2組）

大人用の薄めでかための布団で代用しても。

ベビーバス（1つ）

1つでOK。洗面所のシンクなどで代用した例も。

ベビーカー

多胎用のほか、単胎用のを人数分買う場合も。

管理入院や早産に備えて最低限のものは早めに準備を

赤ちゃんたちが生まれてから当面の生活で必要なものは右ページのとおりです。「必要に応じて」とあるものは、代用が可能なものも含むので、生活スタイルなどを考慮して検討してください。双子・三つ子の妊娠の場合、急に管理入院になったり、早めに出産になってしまうこともあるので、妊娠28週ぐらいまでに最低限のものは用意しておきましょう。

双子用ベビーカーなどの多胎用の商品は、さまざまなメーカーから市販されています。通常は店舗であまり扱っておらず取り寄せになることが多いので、通販やインターネットを利用するのもおすすめです。たとえばネットでベビーカーを探すときは「双子用ベビーカー」などとキーワードを入れて検索すれば、さまざまな商品を目にすることができます。ただ、1人用を人数分買ったというママもいるので、生活スタイルに合わせて考えることが大切です(133ページ参照)。

ベビーベッドも高額かつ場所をとるため、迷うところですね。上の子やペットの有無、ママがベッドか布団かによっても必要度は異なってくるので、よく検討を。先輩ママからは、「ベビーベッドを用意したものの、結局、ママの布団にみんなで添い寝した」や「大人の布団を横にして赤ちゃんたちを並べて寝かせた」といった声も聞かれました。

このように育児用品は、必要度をしっかり見極めてそろえることがポイントです。場合によっては購入だけでなく、使用期間や頻度、コストなども考慮してレンタルやリサイクルを利用してもいいでしょう。

出産準備だけでなく、赤ちゃんたちの部屋づくりも忘れてはなりません。急な入院の場合、どこに何を配置したらいいのかなど、留守をあずかるパパが困ってしまうということもしばしば。赤ちゃんたちがどこでどう過ごすかについても早めに家族で相談をしておく必要があります。

先輩ママも頑張った！ 奮闘STORY

北海道
野々村 望さん(20才)
悠妃(ゆき)ちゃん
紗妃(さき)ちゃん(10カ月)

布団は 1 組で十分です！

出生体重が2人とも1600ｇ台と小さかったので、ベビー用の布団を1組横に敷いて、2人を寝かせていました。寝返りする前までなら、自分でしっかり見ていれば、2人がぶつかることもなく、布団1組でも十分対応できますよ。

神奈川県
田中園美さん(31才)
颯(はやて)くん
楓(かえで)ちゃん(1才1カ月)

ひと部屋を子どもと私の寝室に

いちばん狭い部屋を子どもと私の寝室にしました。部屋には子どもたちの洋服を入れるたんすがあるだけで、余計なものをいっさい置かないようにしています。子どもたちが勝手に出ないよう、ドアにフェンスも取りつけています。

茨城県
内海康江さん(33才)
彩乃(あやの)ちゃん
鈴乃(すずの)ちゃん(2才11カ月)

双子サークルでもらいました

妊娠中から地域の双子サークルに顔を出していました。妊娠中に顔を出す人は少ないからか、肌着やベビー服をはじめ、電動ラック、双子用ベビーカー、おもちゃなどを譲ってもらったり、貸してもらったりして、とても助かりました。

出産前にやっておくこと

出産前から育児のサポート態勢を整えておくのを忘れないように

双子・三つ子ファミリーの産前・産後はとても忙しいものです。産前は急な入院も考えられるので、出産準備のほか家族のサポート態勢も早めに整えておくことが大切です。里帰り出産のコツもまとめます。

入院が長期化することも考え家事・育児の引き継ぎを

出産準備は赤ちゃん用品の用意だけではありません。上の子がいる場合は、ママの入院中の預け先を考えておくことも必要です。お産での短期入院ならまだしも、急に管理入院が決まり、それが何カ月にわたって続くことも考えられます。それにも対応しうるような対策が求められるでしょう。

入院が長期化すれば、これまでママが担っていた家事も、パパに引き継いで行ってもらわなければなりません。各種料金の支払いなど対外的な用事だけではなく、場合によっては日用品のしまってある場所などについても、パパにきちんと伝えておかなければいけないこともあるでしょう。妊娠28週を境に体調が不安定になることも多いので、それまでに家庭内での連絡・引き継ぎ事項をきちんと整理しておきたいものです。緊急連絡先なども、ママとパパできちんと共有しておきましょう。リストを作って、同じものをそれぞれに持っておくといいかもしれません。

里帰り出産を考えている人は、早めに受け入れ病院を探し始める必要があります。単胎の場合に比べると、スムーズにはいかないことを心しておき、余裕をもって探すことをおすすめします。

里帰り出産　成功のコツ

受け入れ先とのコンタクトは早めに

双子・三つ子の里帰り出産のいちばんの難しさは、受け入れ病院を探すことです。多胎を取り扱える施設には限りがあります。時期が遅くなると分娩予約も取りにくくなりますから、里帰り出産を考えているママは、双子・三つ子の妊娠がわかったときから、それを念頭に入れて行動しましょう。遅くとも妊娠28週には転院できるよう、それまでに一度、受診しておくようにします。

産後の人手は早めに確保しておいて

最も重要なのは産後のサポート態勢をきちんと整えておくことです。赤ちゃん1人の育児でも、ママだけではとても大変なことですが、赤ちゃんを一度に2人、3人と相手に奮闘しなければならないという状況は、想像しようにもなかなか難しいことでしょう。いきなりママ1人だけでは無理です。パパの協力が必要なのはいうまでもありませんが、パパの仕事が忙しいときには、それを補う人を確保できるかどうか、きちんと確認しておかなければいけません。実家のお母さんなどにお願いできない場合は、自治体や民間のサポートを得ることも考えましょう。これもまた、ママの体調が落ち着いているうちに、情報収集を始めておきたいものです。

出産がゴールではありません。育児のシミュレーションをして

産後の態勢づくりというのは、単に人手を確保するだけの問題ではなく、心の準備という意味合いもあります。

多胎ママは目の前にある出産に気がいき、その先の育児までイメージがわかないところもあるでしょう。出産がゴールと思いがちですが、出産後の育児生活を具体的にシミュレーションすることも必要です。

それはママをサポートする、まわりの人にもいえること。この本の第6章（123ページ～）で、赤ちゃんの具体的なお世話のしかたを紹介していますが、育児にかかわるみんなで自分たちの場合はどんなふうになるだろうかと想像しながら、予習してみるといいでしょう。そうしたことを積み重ねていくなかで、だれがどういう役割を担ったらいいのかが、だんだんと見えてくるはずです。これもまた、ママが長期入院してしまってからでは遅いですから、双子・三つ子の妊娠がわかったときから少しずつ行っていくといいでしょう。

出産が近づいたら、あとは入院準備の確認をし、ママは十分な睡眠や栄養をとってゆったりした気持ちで過ごしてください。生まれてくる、かわいい赤ちゃんたちに思いをめぐらせ、名づけを考えるのも楽しいでしょう。

母親学級＆両親学級に参加しよう！

多胎向けの学級もある

病院や自治体で行われる母親学級や両親学級には、多胎向けのものもあります。ぜひ参加してみましょう。

不安や悩みを話せるママ友だちができる

産後とても助けられるのがママ友だち。母親学級や両親学級でにコミュニケーションをとる時間も設けられているので、友だちづくりのチャンスです。

育児についてひと足先に勉強できる

なかなか想像しにくい育児も、実習を交えて予習ができます。パパにも参加してもらえば、産後の育児分担も話し合いやすくなるでしょう。

双子・三つ子パパのための学校

PAPA'S SCHOOL

2時間目 「不安の多い妊娠中のころ」

キーマンとして情報収集し、ママの不安にこたえましょう

情報収集のキーマンはパパです！

多胎妊娠は同じ境遇の人が少ない分、情報収集が大切です。医学的なことは病院に、育児のことはネットで調べたり（198ページ参照）、社会的なサポートは地域のケースワーカーや保健師に積極的に問い合わせて。このときのキーマンはパパです。子育てでは地域の人にお世話になることも多いはず。これまで地域が遠い存在だったパパも、情報収集を通じてつながりを持てます。

ママの不安にきちんとつき合って

妊娠中のママは情緒が不安定になりやすいもの。さらに洗髪や足のつめ切りが難しくなったり、味覚・嗜好（しこう）が変わったりという体の変化に、気持ちがついていけなくなることもしばしばです。何かをきっかけにママの気持ちが乱れたりしても、いろいろな変化をポジティブに受け入れてあげてください。肯定して見守ってくれていると思えると、ママはそれだけで安心できます。

身辺の自立と家事の予行演習を

双子・三つ子の妊娠の場合、予期せぬ入院もありえます。また、その入院も長期化する可能性が。ママの不在時にも対応できるように、まずは自分のことは自分でできるよう身辺の自立を。それが実行できたら、家事の練習です。双子・三つ子の子育て中はパパの家事協力も不可欠。産後になって育児と一緒に練習するのは大変ですから、今のうちに。出産前はまず、家事だけでもこなせるようにしておきましょう。

超音波映像を一緒に見に行きましょう

ママが病院でもらってくる超音波写真、とてもかわいいでしょう。これがリアルタイムで動いている映像ならなおさらです。可能ならママと一緒に妊婦健診に行って、超音波検査のときに映像を見せてもらいましょう。思わず声をかけそうになりますよ。パパの自覚ができるだろうかなどと頭で考えがちだったパパも、わが子たちをいとしいと思う気持ちが自然と芽生えてくるでしょう。

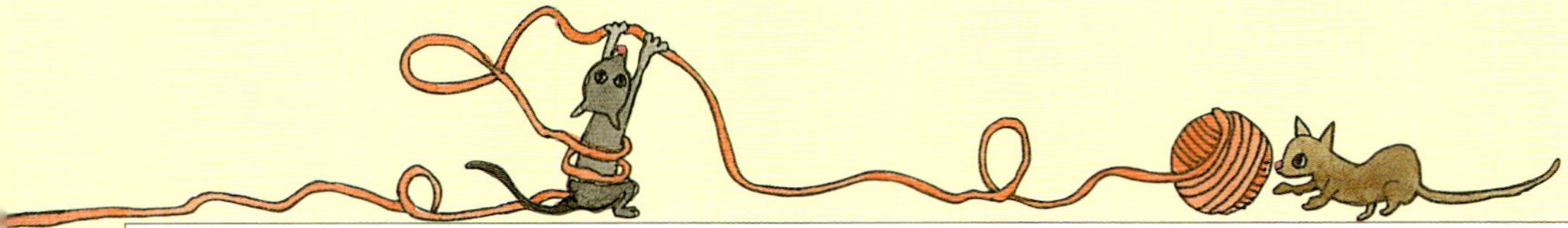

お手本にしたい

こんな先輩パパがいるよ！

先輩パパファイル No.04

伊藤　彰さん（山口県・26才）
翼くん＆翔くん（1才2カ月）のパパ

妻は車の運転ができず、通院が大変だったので、妊婦健診は僕の夜勤のある週を選んでもらって、一緒についていきました。診察室に入ることもできたので、超音波でおなかの中の赤ちゃんの様子を見たり、心音を聞いたり。赤ちゃんがどんどん成長しているのがわかり、パパになる実感がわいてきました。

先輩パパファイル No.06

橋本拓也さん（北海道・27才）
葵くん＆双葉ちゃん（2才2カ月）のパパ

妊娠17週のときに仕事を辞めて家にいるようになると、一人ぼっちでいるせいか、泣き言や愚痴を言うことが多くなった妻。僕は仕事が忙しかったけれど、なるべく早く家に帰り、妻の話をじっくり聞いたり、お菓子などのおみやげを買って帰ったりして、気分転換できるように努めました。

先輩パパファイル No.05

宮庄尚一郎さん（神奈川県・39才）
桃子ちゃん＆桜子ちゃん（1才7カ月）のパパ

転んだりしたら危ないので、ちょっとした段差やでこぼこ道などを歩くときは、「足元、気をつけてね」などと声をかけたり、手を貸して一緒に歩いたりしていました。おなかが大きくなるにつれ、かがんだりするのもつらそうだったので、おふろ掃除や洗濯物干しも、できる限り僕がやるようにしていました。

第3章

不安や心配を解消して ポジティブに臨む！お産

いよいよお産です。不安や心配は当然ながらあることでしょう。そんなときは医師など病院スタッフと十分に話をして、信頼関係を築くことが大事です。出産方法や出産時の医療処置など基礎知識も押さえておきましょう。

病院のスタッフと設備

双子・三つ子を出産するための病院のサポート態勢いろいろ

病院は、双子・三つ子の出産のために、どんなサポートをしてくれるのでしょう？　専門スタッフと、分娩室にある特殊な医療設備など、多胎ならではのサポート態勢について紹介します。

スタッフのチームワークでママと赤ちゃんたちをケア

単胎の出産は産科医と助産師が担当するのが一般的ですが、NICU(新生児集中治療室)のある病院で双子・三つ子を出産する場合は、産科と新生児科のスタッフが連携して分娩に臨みます。横浜市大センター病院母子医療センターでは、早産の場合などに赤ちゃんに迅速な処置を施せるように、2人の新生児科医が立ち会い、3人の産科医がお産を誘導。経膣分娩(70ページ参照)では2人目の赤ちゃんの娩出時に注意が必要なため、超音波による胎位の観察、心音チェック、分娩介助の3つの役割を分担します(三つ子の場合はほぼ帝王切開)。

また、お産をサポートしてくれる力強い存在が助産師。産後の子宮が元の状態に戻る過程の観察やおっぱいケアの指導などもしてくれます。一方、赤ちゃんがNICUに入院する場合は、新生児科医とともに看護師たちが24時間態勢で赤ちゃんの成長を見守ります。赤ちゃんにトラブルが起きた場合、ママは不安になるかもしれませんが、ママたちの心の相談に乗ってくれる臨床心理士を置く病院が増えています。もちろん、医師や看護師、助産師もママをサポートします。多くのスタッフが入院生活をバックアップしてくれます。

ママをサポートする病院スタッフたち！

産科の先生
帝王切開または経腟分娩による双子・三つ子のお産と、ママの産後の処置を担当。

助産師さん＆看護師さん
分娩介助や産後のママの体のケア、赤ちゃんのお世話のサポートを担当。

新生児科の先生
分娩に立ち会い、出生直後の赤ちゃんの状態に応じて必要な処置を担当。

リエゾン精神看護師さん
赤ちゃんの状態が心配でママが落ち込んだときなど、精神的ケアを担当。

＊横浜市大センター病院母子医療センターの場合

分娩室には多胎専用の監視装置などがあります

帝王切開(70ページ参照)は双子・三つ子も単胎とほぼ同じ手順なので、分娩室に特別な設備を必要としませんが、経腟分娩の場合は赤ちゃんたちの心音をモニターで同時に観察・記録できる、専用の分娩監視装置の設置が必須。また、子宮口の近くにいる1人目の赤ちゃんが生まれた直後、もう1人の赤ちゃんが子宮の中で胎位を変えてしまうことがあるため、位置を超音波ですぐにチェックできるように、必ず分娩台の横に超音波断層装置が設置されます。

一方、経腟分娩の場合は、分娩時間が長引いたり、赤ちゃんの心音が低下するなどの不測の事態に速やかに対応できるように、途中から帝王切開に切り替える準備も整えた上でお産に臨みます。また、早産や低体重の赤ちゃんが呼吸障害を起こすこともあるため、人工呼吸器なども準備。分娩直後にとくに問題がなければ、赤ちゃんたちは体温低下を防ぐインファントウォーマーの中でそろって処置を受けます。

保育器のしくみ

ママの子宮の中の環境に近づける

最近では、保育器の赤ちゃんがなるべく子宮の中にいるような感覚で過ごせるように、音や光などの刺激を減らしたり、姿勢を工夫する「ディベロップメンタルケア」が行われています。赤ちゃんの体のまわりをタオルなどで囲む「ポジショニング」により、赤ちゃんは手足を丸めた胎児の姿勢に。こうすると赤ちゃんは安心して状態が落ち着く傾向があるそうです。

NICUは24時間態勢で赤ちゃんをケアする施設です

早産などで小さめに生まれて体の機能が未熟だったり、なんらかのトラブルがあって経過が心配な赤ちゃんは、状態が落ち着くまでNICUでケアを受けます。NICUとは出生時に関連して治療が必要と判断された赤ちゃんのための施設。室内には人工呼吸器などの医療器具が完備され、24時間態勢で集中治療が行われているのです。小さめな赤ちゃんは体温調節がまだ上手にできないため、温かな保育器の中で体温調節を助けてあげる必要があります。また、呼吸がスムーズにできない場合は、血中の酸素濃度をコントロールする装置で保育器内に酸素が行きわたるように保ち、必要に応じて人工呼吸器で呼吸を助けてあげます。

栄養補給のための点滴など、赤ちゃんの体にはたくさんのチューブが装着され、ママもパパも最初は驚いてしまうかもしれませんが、これらは赤ちゃんの成長と発育をサポートしてくれる命綱。保育器の中をママの子宮環境に近づける工夫がされているので、赤ちゃんの生命力を信じて成長を見守っていきましょう。

入院生活を楽しむコツ

ゆっくり休めるのも今のうち。入院生活を前向きに楽しんで

暇を持て余しがちな入院生活ですが、産後は育児で忙しい日々が待っています。のんびりと自由に過ごせるのも出産まで。入院中に仲よくなったママ友だちと情報交換するなど、入院生活を前向きに過ごしましょう！

管理入院は赤ちゃんのためにのんびりと過ごす充電期間

一絨毛膜性の双子や早産兆候が表れた場合は、長期的な管理入院が必要なこともあります。安静の度合いによる行動制限や持続点滴を心配するママもいるかもしれませんが、実際に入院生活を経験したママたちからは「上げ膳据え膳でのんびりできた」「助産師さんになんでも相談できるので、かえって安心」との声も。

中でも読書や手芸などは気分転換におすすめ。時間がある今だからできることでもあります。「マンガや出産・育児の本を何度も読み返した」「赤ちゃんグッズを手作りした」「クロスワードパズルにはまった」という人も少なくありません。

入院が長期化する場合は、個室よりも相部屋のほうが友だちづくりに役立つでしょう。双子・三つ子の出産を多く扱う病院では、多胎ママ同士を同室にすることが多く、「みんなで励まし合って不安を乗り越えた」「楽しくおしゃべりして学生時代のようだった」という声も。先に出産したママの体験談を聞いたり、母子同室での奮闘ぶりをかいま見るのも、不安解消に役立つようです。産後は育児で大忙しの日々が待っています。今しかできない趣味にいそしんだり、ママ友だちとの交友関係を深める時間をつくりませんか？

先輩ママも頑張った！ 奮闘STORY

育児中はできないから今のうち十分休養して

千葉県
染谷史枝さん（38才）
朋花ちゃん
真ノ介くん（2才5カ月）

隣のベッドの人に話しかけたり、看護師さんに紹介してもらったりして、双子ちゃんや三つ子ちゃんのママと知り合いに。同じ境遇のママたちとのおしゃべりでリフレッシュできました。入院中は暇を持て余して、本を読んだり、CDを聴いたりして時間をつぶしていましたが、十分休養して英気を養っておくのがベスト。育児が始まれば、ママがゆっくりできる時間なんてほとんどありませんよ。

主治医とコミュニケーションして出産の気がかりを解消しました

山口県
髙谷靖枝さん（38才）
礼くん
南帆ちゃん（3才0カ月）

病院の母親学級に申し込んでいましたが、管理入院してしまったため、出席できませんでした。けれども、助産師さんが部屋に来てくれて、特別にレクチャーを。「双子が生まれたらこんなふうになるのよ」と私に合った授業（?）をしてくれたので、助かりましたね。主治医とも回診時に帝王切開はどうなるのかなど、出産の気がかりを聞くことができたため、安心して出産に臨めました。

友だちづくりのきっかけはやっぱりあいさつです！

埼玉県
長澤明子さん（30才）
侑汰くん
尚汰くん（7カ月）

14週のとき切迫流産、25週のとき切迫早産、36週のときに妊娠高血圧症候群で入院しました。同室の人とは、すぐ仲よしに。毎朝の内診の待ち時間でほかの人とも仲よくなれました。きっかけはあいさつかな。自分からあいさつして話しかければ、すぐに打ち解けられました。また、ベビーシューズなどを編んでいると、幸せな気持ちになり不安も解消。時間がたつのも忘れて熱中しました。

双子ママさんや実母に話を聞いてもらいました

神奈川県
内田美和さん（28才）
羽菜ちゃん
玲羽くん（2才7カ月）

洗面所で会った入院ママさんとは双子にかかわらず、お話しして情報交換。入院中に双子ママさんがほかに2人いたのですが、看護師さんが紹介してくれたので友だちになれ、今でも連絡を取っています。

あまり動けず気がめいるので、ほとんど毎日のように見舞いに来てくれた母親に愚痴を言ったり、好きな音楽を聴いたりして、ストレスをためないようにしていました。

出産の基礎知識 1

帝王切開と経膣分娩にはそれぞれメリットとデメリットが

分娩方法の考え方は病院の方針にもよりますが、双子の場合は1人目の胎位がポイントになります。帝王切開と経膣分娩の流れを知り、それぞれのメリットとデメリットをチェックしましょう。

自分に適した分娩方法は？ 医師の説明の十分な理解を

双子のお産では赤ちゃんたちの胎位や大きさ、ママの合併症の有無などを考慮して分娩方法が選択されます。そのときポイントとなるのは、先に生まれる1人目の胎位です。

一般的に1人目が頭位（頭が下の状態）の場合は経膣分娩（自然分娩）が可能ですが、スタッフや設備の関係で、「双子はすべて帝王切開（おなかを切開し、赤ちゃんを取り出す手術）」という方針の病院も少なくありません。双子・三つ子ママDATAでも、「1人目が頭位だったので、希望どおり経膣分娩できた」「1人目が骨盤位（頭が上の状態、いわゆるさかご）だったので帝王切開になった」という人とともに、「頭位だったけれど、病院の方針で帝王切開した」「自分から帝王切開を希望した」という人も。三つ子の場合は安全のため帝王切開になることが多いでしょう。

横浜市大センター病院母子医療センターでは分娩方法について事前に医師が説明し、ママ本人が分娩方法を選択するシステムをとっています。最近は希望を受け入れてくれる病院も増えているため、自分のケースが帝王切開と経膣分娩のどちらに適していて、どちらが安全なのかということを医師からよく聞き、納得した上でお産に臨むとよいでしょう。

双子・三つ子ママDATA

Q 出産は妊娠何週目？

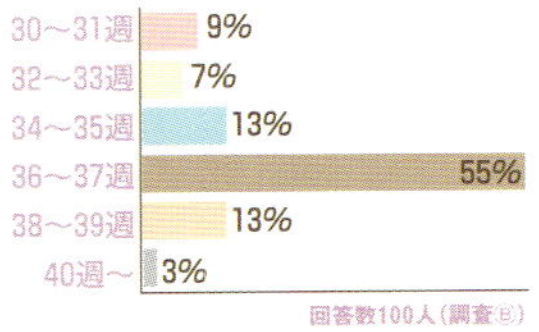

経過が良好なら、予定帝王切開の出産日を臨月の37週以降に設定されるケースが多いようです。

Q 分娩方法は？

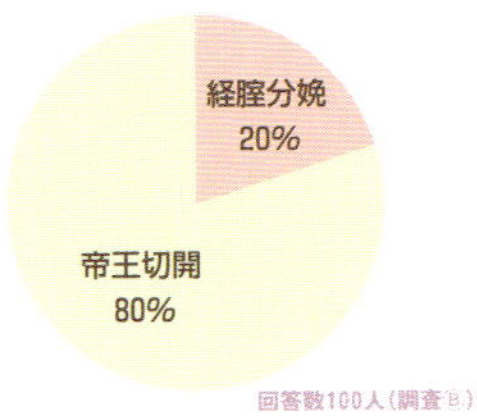

1人目が頭位の場合は経膣分娩が可能ですが、病院の方針や本人の希望で帝王切開になった人も。

帝王切開

帝王切開するほうが安全なケースもあります

1人目の赤ちゃんが骨盤位の場合は、経腟分娩をするにはリスクが高くなるため、基本的に帝王切開になるでしょう。

一方、1人目の赤ちゃんが頭位で2人目の赤ちゃんが骨盤位の場合の判断は、病院の方針によって異なります。その際、考慮される条件として、2人目の赤ちゃんが骨盤位で妊娠32週未満または1500g未満の場合、2人目の赤ちゃんが極端に大きいなど体重差がある場合などがあります。

さらに妊娠高血圧症候群（51ページ参照）などの合併症がある人、骨盤が狭い人、前回の出産時に帝王切開だった人も帝王切開の可能性が高くなります。

いずれにせよ、事前に出産について医師に確認するとよいですね。妊娠経過が順調なら、37～38週に出産日を設定されますが、早産傾向がある場合はもう少し早めの出産となるでしょう。

帝王切開のメリットとデメリットについて

帝王切開は開腹手術なので、完全に安全な方法というわけではありません。経腟分娩に比べて出血量が多くなり、おなかに傷が残るというデメリットもあります。けれども、赤ちゃんたちの胎位にかかわらず、短時間で安全に出産できる点がメリット。微弱陣痛でお産が長引く心配がないので、2人目の赤ちゃんの回旋異常やへその緒、胎盤のトラブルなども回避できます。術後、肺血栓といって下半身に形成された血栓が肺動脈を詰まらせる症状がまれに起こることがありますので、早期に起きて歩行するなどの予防も必要です。

双子の胎位の組み合わせパターン

%は組み合わせの比率を表しています。

頭位×頭位　45%

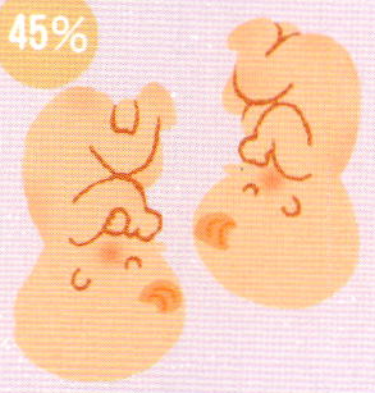

2人そろって頭を下にした頭位を保っているケースは経腟分娩が可能な胎位です。

頭位×骨盤位　25%

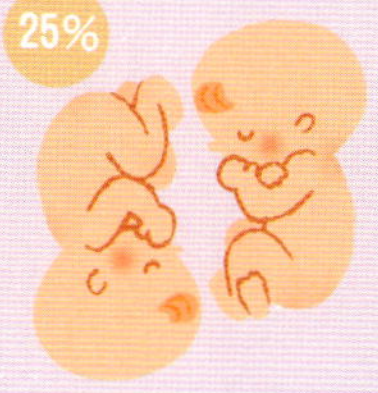

1人目は頭位ですが、上にいる2人目が足やおしりを下にした骨盤位になっているケース。

骨盤位×頭位　10%

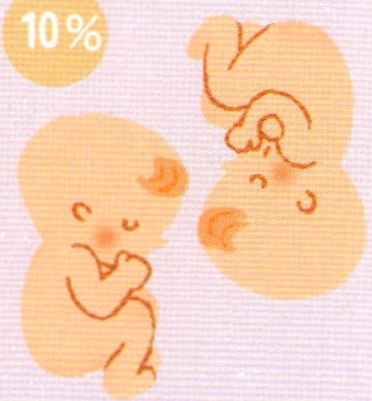

1人目が足やおしりを下にした骨盤位になっていて、2人目が頭位のケース。

骨盤位×骨盤位　10%

1人目も2人目も、2人そろって足やおしりを下にした骨盤位になっているケース。

頭位×横位
その他の組み合わせ　10%

1人目が頭位を保っていても、2人目の体が重なり合うように横になっているケース。

加藤則子編『すぐに役立つ双子・三つ子の保健指導BOOK』（診断と治療社）より

帝王切開の方法やプロセスは、単胎も双子もほぼ同じです

前もって日時が決まっている予定帝王切開は手術の前日から入院し、手術当日は絶食して、体温や脈拍、血圧測定、ノンストレステスト（43ページ参照）などの前処置を受けます。双子だからと特別な検査はありませんし、帝王切開の方法や流れも単胎と同様です。

麻酔方法は部分的に麻酔する局所麻酔が一般的ですが、一刻も早く赤ちゃんたちを取り出す必要があるときやママに合併症があるときには全身麻酔になるでしょう。麻酔後、下腹部を縦か横に10〜15cmほど切開します。傷あとが目立ちにくい横切りに対し、子宮筋腫や前置胎盤などで出血が多くなると予想されるケースや緊急時は、手術しやすい縦切りになることが多いようです。どちらに切るかは病院の方針にもよります。

手術時間は約30〜50分。執刀から5分後に、まずは子宮口の近くにいる赤ちゃんの卵膜を破って取り出し、へその緒を結んで切ったら、次の赤ちゃんも同様に数分以内に取り出し、赤ちゃんたちが誕生します。最後に胎盤を取り出し、切開のあとを縫合したら手術は終了です。

局所麻酔の場合は意識がはっきりとしているので、誕生の瞬間に産声を聞くこともできます。

先輩ママも頑張った！ 奮闘STORY

兵庫県
ひよこママ（33才）
ともくん
はるくん（1才9カ月）

帝王切開した人に確認しました

不妊治療中おなかを切って検査をしたとき、とても痛かったため、帝王切開でもものすごく痛くて傷も残るのでは、と不安でした。管理入院中、すでに出産を終えたママたちから情報を収集して、大丈夫かなと思えるようになりました。

静岡県
奥村香津子さん（35才）
真優ちゃん
天翔くん（2才9カ月）

実母に相談して納得

帝王切開をしたら「出産後はおなかが痛いのでは？」「そんな状態ですぐに赤ちゃんの世話ができるのか」と気になりました。そこで、帝王切開で私を産んだ母に相談。母自身の体験談を聞くうちに、なんとかなるんだなと納得できました。

宮崎県
藤井智恵さん（38才）
茉理ちゃん
晴大くん（3才6カ月）

納得するまで医師に質問しました

麻酔がかかりにくい体質だったため、ちゃんとかかるのか、どれくらいの量を使うのか心配でした。そこで、管理入院中、主治医や執刀医、麻酔医と納得するまで話す機会を持ち、気になる点は質問。安心して手術に臨むことができました。

経腟分娩

経腟分娩ができる条件とメリット&デメリット

経腟分娩ができるのは1人目の赤ちゃんが頭位のケースですが、中には赤ちゃんが2人とも頭位であることを条件とする病院もあります。加えて、赤ちゃんが大きすぎたり小さすぎたりしないこと、ママの骨盤が十分に広く、妊娠経過が良好なことも必要条件です。

ちなみに、先に生まれる赤ちゃんがたどるお産の流れは単胎と同じです。1人目が誕生してホッとしたのもつかの間、再び陣痛が起きて、数分から30分ほどで次の赤ちゃんが生まれてきます。

経腟分娩のメリットは、帝王切開に比べて出血が少なく、母体の回復が早いということです。ただ、2人目の赤ちゃんが急変してトラブルにつながる可能性があるというデメリットも。そのため、医師は1人目の誕生直後、次の赤ちゃんの胎位と心音をチェックして慎重にお産を誘導します。場合によっては、安全確保のために途中から帝王切開に切り替えるケースもあることを知っておきましょう。

安全を守るために途中で緊急帝王切開に切り替えも

双子は子宮筋が大きく伸びてしまうため、微弱陣痛でお産が長引くことがあります。また、1人目の誕生後、2人目が回旋異常で下りてこられずに状態が悪くなってしまったり、胎位を変えて骨盤位や横位になり、へその緒が出てきてしまうケースも。2人目が危険な状態になり、ただちに経腟分娩することが不可能な場合は、緊急帝王切開に切り替える必要があります。突然のことで心配になるかもしれませんが、安全のための処置と受け止めましょう。

出産の流れ（双子の場合）

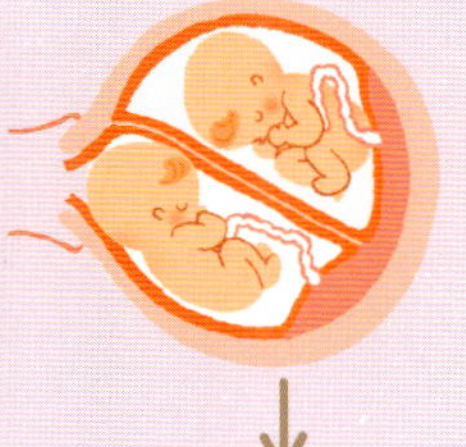

1 最初に出てくる赤ちゃんがママの骨盤内を下りてくると、1回目の破水が起こります。もう1人の赤ちゃんは順番待ちの状態。

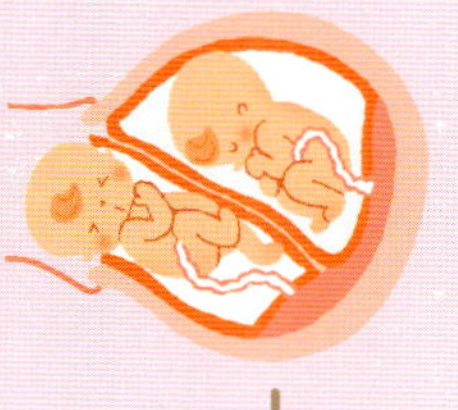

2 骨盤内に頭が入ると赤ちゃんは体を90度回転させます。子宮口が全開大になり、子宮収縮とともに赤ちゃんの頭が見えてきます。

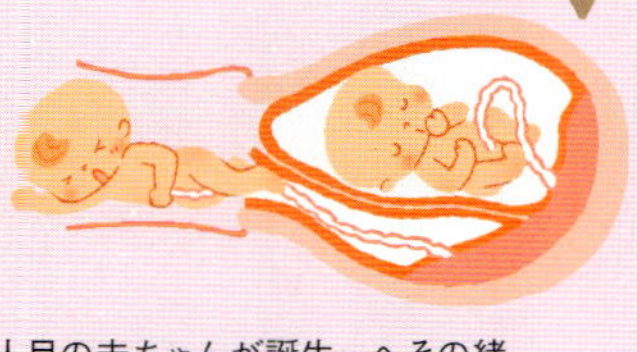

3 1人目の赤ちゃんが誕生。へその緒が結ばれ切られますが、胎盤はまだそのままの状態です。いよいよ次の赤ちゃんの出番です。

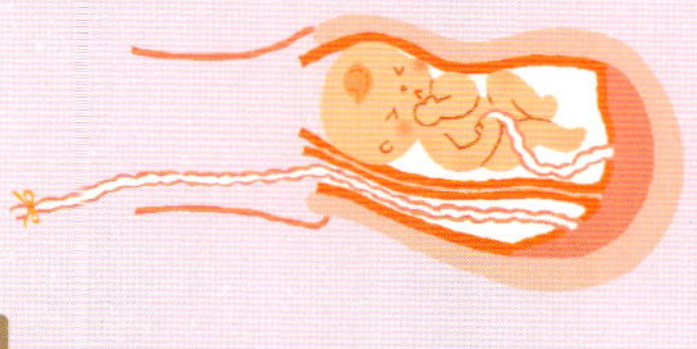

4 次の赤ちゃんが骨盤内を下りてきて破水。先に生まれた赤ちゃんが押し広げてくれた産道を進みます。

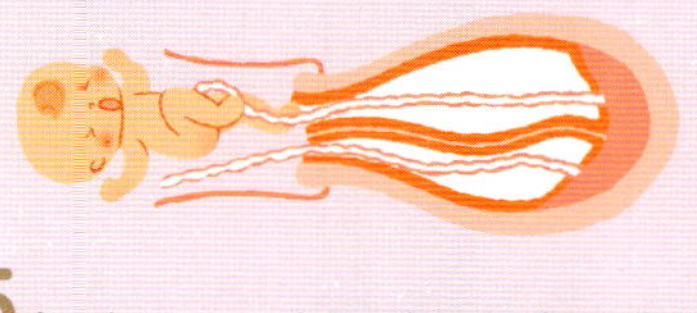

5 次の赤ちゃんは1人目の娩出から多くの場合、約30分以内に誕生。赤ちゃんのへその緒を切ったあと、2人分の胎盤を娩出します。

加藤則子編『すぐに役立つ双子・三つ子の保健指導BOOK』（診断と治療社）より

出産の基礎知識 2

出産時や産後に行われる処置は単胎とほぼ変わりありません

出産時に行われる処置は病院の方針によって異なります。ママと赤ちゃんたちの産後の処置は双子・三つ子も単胎とほぼ同様ですが、赤ちゃんたちが小さめな場合に限って行われる処置もあります。

出産時の医療処置

最近は必要最低限の処置のみ行われる傾向にあります

お産に伴う医療処置には、下のコラムのようなものがあります。安全性や衛生面を考慮して、従来どおり処置する病院もありますが、浣腸、剃毛をしない病院も多くなってきています。導尿もママが自力でトイレに行けないときだけされるようですが、血管確保のための点滴は多くの場合、行われます。双子・三つ子の場合、緊急帝王切開に切り替わる可能性や、出血が多くなるケースがあるためです。

また、多胎妊娠は微弱陣痛が起こりやすいもの。子宮口が7cmまで開いたのにその先が進まないというときには、陣痛促進剤でお産の進行を助けます。

会陰切開は会陰の伸びがよければ、必ずしもしない病院が増えています。最近は必要最低限の処置のみ行われる傾向なので、気になることは事前に病院に確認し、納得した上でお産に臨みましょう。

出産時の医療処置

一般的な処置

浣腸
分娩の進みをよくし、衛生面を配慮して行われます。

剃毛
会陰切開の傷の縫合に備えて陰部のまわりを剃ります。

導尿
お産を進めるため、膀胱の尿を管を通して出します。

点滴
お産が進まないなど緊急時に備えて血管を確保します。

陣痛が弱いときの処置

陣痛促進剤
微弱陣痛でお産が進まないときに、子宮収縮剤の点滴をしてお産の進行を助けます。

赤ちゃんがなかなか出てこないときの処置

会陰切開
会陰裂傷を予防するとともに、赤ちゃんがすんなり出られるように切開します。

産後のママの処置

分娩後2時間は安静にして経過を観察します

産後のママの処置は双子・三つ子も単胎と大きな違いはありません。双子の経腟分娩の場合は、赤ちゃんたちが誕生して2人分の胎盤が出たあとに、子宮内に胎盤や卵膜の一部が残っていないか、子宮頸管に傷がないかを確認し、会陰切開したり会陰部が傷ついた場合は、傷の縫合をして処置を終えます。

分娩後2時間は、血圧、脈拍、出血量を観察しながら分娩室か陣痛室で安静に過ごします。双子の場合、出産直後の子宮収縮が弱く、胎盤がはがれた部分から一時的に出血が増えることがありますが、徐々に治まれば心配はいりません。経腟分娩後も帝王切開の術後も、産後の経過に異常が見られなければ、入院室に移動して休みます。必要に応じ、子宮の回復を促す子宮収縮剤や、帝王切開の縫合あとの細菌感染の予防のための抗菌剤を投与され、ママの体が回復するプロセスも単胎と同様です。

赤ちゃんたちの処置&検査

小さく生まれた場合は低体温と低血糖に注意します

赤ちゃんたちの出生後の処置や検査は、発育や健康に異常がないかを確認するためのもの。主な検査項目（左の一覧を参照）は単胎の赤ちゃんと同じです。双子・三つ子だからと特別な検査はありません。

ただし、小さめに生まれた赤ちゃんの場合は、神経系がまだ未成熟なことがあり、低体温や低血糖が心配されます。そのため、妊娠37週未満で生まれた早産の赤ちゃんたちや、出生時の体重が2500g未満の低体重の赤ちゃんたちでは、低体温にならないように保育器の温度設定を調節したり、血糖値のチェックを受けます。低血糖がみられた場合は、糖液の注射などをして、症状を改善します。

赤ちゃんたちの検査

身長
赤ちゃんはひざをM字形に曲げているため、できるだけ足をまっすぐに伸ばした状態でメジャーで測ります。

体重
体重はママのおなかの中で十分に発育して誕生したかどうかを確認する目安。裸のまま体重計に乗せて量ります。

胸囲
お乳のあたりをメジャーで計測。生まれたての赤ちゃんの胸囲は、頭位よりもやや小さいくらいが平均的なサイズです。

頭囲
まゆ毛の上にメジャーを巻いて計測。赤ちゃんは頭でっかちなので、肩の周囲と同等か、少し小さいくらいが正常範囲。

心拍数
胸に聴診器を当てて心臓に異常がないかを確認。心拍数や、心臓に雑音がないかを調べます。

呼吸数
ストップウォッチを見ながら1分間の呼吸数をチェック。赤ちゃんの元気のよさを確認する目安に。

足指・手指・鎖骨
手や足、指がちゃんと動くかをチェック。産道を通過するときに鎖骨骨折がないかも、指で静かに触れて確かめます。

外性器・股関節
男の子は陰嚢（いんのう）の中に睾丸（こうがん）（精巣）が2個下りてきているかを、ひざや股関節を動かして脱臼していないかもチェック。

先輩ママも頑張った！ 奮闘STORY

帝王切開

麻酔が効かず痛みのある中の出産でしたが、とっても感激

兵庫県
堀田佐代子さん（35才）
琉仁くん
廉登くん（11カ月）

麻酔があまり効かず痛みのある中、出産へ

手術日が決まっていたので、心の準備はある程度できていたつもりでしたが、当日はやっぱり緊張。腰椎麻酔をするため、体を丸めるよう言われたのですが、腹囲が103cmもあり、うまくおなかを曲げることができません。看護師さんにおなかを押さえられて、麻酔をされましたが、効果がいまいち。痛くないはずなのに、多少痛みがありました。でも、こんなもんなのかと我慢していました。

小さな指が握り返してくれて、ただただ感涙

約1時間の手術で、子どもたちが誕生。その瞬間は感動のあまり、涙があふれてまわりの景色がよく見えませんでした。でも、わが子の姿を必死に探しました。2人とも出生体重が少なかったため、病院内のNICUへ運ばれましたが、手だけ触ることができました。長男は私の手をぎゅっと握り返してくれて。本当にうれしかったです。

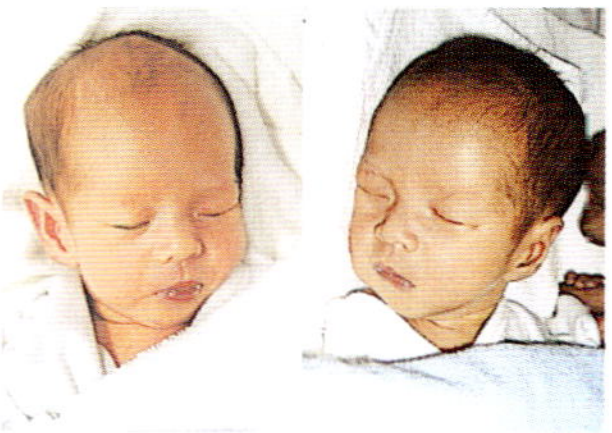

誕生の時間差は5分くらい。あっという間に生まれてきてくれて感謝です。

帝王切開

さかごだったため帝王切開に。2人に会えるのが楽しみでした

三重県
里映ママ（32才）
紗季ちゃん
東吾くん（1才4カ月）

手術当日はわが子に会える喜びでいっぱい

おなかの下のほうにいる赤ちゃんがさかごだったため、もともとの出産予定日の20日前に、帝王切開で出産することが決まっていました。手術当日はやっと大きなおなかから解放される、いよいよ赤ちゃんに会えるんだという喜びでいっぱい。でも、手術だったので、ちょっぴり不安になりました。部分麻酔だったのですが、効きやすい体質だったようで、全身にかかってしまって……。生まれたばかりのわが子の泣き声も遠くのほうから聞こえてきました。

赤ちゃんのやわらかさ、温かさに感動しました

30秒くらいの差であっという間に誕生した子どもたち。出産直後、もうろうとする意識の中、看護師さんが私の顔に子どもたちの顔をくっつけてくれました。そのやわらかくて、温かかったこと！ うれしくて、感動しました。

生まれたばかりのわが子たち。保育器の中でも2人は仲よく一緒でしたね。

帝王切開

子宮口が8㎝しか開かず、急きょ帝王切開で双子を出産

宮崎県
田上友紀さん（34才）
海仁くん
陽仁くん（1才9カ月）

主治医の判断で出産開始。でも子宮口が開かない

妊娠28週目から里帰りしていました。36週のときに破水。実家で母と一緒だったので、それほど不安はありませんでした。でも病院へ到着したとき、当直の先生しかいなくて、赤ちゃんが小さいから様子を見るように言われて……。翌朝、担当の先生が来て出産することになりました。陣痛も始まり、子宮口が8cmまで開きましたが、それからいっこうに進みません。このままでは赤ちゃんの頭が出ないし、私の体も持たないとの判断で緊急に帝王切開で出産することになりました。

毛深いわが子にビックリ。でも感激しました

手術のとき、何かが引っ張られるような感覚とともに2人が無事生まれてきました。生まれたばかりの子どもたちを胸に乗せてもらい、初めての抱っこ。やわらかく温かくて感激しましたが、意外と毛深いのにびっくりしました。

2人で仲よく寝ている姿を見ると、ママになった喜びが実感できました。

経腟分娩

パパと2人で乗りきった出産。男女の予定が男の子同士でした

神奈川県
古木靖美さん（32才）
慧人くん
真慧くん（1才8カ月）

陣痛が10分間隔になってパパと2人で病院へ

出産前日の夜9時ごろ、おなかの張りが10分間隔になったので、パパと2人で病院へ行きました。助産師さんに「もうすぐ生まれるよ」と言われると、いよいよだと実感。でも、陣痛の間隔があまり縮まりません。陣痛促進剤を打ってもらうと陣痛がどんどん強く、間隔が短くなって。そばにいたパパに腰をさすってもらいながらやり過ごし、昼の2時ごろようやく分娩室へ移動しました。

吸引されましたが、2人とも経腟分娩で出産

2人とも吸引されましたが、経腟分娩で出産。1人目の男の子を産んだ4分後に2人目が誕生。私はいきむのに精いっぱいでしたが、2人目が出たとき、パパが「あっ、男の子だ」と叫びました。だって、主治医から男の子と女の子の双子かもと言われていたんです。分娩台で2人を初めて抱っこしたとき、ママになった喜びをかみしめました。

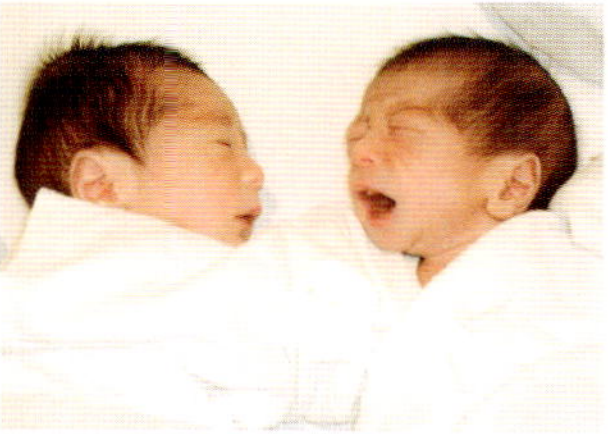

お産の瞬間のことは、あまりよく覚えていませんが、無事生まれてひと安心。

経腟分娩

強烈な陣痛に耐えながらも経腟分娩で双子を産みました

和歌山県
松本真希子さん（30才）
唄海ちゃん
大空ちゃん（3才0カ月）

2人目が出てきたとき至福の喜びを実感

ようやく分娩室に行き、1人目を出産。でも、まだ1人おなかの中にいるため、出産は終わりません。1人目をじっくり見る余裕もなく「まだ1人いる」「もう勘弁して！」と思って泣きそうでした。1人目誕生から50分後、2人目が出てきたときは、なんともいえないうれしさでいっぱいに。この世の中でこれ以上の幸せはないと実感。

陣痛は骨盤が壊れるくらいピークに

管理入院していましたが、36週のときに、おしるしが。これでつらかった妊娠生活から解放されて、やっと生まれると喜びもひとしおでした。最初のころは陣痛が弱かったのですが、陣痛促進剤を打つと痛みがピークに。骨盤が壊れるんじゃないかというような痛さでした。パパの指で押してもらっても、改善しないので、箸箱などで強く押してもらったら陣痛がとてもやわらぎました。

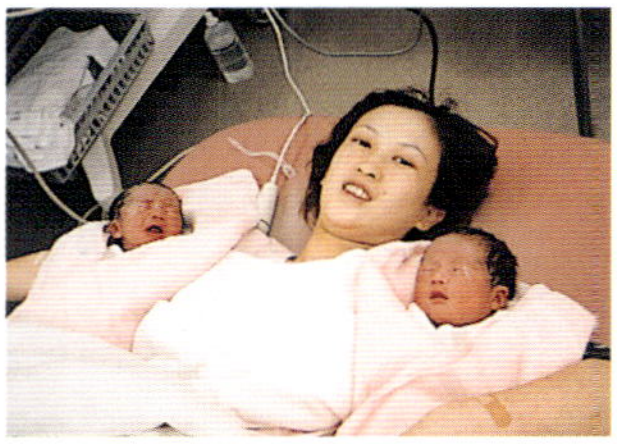

分娩台の上で2人を初めて抱っこ。ママになった喜びをかみしめました。

経腟分娩

陣痛が怖くてたまらなかったけれど経腟分娩で産みました

宮崎県
太田とも子さん（29才）
あかりちゃん
ひかりちゃん（3才3カ月）

が襲うと、産道が予定より早く開いてしまったため、パパの到着を待たずに分娩台に乗ることになりました。

すんなり出てきてくれた双子たちに感謝しました

分娩台に乗ってからはすんなり1人目が誕生。気持ちが高ぶりましたが、先生たちの処置は続いており、「もう1人いるんだ」と思うと冷静になれました。6分後に2人目も生まれ、ホッとしました。

陣痛の痛みが怖くて一睡もできませんでした

管理入院中で37週のときに尿もれのような感覚に襲われ、トイレに行くと薄いピンク色の液体が。破水と思い、急いで看護師さんを呼びました。でも陣痛はまったくなく、本格的に始まるまでの10時間、ゆっくり休養しておけばいいのに、どんな痛みがくるのかと不安でたまらず、一睡もできませんでした。ようやく、腰に鈍い痛みを感じましたが、しだいに強烈な痛みッ クス。

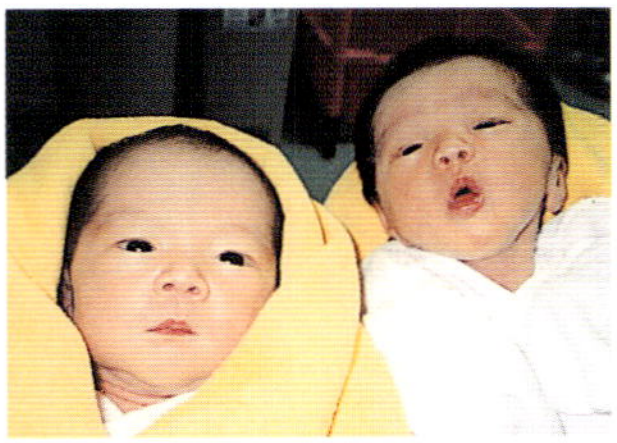

初めて2人に会ったときは、「似ているかな？」と顔を見比べました。

帝王切開

夜中の破水で緊急出産。三つ子が無事生まれてひと安心

群馬県
小此木晃子さん（32才）
知真（かずま）くん　篤真（とくま）くん
樹真（たくま）くん（1才11カ月）
茜音（あかね）ちゃん（4才3カ月）

夜中に破水したため緊急手術で出産

なるべくおなかの中にとどめておいて33～34週ごろに出産する予定でしたが、31週のとき破水。急きょ出産することになりました。感染症予防のための点滴を打ち、手術の同意書に記入。私が出産する病院は、出産のときに小児科医と小児科の看護師さんが子ども1人に対して1人ずつ立ち会う予定だったので、おなかの張りを観察しながら、到着を待ち、朝一番に手術が始まりました。

不安なこともあったけどわが子の顔を見てひと安心

三つ子たちはどれくらいの大きさなのか、何か障害はないのか、元気に生まれてくるか不安でたまりませんでした。でも「1番目ちゃんが生まれましたよ」「2番目ちゃんね」「3番目ちゃんも生まれたよ」と子どもたちを見せてもらうと、無事生まれてきてくれたとひと安心。NICUへ搬送されましたが、私には達成感がありました。

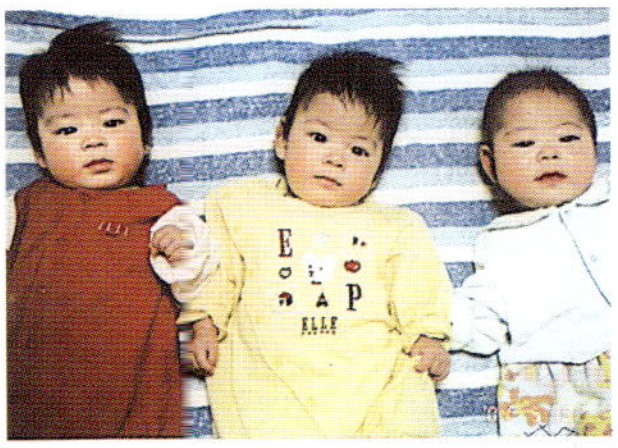

3人を初めて見たときは、本当に私のおなかに3人もいたんだと思いました。

帝王切開

手術から10分後、元気な産声をあげて三つ子が誕生

東京都
水沼資子さん（31才）
風香（ふうか）ちゃん
太陽（たいよう）くん
空輝（そら）くん（2才6カ月）

手術からわずか10分後に三つ子が誕生しました

34週のとき、予定されていた日に帝王切開で三つ子を出産しました。30週から管理入院して、24時間子宮収縮抑制剤を点滴しながら絶対安静の毎日だったので、ようやく解放される、大きくふくらんだおなかが軽くなる、わが子に会えると、手術当日はうれしくてたまりませんでした。待合室でパパと父母が待つ間、手術室へ。なんと手術開始から10分後、あっという間に3人が生まれました。

3人の産声を聞けてとてもうれしかったです

赤ちゃんの肺は妊娠後期に完成されるということを聞いていたので、ちゃんと肺が形成されているのか、生まれたとき子どもたちが元気に泣いてくれるのか心配していました。でも、3人の「うわ～ん」という泣き声を聞くと安心しました。そして、初めて見るわが子……。今まで味わったことのないような感動と喜びを体験しました。

生後3カ月ごろには、低体重で生まれた3人もふっくらしてきました。

3時間目「いよいよ出産が近づいたら」

思いやりのある態度でお産を乗りきる勇気を与えて

双子・三つ子の出産に関する知識の習得を

最近では、医師のインフォームドコンセントを受けて自己決定する機会が増えてきています。でも、どんなケースがあり、どんな処置が行われ、どんなリスクが生じるのかなど、何も知らないままではいざというときの判断に影響します。心配しすぎる必要はありませんが、リスクを正しく理解しておくことも必要。多胎のお産に関して65ページを参考に勉強しておきましょう。

ナーバスになりがちなママの心に寄り添って

経腟分娩の場合は、パパがそばで励ましてあげるだけでも心強く感じるもの。ママが望んでいるのなら、お産に立ち会って夫婦で分かち合いましょう。

帝王切開の場合は立ち会うことができませんが、パパが院内で待機していることがママを安心させるでしょう。仕事などで病院に行けない場合は励ましの手紙を事前に渡したり、メールしてあげるなどの気配りを。

冷静な態度と判断でママを支えてあげて

お産を直前にしたママは、万が一のケースをあれこれと考えてしまいがち。そんなとき、パパが一緒にオロオロしてしまっては、ますます不安を募らせてしまいます。たとえば経腟分娩の途中で帝王切開に切り替える必要が発生した場合など、パパが冷静な態度で判断ができれば、ママの気持ちも安定します。ママの気持ちに寄り添って、「2人で力を合わせて乗り越えよう」という心意気で接してあげてください。

赤ちゃんとの初対面をイメージトレーニング

立ち会い分娩でわが子が誕生するプロセスを見届けるのは、父と子の触れ合いの第一歩。誕生の瞬間は至福のひとときです。一方、帝王切開の場合も、初めてわが子と対面する瞬間は胸がいっぱいになることでしょう。産後すぐに赤ちゃんたちを抱っこできる状態ならば、ぜひ抱っこしてあげてください。そのときにドギマギしないよう、出産前に対面シーンをしっかりイメージしておくといいでしょう。

お手本にしたい

こんな先輩パパがいるよ！

先輩パパファイル No.07

染矢敏秋さん（宮崎県・36才）
静花ちゃん＆涼花ちゃん（1才10カ月）のパパ

陣痛促進剤を打ちながら、妻は経腟分娩で出産しようと頑張っていましたが、子宮口がなかなか開かず、2日間も産みの苦しみに耐えていました。そんな姿を見ている僕のほうが、妻は疲れきっているし、双子が無事に生まれるのか心配になり、先生と相談して急きょ帝王切開で出産することに同意。妻を説得しました。

先輩パパファイル No.08

大西信裕さん（大阪府・28才）
薫音ちゃん＆花凜ちゃん（2才4カ月）のパパ

立ち会い出産に臨みました。陣痛に耐える妻に寄り添い、おなかをさすったり一緒に呼吸法をしたり。LDRでの出産だったため、ずっと妻の手を握り、励まし続けました。子どもたちが出てくる瞬間を見ることができたときは、一緒にお産を乗り越えた気分に。喜びが大きかったですが、妻の体も心配でした。

先輩パパファイル No.09

水関晃司さん（宮崎県・31才）
恵理香ちゃん＆紗弥香ちゃん（3才6カ月）のパパ

妻は安全に出産するためには帝王切開にするのはしかたのないことと思っていたようでしたが、おなかを切るのは痛いだろうし、傷が残るのもイヤだと言っていました。僕は「傷が残っても魅力がなくなるわけじゃないよ」とアドバイス。妻は帝王切開で産むことに、抵抗や不安を感じなくなったようでした。

第4章

産後の入院生活と起こりうるトラブル

待ちに待った赤ちゃんたちとの対面。さあ、ママは体をいたわりながらも、赤ちゃんとの生活に入っていきます。いざという場合にあわてないよう、赤ちゃんが小さく生まれた場合のトラブルについても知っておきましょう。

ママと赤ちゃんたちの入院生活

産後のママと赤ちゃんたちの退院までの生活を見てみましょう

ママと赤ちゃんたちの経過が順調なら、出産翌日から赤ちゃんのお世話が始まります。退院までのスケジュールは病院によって異なります。ここでは横浜市大センター病院母子医療センターの場合について紹介します。

入院生活

帝王切開は約7日間、経腟分娩は約5日間の入院に

お産を終えてホッとしたのもつかの間、さっそく双子・三つ子の赤ちゃんたちのお世話が始まります。出産から退院までは、帝王切開の場合が約7日間、経腟分娩では約5日間となっています。そして、母子共に経過がよければ帝王切開ではお産翌日から、経腟分娩ではお産当日から母子同室になります。多胎の場合、医師が慎重にチェックするのは赤ちゃんたちの体重の変化です。入院中は母乳分泌が始まったばかりで、泣くたびに授乳してもたりないことが。体重の低下が心配される場合は、ミルクをたして乗りきります。

37週未満の早産の場合、赤ちゃんがNICU（新生児集中治療室）に入院することもありますが、ママはいつでも赤ちゃんに会いに行けるので、母乳をしぼって届けてあげてください。赤ちゃんの体重や呼吸、体温が安定すれば、母子同室となるでしょう。

赤ちゃんたちと同室で過ごすのは忙しいものですが、出産直後から2人・3人の子に平等に接していくことが、その後の母子関係を築く上で重要と考えられています。

最初の歩行はトイレから。入院中にお世話に慣れて

帝王切開のママは産後1日目（お産翌日）、トイレまで初回歩行をして、母子ともに問題がなければ、赤ちゃんたちがお部屋に来て初めての授乳をします。また、助産師からおっぱいマッサージを習って、2日目からは母子同室の生活が始まります。ママは昼も夜も授乳とおむつ替えに追われ、合間に沐浴指導、調乳指導、退院指導などを受けます。最初は戸惑うことも多いけれど、入院中からお世話に慣れておけば退院後も安心。赤ちゃんが寝ている間にママも一緒に休みましょう。

帝王切開の場合の産後7DAYS

出産後の日数	ママの様子	赤ちゃんたちの様子
1日後	**初回歩行後に授乳開始** お産翌日。助産師とトイレまで歩き、赤ちゃんをお部屋に連れてきてもらって授乳。赤ちゃんがNICUに入院している場合は会いに行きます。  	**ママの初乳を飲む** 新生児室で診察を受けてビタミンK_2シロップを飲んだあと、ママのお部屋へ。濃い緑色のうんちが出て、出生時よりも体重が減ります。※1800g未満で具合が心配な赤ちゃんはNICUに入院中。母乳を直接飲めない場合は、チューブでもらいます。 
2日後	**少しずつ母子同室に慣れていく** 日中を母子同室で過ごし、慣れていきます。赤ちゃんがNICUにいるママは搾乳して届けます。助産師によるおっぱいマッサージの指導も。 	
3日後	**本格的に母子同室の生活に** 24時間母子同室に。昼夜を問わず、赤ちゃんたちの授乳・おむつ替えなどのお世話をします。赤ちゃんがNICUにいる場合は搾乳して届ける毎日になります。医師の許可が出れば3日目からシャワーもOK。  	**夜もママのお部屋で** 新生児科医の診察終了後、1800g以上の赤ちゃんは昼も夜もママのお部屋で過ごします。 
4日後		
5日後	**沐浴指導、調乳指導を受ける** 助産師から沐浴時の体の洗い方、沐浴後のケアのしかたを習います。ミルクをたす必要がある場合は調乳のしかたも教わります。 	**検査を受ける** 新生児科医の診察後、先天性代謝異常の検査、黄疸(おうだん)の検査を受け、ビタミンK_2シロップを飲みます。 
6日後	**退院指導、抜糸を受ける** 助産師から子宮の回復や赤ちゃんの生理、家族計画など、産後の生活指導を受けます。医師の診察後、おなかの傷の抜糸を受けます。 	
7日後	**退院診察を受けて退院** 医師が母体の回復を最終確認し、退院します。赤ちゃんの状態によってはもう少しNICUに入院して、ママが1人で退院するケースも。 	**ママと一緒に退院** 新生児科医の診察後、1800g以上で体調に心配のない赤ちゃんは退院します。 

※入院スケジュールは横浜市大センター病院母子医療センターのもので、内容や日程は病院によって異なります。

一般的には出産時の体重が2000g以上なら母子同室に

入院中の赤ちゃんたちが必ず受ける検査に、先天性代謝異常の有無のチェックと、ビリルビン（黄疸）検査があります。さらに生まれたての赤ちゃんは体内に血液の凝固作用のあるビタミンK_2の蓄えがないため、生後1日目と5日目に2回にわたってビタミンK_2シロップを飲みます。

双子はママの子宮内の容量が限られているため、単胎に比べて小さめに生まれるケースが多いのですが、赤ちゃんが同室になるか、NICUに入院するかの境界線は病院の方針によって異なり、一般的には出生時の体重が2000g以上あるのを目安にしているところが多いようです。横浜市大センター病院母子医療センターでは、呼吸や体温調節などの機能が安定していれば、妊娠35週以降に生まれた1800g以上の赤ちゃんから母子同室となります。そして、泣くたびにママの母乳をもらって、その子のペースで少しずつおなかの外の生活に慣れていきます。一方、1800g未満の子や、体の機能が未成熟な子たちは、体重が増加して体調が安定するまでNICUでケアを受けます。

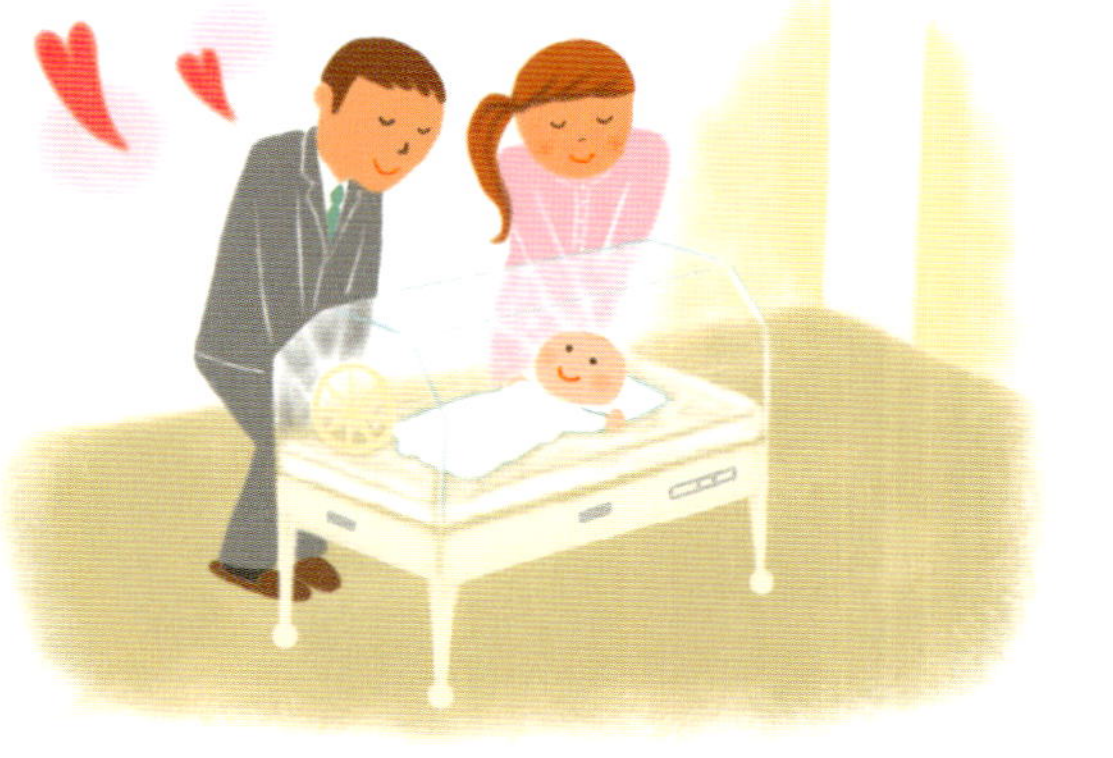

NICUの赤ちゃんは状態に合わせてケアされます

NICUと聞くと、厳重に管理されたものものしい空間を連想しがちですが、ママとパパは自由に入室することができます。病院によっては24時間いつでも会いに行けるところがありますので、自分の病院については、事前に確認しておくといいでしょう。

ところで、NICUに入院中の赤ちゃんにも1日の生活スケジュールがあります。主に午前中は採血、体重測定のほか、必要な処置や検査を受けます。腸の具合がよくない子は点滴で栄養を補給されることもありますが、33週未満は胃に挿入した経口チューブでママの母乳やミルクをもらい、34〜35週以降にはママのおっぱいや哺乳びんの乳首から直接飲めるようになります。授乳時間はたいてい3時間おきですが、呼吸や体温が安定してきた回復期の赤ちゃんは、泣くたびにスタッフから哺乳びんで飲ませてもらう自律授乳をスタートします。午後1〜3時くらいの時間帯は赤ちゃんもホッとできる時間。もちろん面会中はママが授乳します。32週以降ならカンガルーケア（88ページ参照）が可能になります。

最近では、NICUのスタッフが赤ちゃんの日々の様子を記録した「連絡ノート」が、家族との間で交わされるようになってきました。ママのほうもノートを通じて心配ごとを相談したり、そのときどきの思いをつづることで心が癒やされるようです。赤ちゃんがNICUに入院するのは思いがけないことですが、わが子の成長を見守ることが喜びとなり、かけがえのない時間となっていくに違いありません。できるだけ赤ちゃんに会いに行ってあげましょう。

退院

母子共に退院できるケースのほか、バラバラになるケースもあります

双子・三つ子ママDATAでは75%のママたちが産後7日目以降に退院しています。赤ちゃんが退院できる目安は体温、呼吸、哺乳力が安定する36週以降が多く、体重が2000～2500ｇ以上になってからという病院もあります。退院時のケースはさまざま。「親子で」についで、赤ちゃんたちはNICUに入院したままで「ママだけ」というケースもあります。これは、双子・三つ子の赤ちゃんの場合、一般的に低出生体重児とされる2500ｇ未満で生まれるケースが多いため、入院が長引きがちになるためのようです。

一方、ごく少数ですが、「1人の赤ちゃんとママの2人で」というケースも。しかし最近では、1週間から10日間で回復が追いつくようなら、赤ちゃんたちの同時退院をすすめる病院が増えています。これはママの赤ちゃんへの愛情が偏ってしまわないようにという病院側の配慮からです。もし、1人の赤ちゃんの入院が長引いた場合は、家族にサポートしてもらいながら、別に入院中の赤ちゃんのもとへ通うことになります。家でお世話する赤ちゃんをついかわいいと思ってしまうかもしれませんが、どの子に対して同じように心を向けることが大切です。

双子・三つ子ママDATA

Q ママは産後何日目に退院しましたか？

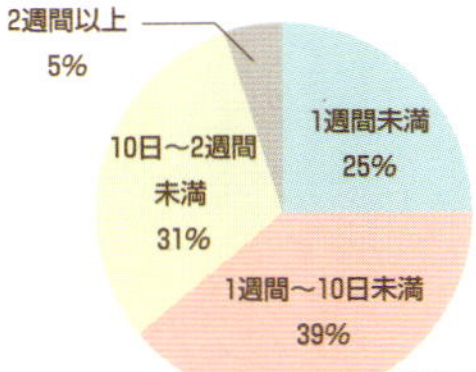

1週間～10日未満が約4割。帝王切開で出産したママが約8割を占めるため、経腟分娩より長めです。

Q 赤ちゃんたちと一緒に退院できましたか？

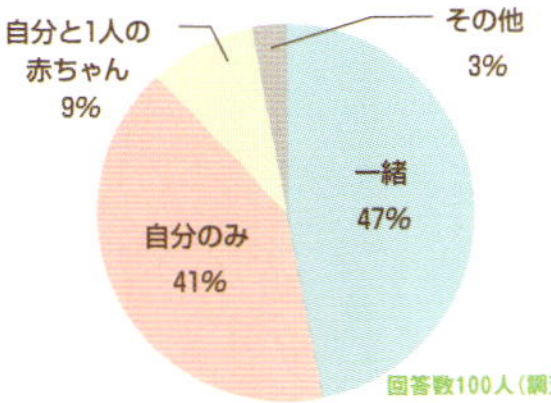

半数近くが赤ちゃんたちと一緒に退院しましたが、赤ちゃんがNICUに入院中で、先にママだけ退院したケースも。

先輩ママも頑張った！ 奮闘STORY

東京都
武田未奈さん（32才）
真子ちゃん
珠子ちゃん（5カ月）

1人だけ後から退院しました

真子はミルクの飲みがあまりよくなかったのでNICUに残し、私と珠子が産後10日目に退院しました。その後、看護師さんのおかげでミルクがたくさん飲めるようになり、1週間遅れで退院し、一緒に生活することができました。

静岡県
望月光代さん（35才）
雅穂ちゃん
雅純くん（1才7カ月）

子どもたちは生後50日後に退院

妊娠30週、1300ｇ台で生まれた子どもたち。「体重は順調に増えていますが、週数が10カ月になるまでは経過をみましょう」という病院の方針で、生後50日目に退院しました。産後9日で退院した私はたびたび見舞っていました。

宮崎県
りっちゃんママ（37才）
萌々音ちゃん
日菜音ちゃん（1才8カ月）
光太郎くん（6才2カ月）

双子と一緒に退院できました

双子は2068ｇ、2536ｇで生まれ、最初の2～3日は保育器に入りましたが、その後は順調に発育。でも私自身が管理入院で2カ月近く安静にしていて体力が落ちていたため、回復を待って産後16日目に一緒に退院しました。

産後のママと赤ちゃんの触れ合い

ママと赤ちゃんたちとの触れ合いが親子の絆を深めます

赤ちゃんの体にそっとタッチするなどスキンシップの方法は出生時の週数や状態にもよっていろいろあります。中でもカンガルーケアは母と子の情緒を安定させて、親子の絆（きずな）づくりに役立つと注目されています。

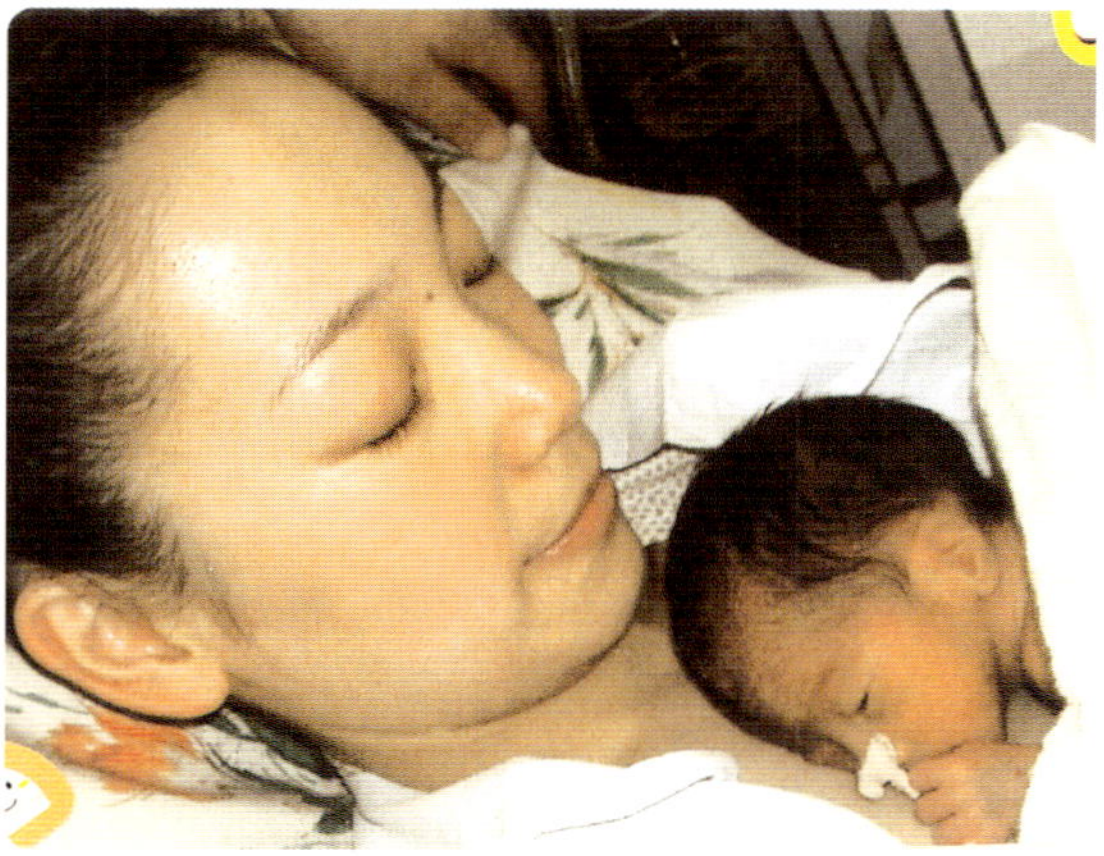

帝王切開が多い双子・三つ子ママ。カンガルーケアは出産後すぐにできなくても母子共に体調が整えば可能です。負担にならない範囲で試みましょう。

カンガルーケアをすると母子共に穏やかな気持ちに

カンガルーケアとは、おむつをつけた裸の赤ちゃんを素肌の胸に抱き、ママの体温で温めてあげること。胎内に戻ったような安心感が得られるのか、赤ちゃんの眠りが深くなり、呼吸が安定する効果があります。また、赤ちゃんを胸に抱きながらウトウトするママもいて、親子が共に穏やかな気持ちになる効果が。「カンガルーケアのあとでおっぱいが張ってきた」と、母性の高まりを実感するママも多いものです。カンガルーケアは赤ちゃんの具合が安定する在胎週数32週から可能になります。

出産直後の対面が短いだけにカンガルーケアが効果的

入院中の母子の触れ合いは赤ちゃんの状態によっていろいろ。妊娠32週未満に生まれた赤ちゃんは体重が1400g以下のことが多く、まだ不安定なため、保育器の窓から体に触れるぐらいしかできません。でも、人工呼吸器をつけていても、体調が安定すればおむつ替えや体をふくなどのお世話ができるように。

経腟分娩なら母子共に問題なければ、分娩台の上でカンガルーケアをすることが可能です。しかし、多胎の場合は帝王切開が多いこともあり、出産直後の対面は短時間になることが多いようです。「抱っこはできなくても、手術台で横になったまま、自分のほっぺに2人の体を交互にくっつけてもらった」「赤ちゃんの小さな手と握手した」というママがいる一方で、赤ちゃんが産後すぐにNICUに入院したため、「数秒間、顔を見ただけ」というママも。でも、赤ちゃんたちの具合が落ち着けば、カンガルーケアができるようになります。「初めて体験したときは胸が熱くなった」と、その後の機会を楽しんだママの声も多くあります。カンガルーケアは、赤ちゃんの具合を気にかけている多胎ママの心を癒やすとともに、親子の絆づくりにも役立っているのです。

CHECK!

パパ＆きょうだいとの触れ合い

早い段階からの触れ合いは家族の絆づくりに役立ちます

カンガルーケアなどの触れ合いは、パパもママと一緒に分かち合ってほしいもの。触れ合いを重ねるたびに、パパもわが子に対する愛情が増していくからです。

数は多くはありませんが、最近は赤ちゃんのお兄ちゃんやお姉ちゃんも2才以上などと年齢制限を設けて面会が可能な病院も。ママも新しく生まれた赤ちゃんも入院中でお留守番になりがちな上の子も、週末に家族そろって赤ちゃんに会いに行くことで、「かわいいな」「早く退院できるといいね」と、小さな弟や妹を思いやる心が育っていきます。こうして早い段階から家族の絆の基盤ができれば、退院後の子育てが忙しいながらも楽しいものになっていきます。

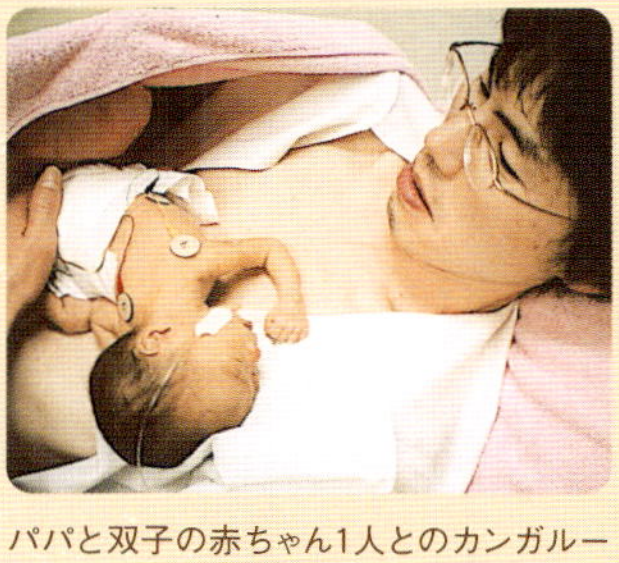

パパと双子の赤ちゃん1人とのカンガルーケア。パパの心臓の上に赤ちゃんの耳をあてるように抱っこしています。

先輩ママも頑張った！ 奮闘STORY

大阪府
植田美和さん（28才）
真央ちゃん
梨央ちゃん（3カ月）

分娩台の上で授乳しました

1人目が生まれたあと、陣痛が強くなるまで抱っこしていました。両方生まれたあとは、おっぱいをあげて両手に抱っこしたまま分娩台の上で2時間くらい寝ていました。やっと終わったという気持ちとともに、ようやく会えたと実感。

埼玉県
宮前珠美さん（32才）
凌雅くん
琉雅くん（2才4カ月）

パパは第1子を抱っこできました

未熟児で生まれましたが、パパは生まれた直後の凌雅を抱っこすることができました。私は2日後に会いにいき、保育器に入っている2人に触れることができましたが、いくつも管をつけた小さい体を見て涙が止まりませんでした。

愛知県
もえふみママ（32才）
もえちゃん
ふみくん（3才0カ月）

時間差で2人に会えました

1人は手術の2〜3時間後に私の病室で対面できました。抱っこしたときは、やっと会えたと感激しました。もう1人は産後すぐに保育器に入ってしまったため、出産の3日後に会いにいきました。これまた、ようやく会えたと大感動でした。

ラクな気持ちで母乳育児

母乳が少ししか出なくても飲ませることに意義があります

母乳には赤ちゃんの免疫力を高める効果があり、ほんの少量でも意義があります。母乳を含ませるひとときはスキンシップ効果も。場合によりミルクの力も借りながら、ラクな気持ちで母乳育児を始めましょう。

母乳が赤ちゃんの腸内環境を整えて免疫力をつけます

帝王切開後、順調な赤ちゃんは母子同室になり、泣くたびにママのおっぱいをもらう生活に入ります。ママはおなかの傷の痛みがある時期なので、ベッドに横になったままで行う添い乳や、体の横に抱っこするわき抱きなど、姿勢を工夫するといいでしょう。一方、直接おっぱいを飲むことができないNICUの赤ちゃんには、母乳をしぼって届けてあげることが大切です。というのも、母乳に含まれる常在菌を赤ちゃんの腸内細菌として取り込むことによって、無菌状態の胎内から出てきたばかりの赤ちゃんの免疫力を高める効果があるからです。

出産直後は、搾乳してもほんの少量しか出ないというママがほとんどですが、低体重の赤ちゃんは1㎖以下から数㎖程度しか飲めないので、ほんの少量でも十分です。とくに産後5日以内に分泌する初乳には免疫物質が豊富に含まれているので、少量でも意味があります。

双子・三つ子の妊娠では早産傾向を心配して妊娠中のおっぱいケアを控えるため、乳管が開通しないまま出産するママも少なくありません。母乳の分泌量が少なくてがっかりするママもいるかもしれませんが、あきらめずに根気よく授乳を続けましょう。小さな赤ちゃんは乳首に上手に吸いつけず、初めのうちは1回の授乳で少量しか飲めませんが、だんだん飲めるようになっていきます。

乳輪部のマッサージを日課に。ラクな気持ちで母乳育児を

一般的に33週未満で生まれた赤ちゃんは、飲み込む機能が未発達。胃に挿入した経口チューブに、注射器で母乳やミルクを少量ずつ注入する方法で授乳します。その際、NICUのスタッフの立ち会いのもと、ママが飲ませてあげることもできます。34〜35週以降には哺乳力が備わってくるので、カンガルーケアのときに乳頭を吸わせてみましょう。

消化機能が未熟な赤ちゃんにとって、母乳のタンパク質は消化されやすく、重要なエネルギー源となります。とくに、早産児を出産したママの母乳にはタンパク質、脂肪分、ミネラルなどが豊富に含まれています。この栄養たっぷりの母乳は、ほぼ1カ月で正期産のママと同じ成分に変化しますが、感染症や腸のトラブルを予防する効果もあるのです。

母乳の出をよくするためにも、ママは帝王切開後の初回歩行を済ませたら、NICUの赤ちゃんに会いに行って触れ合うことから始めましょう。その後、乳輪部をマッサージして乳管を開通させます。まず初めに乳輪の上に親指を、乳輪の下に人さし指を置いて水平に圧迫し、指の位置を少しずつ替えながら、乳管にたまった母乳をやさしくしぼります。3時間おきのマッサージと搾乳を続けることで、少しずつ分泌するようになっていくでしょう。ママがひと足先に退院した場合は、面会時に搾乳することも可能ですが、家で搾乳した母乳を冷凍して届けてあげることもできます。冷凍母乳は、搾乳後2〜3週間以内に使いましょう。

体が疲れて出が悪いと感じたときはリラックスを心がけ、1日3食バランスよく食事をすることが大切。母乳は赤ちゃんに吸われることで出がよくなっていくので、直接の授乳が可能になったら、頻回に飲ませるようにしましょう。2人分が出ているかしら？と、心配なママもいることと思いますが、産後すぐから母乳がよく出る人は少数派。産後2カ月以降から出がよくなる人も少なくないので、まずは分泌量にこだわらず、母と子のスキンシップを楽しむ気持ちで授乳しましょう。

母乳がたりない場合はミルクをたして乗りきるなど、ママ自身がラクな気持ちを持つことも大切です。困ったときは助産師や院内の母乳外来に相談するといいでしょう。

CHECK!

母乳の口腔内塗布

1㎖未満の微量でも免疫力を高める効果が

少しでもママの母乳を赤ちゃんに飲んでもらおうと、新しい試みとして、33週未満で生まれた赤ちゃんの口の中に、ママ自身の手で母乳を塗布する「母乳の口腔内塗布」を実施する病院があります。微量でも母乳を口にすることで、赤ちゃんはママが持っている常在菌を自分の腸内細菌として獲得し、免疫力をつけることができます。

とくに初乳は赤ちゃんにとって重要なので、産後7日目までの間、1日1回、0.2㎖未満の母乳を注射器に入れて赤ちゃんの口にたらしてあげます。その際、ママの手でしてあげることが母子の触れ合いとなり、母乳分泌にもいい影響を与えます。

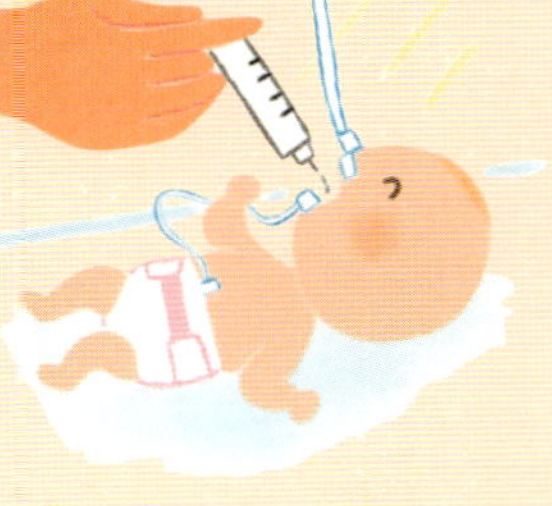

小さく生まれた赤ちゃんのケア

小さく生まれた場合、赤ちゃんはNICUで治療されることも

神経系統が未成熟なために体温や呼吸が不安定な赤ちゃんや、病気が心配な赤ちゃんはNICUでケアを受けます。早産でも出産予定日のころには回復することが多いので、ママとパパは赤ちゃんの生命力を信じて見守りましょう。

双子・三つ子の赤ちゃんは単胎よりも小さく生まれがち

一般的に2500g未満で生まれた赤ちゃんは低出生体重児と呼ばれます。双子・三つ子の場合、早くから子宮内が窮屈になるため、予定日より早産になる傾向があり、体重も小さくなりがちです。左のページのグラフのように、妊娠28週ごろまでは単胎も双子も三つ子もそれほど体重差はありませんが、それ以降はそれぞれに違う発育曲線を描きます。単胎よりも双子、双子よりも三つ子のほうが、発育のペースはだんだんと緩やかになっていきます。しかし、単胎に比べて、小さいからといって

双子・三つ子ママDATA

Q 赤ちゃんたちの出産時の体重差はどれくらいですか？

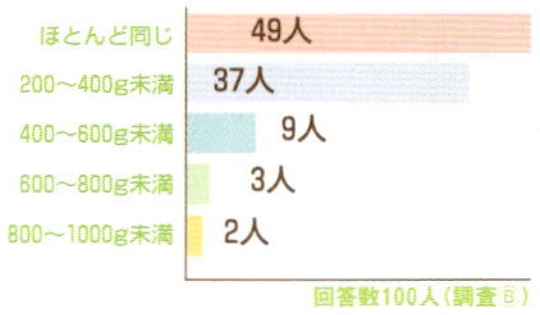

4割弱の赤ちゃんに200〜400gの体重差がありましたが、半数の赤ちゃんがほぼ同じ体重で誕生。

Q 赤ちゃんのそれぞれの出生体重は？

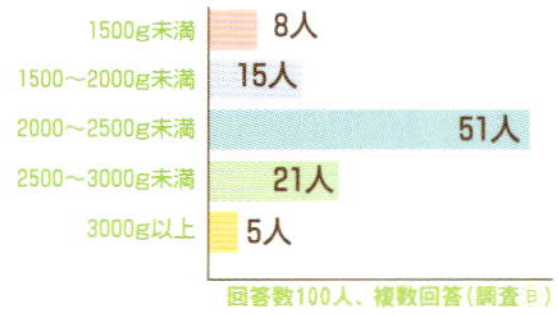

2500g未満で生まれた低出生体重児が74%を占めました。やはり小さく生まれるケースが多いようです。

Q 赤ちゃんはNICUで治療を受けましたか？

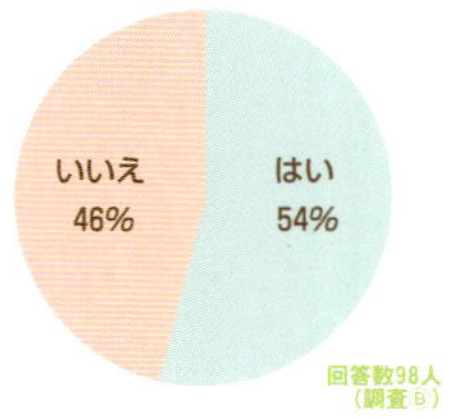

黄疸や低体温、低血糖、呼吸障害などのため、約半数の赤ちゃんがNICUで治療を受けています。

Q はいと答えた場合、それはだれが受けましたか？

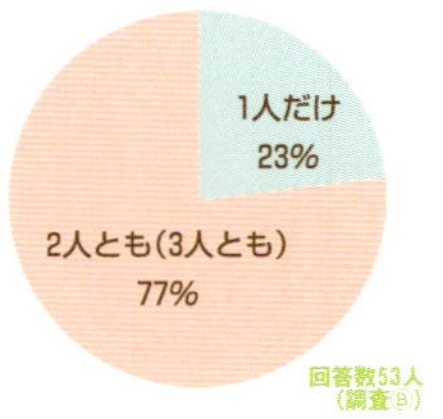

早産の場合はたいてい全員治療を受けますが、1人の子だけ処置が必要になるケースも。

悲観することはありません。赤ちゃんは子宮の環境に合わせて生まれてくるだけのことなのです。

双子・三つ子ママDATAでも、赤ちゃんたちの体重は2000gから2500g未満が最も多く、74%が低出生体重児。未熟なためNICUで治療を受けた赤ちゃんは、全体の54%でした。37週未満で生まれた場合、赤ちゃんに一時的に低体温や低血糖、呼吸障害がみられることがあり、具合が安定するまでNICUでケアを受けることがあります。

赤ちゃんはNICUの最新医療に守られて成長

双子の出生体重はほとんど同じであることが多く、2500gと2300gぐらいの体重差なら、1年以内には追いついてしまうので心配はいりません。低出生体重児の場合、医師は体重のほかに、呼吸や体温を自力でコントロールできるか、飲み込む力があるかどうかをチェックします。これらは赤ちゃんが外の世界で生きていくために最も必要な機能です。

ただ、早産の赤ちゃんは神経系が未成熟なために、週数によっては呼吸障害や低体温、嚥下（えんげ）障害（飲み込む力がない）などがみられます。

そのため、保育器には体温や血中の酸素量をコントロールする装置、必要に応じて呼吸を助ける人工呼吸器、哺乳力の弱い赤ちゃんの胃の中に母乳やミルクを直接流し込む栄養チューブなどが備わっています。呼吸が不安定な赤ちゃんに対しては、保育器内の酸素濃度を高めにしたり、肺が成熟して自力呼吸できるまで人工呼吸器で補助するなどの治療が行われます。また、保育器内の温度や湿度をそれぞれの赤ちゃんに適した状態に保つなど、赤ちゃんの成長をバックアップしています。

今は未熟な赤ちゃんも、予定日のころには成熟します

早産の場合は、体の機能が未成熟なまま生まれてくるケースもありますが、「本来なら今は妊娠何週目」と考えれば、それも当然のこと。双子・三つ子の場合、生後の月齢でなく、予定日からの月齢を基準とする「修正月齢」で発育を考えたほうがいいでしょう。

赤ちゃんたちがNICUで24時間態勢のケアを受ける期間は、胎内で成長していくプロセスが、そのまま保育器の中で営まれると考えましょう。34～35週ごろには赤ちゃんの呼吸や体温、哺乳力が安定し、保育器から出られるように。多くの病院が予定日間近を退院日と設定しています。

もっとも、赤ちゃんの状態には個人差も。修正月齢的には同じ双子でも体重差があったり、どちらかの子の呼吸が不安定で、回復するペースが多少ずれることもあります。それぞれに個性があり、その子たちのペースで成長するものと考えましょう。

単胎および多胎児の在胎週数と平均出生体重

子宮のキャパシティーの問題から双子・三つ子の場合は単胎よりも小さめです。

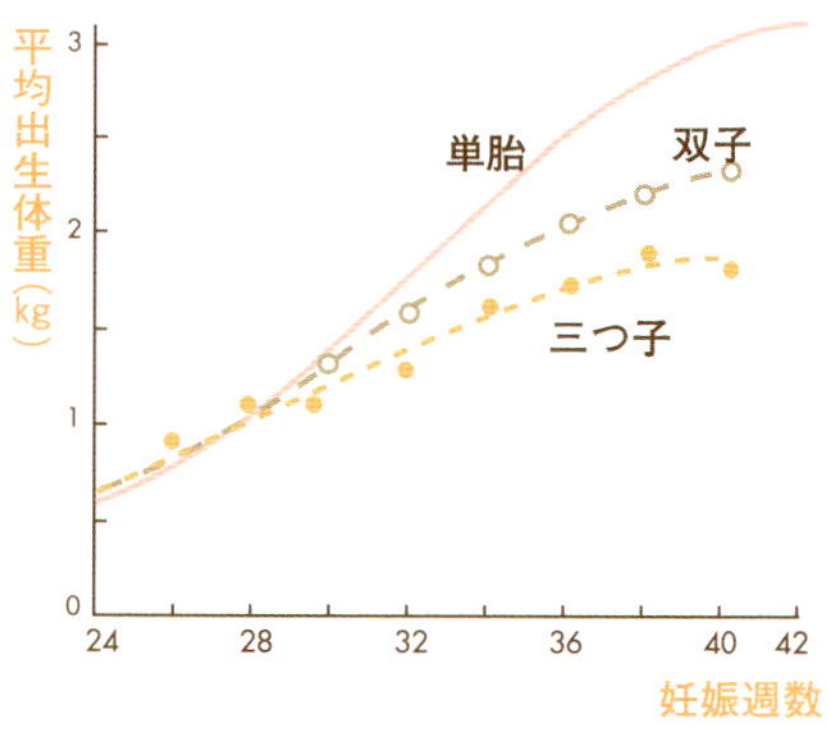

加藤則子編『すぐに役立つ双子・三つ子の保健指導BOOK』（診断と治療社）より作成

小さく生まれた赤ちゃんのトラブル

未熟な状態で生まれたとき、こんなトラブルが起こりえます

早産の赤ちゃんは体の機能が未成熟なため子宮の外で生活するための準備が整っていません。生後すぐは、とくに呼吸のトラブルなどが出やすい時期。適切な処置を行って、症状が落ち着くまで成長をサポートしていきます。

出生日～3日後に起こりうるトラブル

呼吸窮迫症候群

呼吸するときに肺が開かず、息が苦しくなります

早産の赤ちゃんは肺の機能が未熟なため、呼吸をしたときに肺を広げるサーファクタントという物質を十分につくれないことがあります。呼吸が速くなったり、酸素が不足して苦しくなった場合には、気管の中にチューブを入れて人工呼吸器を装着し、空気を出し入れする人工換気をします。また、人工的につくられたサーファクタントを肺に直接送り込む処置をすることもあります。

横浜市大センター病院母子医療センターで出生した30～34週の赤ちゃんの呼吸窮迫症候群を調査したところ、ママのおなかの中にいた期間が長いほど、肺が成熟して呼吸障害の発症数が減少することがわかりました。とくに33週から34週を境に、呼吸障害のリスクが格段に減っているのがわかります。最近では呼吸窮迫症候群の治療が進んでおり、2～3日でほぼ呼吸が安定し、遅くとも1週間で急性期から回復します。

横浜市大センター病院母子医療センターにおける在胎30～34週児の入院経過
（平成12～16年）

在胎週数	入院数	人工呼吸管理症例数	呼吸窮迫症候群症例数
34週	83例	9例（10.8%）	6例（7.2%）
33週	76例	14例（18.4%）	8例（10.5%）
32週	58例	13例（22.4%）	9例（15.5%）
31週	36例	10例（27.8%）	8例（22.2%）
30週	39例	17例（43.6%）	15例（38.5%）

動脈管開存症

生後、自然と閉じるはずの動脈管が開いたままの状態

動脈管とは、肺が機能していない胎児期に大動脈（体に血液を送る血管）と肺動脈（肺に血液を送る血管）を結ぶバイパスの血管のこと。動脈管は胎盤への血流を多くする役割がありますが、生後に肺呼吸が始まると自然と閉じていきます。ところが早産の場合、生後も動脈管が開いたままのため、肺に血液が流れすぎて呼吸が苦しくなり、心臓にも負担がかかることが。動脈管を閉じるには、インドメタシンという薬が効果的ですが、それでも閉じない場合は動脈管を縛る手術が必要になります。

無呼吸発作

呼吸中枢が未熟なため、呼吸を休んでしまうことが

無呼吸発作とは、赤ちゃんの呼吸が止まって顔色が悪くなる症状。予定日前に生まれた赤ちゃんは呼吸中枢が未熟なため、呼吸が速くなったり遅くなったりしやすいのです。赤ちゃんが呼吸を20秒以上休んだときは、呼吸中枢を刺激する薬を投与して、鼻に圧力をかける経鼻式持続陽圧呼吸を行って呼吸を促します。たいていは、鼻に圧力をかける処置で回復するのですが、効果がみられないときは人工呼吸器を使用することも。在胎34週を過ぎるころには、発症する心配がなくなるでしょう。

黄疸

血液中のビリルビン濃度が上がるために起こります

胎児のころは赤血球の多い血液ですが、生後、余分な赤血球が壊される際に、黄疸の原因となるビリルビンという色素が血中に排出されます。生まれたての赤ちゃんは肝機能が未熟なため、ビリルビンをなかなか処理できず、黄疸になるのです。

黄疸は出生体重や日数などによって治療基準が決められています。ビリルビンが基準内であれば心配はいりませんし、光線療法によって減っていきます。

それ以降に起こりうるトラブル

未熟児貧血

赤血球が減少して造血作用が低下するため貧血に

胎児のころはエリスロポイエチンというホルモンが多量に分泌されて、赤血球を増やしますが、生後はこのホルモンが産生されなくなるため、造血作用が低下することが。貧血が進んだ場合はエリスロポイエチン製剤を注射したり、輸血をします。

未熟児網膜症

早く生まれたため血管が目の網膜の端まで達しません

早産児は網膜の血管が完成していませんが、ほとんどの場合は成長とともに自然に血管が伸びていきます。眼科医の診察は経過観察が中心です。

先輩ママも頑張った！ 奮闘STORY

呼吸が荒くなったため、1人が救急車で転院に

東京都
本多ゆう子さん（34才）
葵（あおい）ちゃん
宙（そら）くん（11カ月）

出生2時間後、NICUのある病院へ転送

生まれてから2時間後、宙の呼吸が荒くなり、救急車でNICUのある病院へ転送されました。小児科の先生に「万一のことも考えておいてください」と言われ、雪のため救急車もスピードが出せず、転院先が遠かったため、付き添ったおじいちゃんはかなり心配したようです。でも、チューブでミルクがたくさん飲めるようになり、生後13日目でもともと生まれた、葵のいる病院に戻ってこられました。

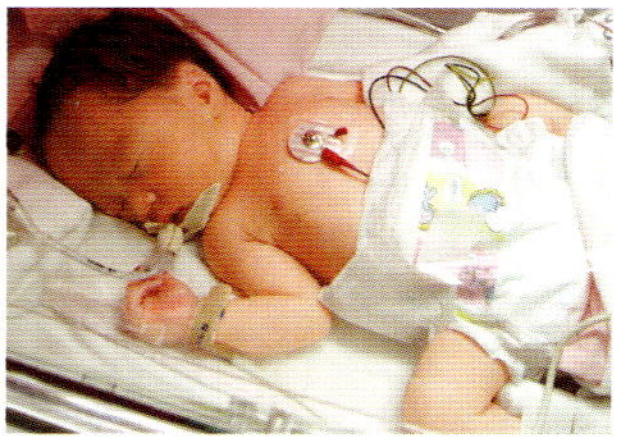

宙は入院中にミルクがたくさん飲めるようになり、順調に発育しました。

なかなか体重が増えず、生後14日目でやっと退院

葵のほうも、ミルクが上手に飲めず、一度減った体重がなかなか増えませんでした。そのため、私だけ先に退院。生後14日目に葵と宙が退院しました。宙はNICUに入院中、心雑音があることがわかりましたが、検査では異常なしで、「大きくなったら自然と治る」と言われ、そのとおり、生後3カ月ごろにはなくなったのでホッとしました。

双胎間輸血症候群のため、輸血協力者を集めました

神奈川県
黄海由美さん（31才）
悠馬（ゆうま）くん
拓馬（たくま）くん（1才10カ月）

自分で呼吸ができずマッサージなどで回復

産後、一絨毛膜一羊膜で双胎間輸血症候群であることがわかりました。拓馬にばかり血液がいっており、悠馬の2倍も濃かったそうです。拓馬は出産直後は自分で呼吸ができず、チューブやマッサージなどで回復しました。

緊急に備えて輸血者を確保するよう指示

一方、悠馬は1400gで生まれ、血液も薄かったため、救急車で拓馬と同じNICUのある県立病院へ搬送。感染症にかかりやすい状態が続き、生後3日目「万が一輸血が必要になったときのために、AB型の成人男性を何人か確保してください」と言われ、職場の人などに待機してもらいました。結局大事には至らず、生後16日目には保育器から出られるように。真っ青な顔をした悠馬を見たときは心配でしたが、元気に泣くようになり、安心しました。

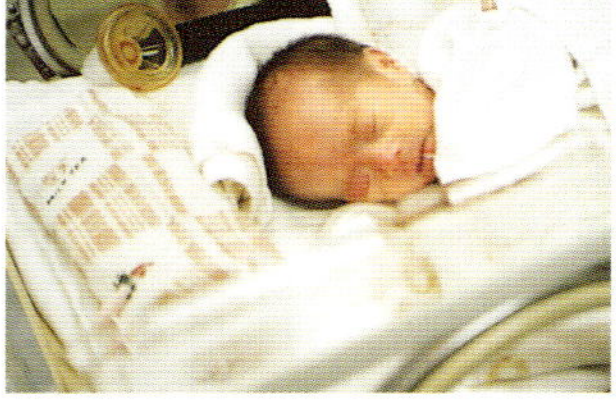

一時は命にかかわりましたが、ミルクの量も増え、いつも元気に泣くようになりました。

2人とも低出生体重児で、毎日の搾乳が大変でした

愛知県
菅原里美さん（30才）
里桜奈ちゃん
愛弥奈ちゃん（1才11カ月）

体重が少なかったため 2人とも保育器へ

妊娠37週目に帝王切開で出産しました。里桜奈は1966gで、愛弥奈は2304gの低出生体重児だったため、2人とも保育器に入ることに。先生からは「体が小さいだけで2人とも問題ありません。赤ちゃんのために、しぼった母乳を届けてください」と言われました。私は、子どもたちが大きくなるのを待とう、そのためには毎日おっぱいをたくさんしぼって届けようと思いました。

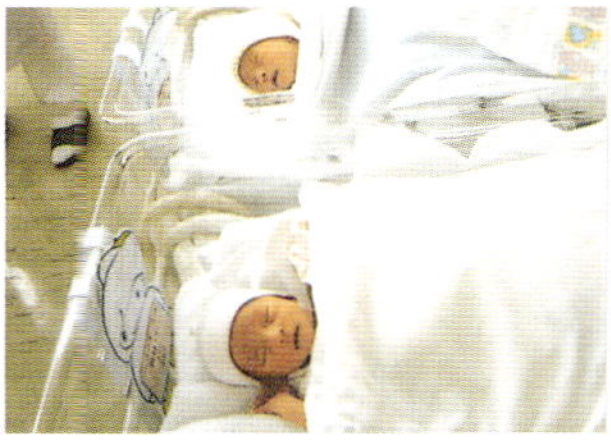

少しずつですが体重が増えていく子どもたちを励みに搾乳を続けました。

夜中何度も起きて搾乳。私のほうが疲労困憊に

でも、初産で慣れていないからなのか、しぼってもしぼっても母乳が出ません。昼間はもちろん夜中も何度も起きてしぼり続け、冷凍した母乳をパパに届けてもらいました。そのおかげで子どもたちは保育器を1週間程度で出られ、退院することができましたが、かえって、私のほうがくたくたに。産後、体重が減りすぎてしまいました。

ミルクが飲めずチューブで。未熟児網膜症も心配でした

宮崎県
藤満いくみさん（29才）
航佑くん
萌衣ちゃん（3才6カ月）

自分の口から飲めず チューブで授乳

萌衣は生まれたときに1760gで約1カ月半、保育器に入っていました。出産後すぐに口などにチューブが入りましたが、先生から「自分から哺乳びんに吸いつく力が出てくれば大丈夫。はずせます」と言われ、ひと安心。母乳を届けながら先生や看護師さんに様子を聞き、早くはずれますようにと子どもを励ましていました。ようやく、20日目ごろに自分で飲めるようになったときは、ただうれしいのひと言でした。

未熟児網膜症が発症しないか1年間検査

予定よりも早く生まれたため、未熟児網膜症が気がかりでした。生後2カ月、3カ月、6カ月と定期的に検査を受けることに。1才健診のときに「もう心配ありません」と言われるまでは、どうなってしまうのだろう、このまま見えなくなってしまったらと不安でいっぱいでした。

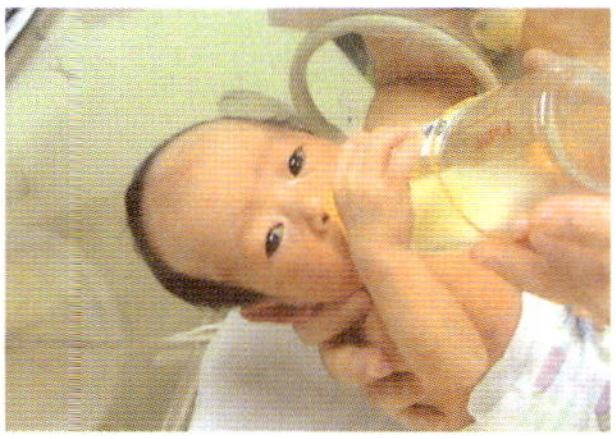

初めて哺乳びんを使って飲めるようになったときは、本当に感動しました。

産後のママのトラブル

多胎ゆえに重いこともあります 産後のママの体のトラブルは

子宮をはじめとしたママの体は、お産直後から急速に妊娠前の状態に戻ろうとします。トラブルにつながることもあるので、異常を感じたらすぐに受診しましょう。双子・三つ子ママDATAの上位5位までをチェックします。

悪露の異常

出産直後は出血量が多いが回復は単胎とほぼ同じです

悪露(おろ)は胎盤がはがれたあとからの出血と、子宮内に残っていた胎盤や卵膜の一部が子宮口から排出されるために起こります。多胎の場合は人数分の胎盤がはがれるため、出産直後の出血が多くなる傾向があります。しかし、2~3日後には落ち着きますし、その後の回復は単胎とほとんど変わりがありません。産後1週間くらいは月経時のような赤褐色の悪露が続きますが、しだいに量が減り、色も薄くなり、産後1カ月以降には、ほぼ回復するでしょう。

ただし、悪露の状態には個人差もあり、中には色の濃い出血が長引く人も。悪露ににおいがあったり、下腹部痛を伴うときは、子宮内に細菌感染が起きている可能性もあるので、産婦人科を受診しましょう。

貧血

お産の出血量が多かった人は鉄剤を処方されます

双子・三つ子の出産では、お産に伴う出血が単胎に比べて多いため、

双子・三つ子ママDATA

Q ママの産後のトラブルは？

上位5位ランキング

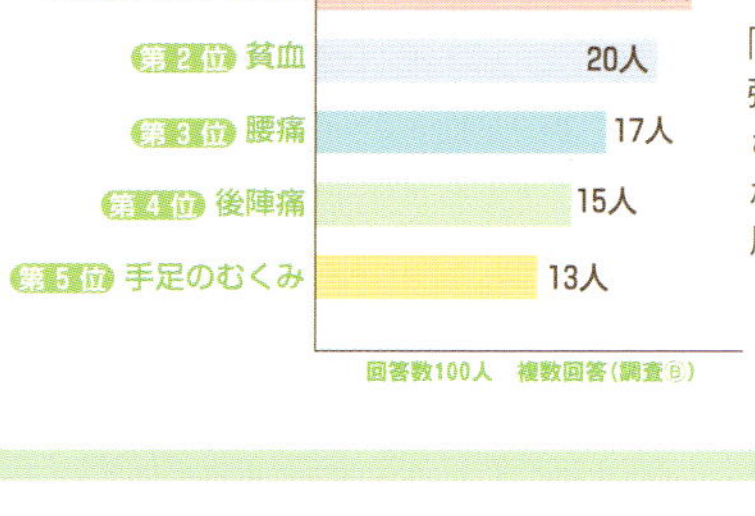

さまざまなトラブルも2カ月後には落ち着く

「悪露が長引いた」「後陣痛が強かった」「貧血で鉄剤を処方された」「腰痛やむくみが残った」という人たちも、産後2カ月には落ち着いたようです。

貧血になりやすい傾向にあります。個人差もありますが、分娩後2時間以内の出血量が多かったママは貧血になりやすく、症状が改善するまで鉄剤の飲み薬を服用するか、注射をします。できるだけ鉄分の豊富な食品をとるように心がけるなど、退院後の食生活も注意しましょう。

腰痛

無理な動作を避けて、背筋を伸ばした姿勢を心がけて

多胎ママは単胎ママよりもおなかが大きくなるため、妊娠後期の腰痛に悩まされる人が多いもの。ママたちはおなかが大きかったときのなごりで、産後も無意識のうちに背中を反らす姿勢をとってしまいがち。それによって背中から腰の筋肉に負担がかかるのが腰痛の原因となります。まずは背筋を伸ばして、おなかを突き出さない姿勢を心がけましょう。

また、長時間の立ち仕事や、立ったまま腰をかがめるなど、無理な動作をしないことも大切です。産褥用ガードルを使用するなど、腰の負担を少なくする工夫をしましょう。

後陣痛

後陣痛は子宮回復が順調なしるしと受け止めて

妊娠中に30～40cm以上になった子宮底長は、産後、おへその高さまでありますが、急速に収縮を始めます。後陣痛とは子宮が収縮を繰り返して、元の大きさに戻ろうとするときの痛み。月経痛よりも少し強い程度の痛みと感じる人が多いようですが、個人差もあります。

双子・三つ子ママは単胎よりも子宮が大きく伸びるため、後陣痛を強く感じる人もいるかもしれません。でも、ピークは数日間で、徐々に治まっていきます。後陣痛があるのは子宮回復が順調なしるしですが、入院中、痛みがつらいときはスタッフに伝えましょう。必要に応じて鎮痛剤を処方したり、分娩直後に服用する子宮収縮剤を一時的に中止するなど対処してくれます。

手足のむくみ

多胎ママは大きな子宮を支える分、残ることも

妊娠後期になると、赤ちゃんにたくさんの栄養と酸素を届けるために母体の血液量が増えます。その際、循環しやすいように水分の多い血液がつくられて、その水分の一部が体の細胞内にしみ出すために手足がむくみやすくなるのです。多胎ママは妊娠中に大きな子宮を支えていたため、出産直後も下半身のむくみが残ることがあります。しかし、産後は利尿量が増えるので、入院中に徐々にむくみが引いていくでしょう。

双子・三つ子パパのための学校

PAPA'S SCHOOL

4時間目「赤ちゃんたちが生まれたら」

家族の絆づくりのためできるだけ面会に行って

先生の説明や赤ちゃんの様子をママに伝えて

双子・三つ子の出産は帝王切開が多いため、赤ちゃんたちの状態などの説明はパパが先に聞くことになるでしょう。医師の説明をよく理解して、ママにも伝えてあげてください。ママは術後に赤ちゃんたちの顔を見たり、体にタッチさせてもらいますが、パパにも早くわが子たちと触れ合ってほしいと望んでいます。対面時の赤ちゃんたちの様子などをあとでママに話してあげて。

周囲の人が心ない言葉を言わないように根回しを

赤ちゃんが小さめに生まれた場合、ママはナーバスになりがち。ほかの人に言われたことを、相手に悪気がなくても「無神経な言葉」と受け止めてしまうことがあります。ママが不安になるような言葉を言わないように、「みんなで温かく見守ってほしい」と、あらかじめ周囲に根回ししておきましょう。また、ママが疲れているようなら、見舞い客が長居をしないように気を配ってあげてください。

なるべく赤ちゃんたちと触れ合う機会をつくって

入院中はできるだけ赤ちゃんに会いに行きましょう。赤ちゃんたちがNICUに入院した場合も、おっぱいを吸わせることと搾乳以外のお世話は、ママと同じことができます。親子で肌と肌と合わせるカンガルーケアは、ぜひパパにも経験してほしいもの。きっと父性に目覚めることでしょう。双子・三つ子の育児は夫婦で協力することが必要です。入院中から育児にかかわることが産後の育児参加にもつながります。

自分の気持ちをきちんと伝えて意思の疎通を

赤ちゃんたちが病気などでNICUに入院した場合、パパは「自分がしっかりしなきゃ」と気負ってしまいがち。でも、不安を押し殺してサポート役に徹しようとすると、夫婦間の意思の疎通がとれなくなることがあります。パパ自身も自分の気持ちをきちんとママに伝えて、なんでも2人で話し合い、分かち合っていこうという姿勢が大切です。できるだけ病院に通って、ママと一緒に過ごす時間をつくりましょう。

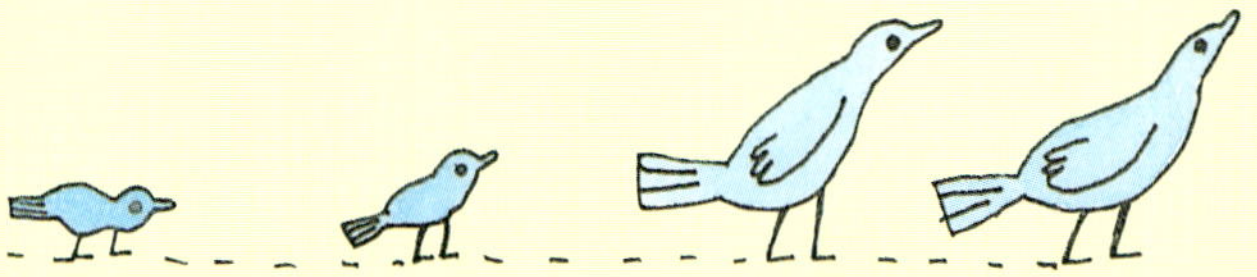

お手本にしたい こんな先輩パパがいるよ！

先輩パパファイル No.10

池澤一記さん（埼玉県・40才）
朗真くん&未来音ちゃん（1才1カ月）のパパ

生まれてすぐに別の病院へ搬送されてしまった子どもたち。僕はもちろん妻だって子どもたちの様子が気がかりだろうと思い、転院先での子どもたちの姿をデジカメで撮影。プリントしたものを見せました。出産後、子どもたちの顔を見ることができなかった妻はとっても喜んでくれましたね。

先輩パパファイル No.11

藤本大介さん（埼玉県・31才）
健大くん&菜々実ちゃん（1才2カ月）のパパ

子どもたちがNICUに入院したため、無事育ってくれるか心配でした。毎日見舞いに行って、「頑張れよ」「大きくなれ！」と励ますことしかできなかった僕。でも、日に日にたくましく育つ子どもたちに接することで、父親としての自覚が芽生えました。入院中、小さな体を抱っこしたときは、感動しました。

先輩パパファイル No.12

高橋健司さん（岩手県・27才）
航輝くん&翔大くん（2才7カ月）のパパ

航輝は妻と一緒に退院できましたが、翔大は体重がなかなか増えなかったため、約1カ月間入院していました。子どもの様子が気になり、仕事帰りや出勤前に立ち寄ったり、休みの日には妻も一緒に見舞いに。先生から毎日の様子を聞いて心配はありませんでしたが、早く退院してほしいと願っていました。

PART 3 育児編

第5章

育児シミュレーションとラクする育児のすすめ

赤ちゃんたちとの生活がスタート！　0～3才ぐらいまで、どんなふうに赤ちゃんが育っていくかをイメージし、無理をしない育児法について考えていきましょう。同時に複数の赤ちゃんをみるには、それなりの工夫が必要です。

双子の0～3才の成長日記

現役双子ママの育児日記を公開。0～3才の成長の様子を見て

これから始まる育児生活に不安を抱えているママも多いはず。実際に双子を育児中の藤城江里子さんに、これまでの育児生活を振り返ってもらいました。奮闘する日々の中にもたくさんの幸せを感じているようです。

生後1週間ごろの写真。2人とも双子にしては大きく、ママと一緒に2週間で退院。生活リズムを合わせるために、授乳などのお世話は同時に行うようにしました。

0～1才を振り返って

待望の子どもだから何をしてもかわいくて！

ずっと子どもが欲しくて、やっとできた子たちなので、泣いていても「かわいい」と思えました。だから、1才までは育児がつらいと感じたことがなかったんです。ただ、子どもたちが夜泣きをすると、パパがうっとうしそうにするので、その態度にイライラ。翌朝「ごめんね」と謝ってくれたんですけどね(笑)。

パパとおふろ

ご機嫌のおふろタイム

パパは夜7時ごろに帰宅するから、沐浴のころからおふろはパパと一緒に。パパが2人を入れたり、1人ずつ交代で入れたりしました。

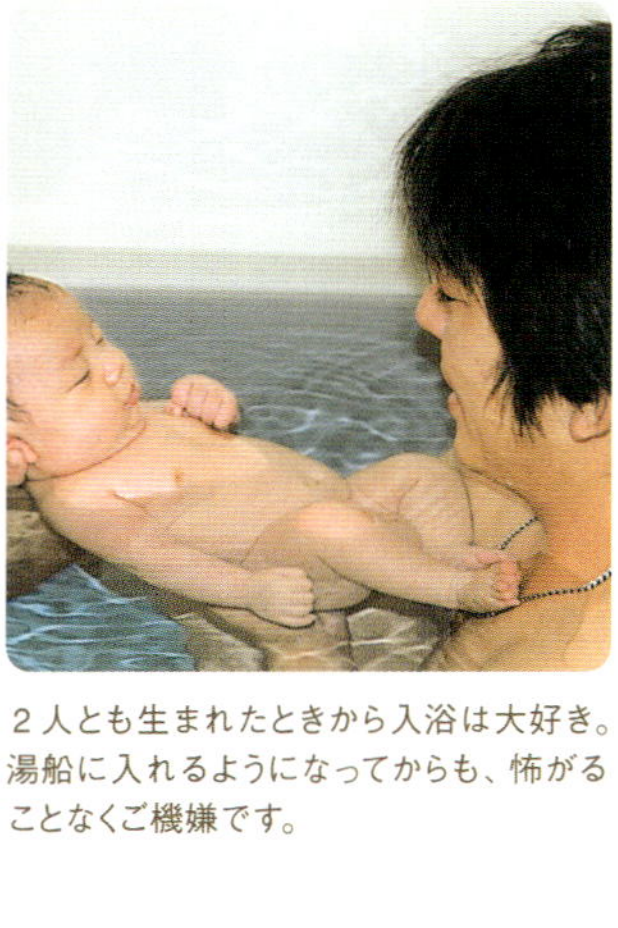
2人とも生まれたときから入浴は大好き。湯船に入れるようになってからも、怖がることなくご機嫌です。

いつも一緒で安心
1人じゃないから寂しくない

2人を一緒にさせておくと、なんとなくお互いに体をくっつけていたり、相手のどこかを触っていたり。言葉が出ないころから、アイコンタクトでコミュニケーションをとっているような感じがしました。相手が横にいることで安心するのか、何もできないほどぐずられた、という記憶があまりないんです。子どもがいつも1人にならなくて済むのは、双子ならではのメリットですよね。

こんなふうにじゃれ合って遊んでいてくれることが多かったので、ママはその間に家事などをすることができました。

お友だちいっぱい！
みんなでにぎやかに遊びます

出産入院中に仲よくなったお友だちと、3カ月ごろから遊んでいます。みんなが一緒だと大人の目が増えるから、外で遊ばせることもできました。また、ママ同士の情報交換やストレス発散の場にも。

クリスマスや節句など季節の行事も、みんなと一緒にお祝いします。子どもたちが仲よく遊んでいる間に、ちょっと凝った料理も作れるので、イベントはとても盛り上がります。

一緒に泣いたら同時授乳
母乳のあと同時にミルクを

最初からミルクとの混合。2人が一緒に泣いたときは同時授乳をしました。ちゃんと飲めたようですが、1人がおとなしく待っていられるときは順番におっぱいを。そのあと両手で2人一緒にミルクを与えました。

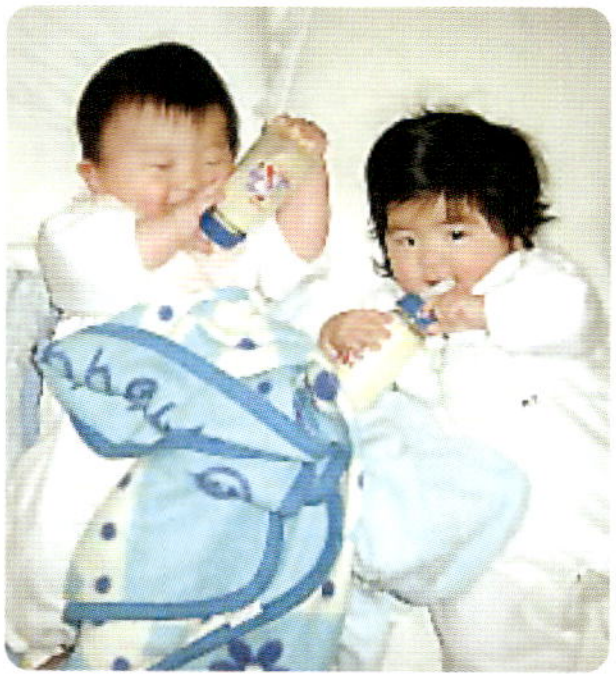

哺乳びんを持てるようになってからは、哺乳びんを渡せば自分のペースで飲んでくれるので、授乳がとてもラクに。

離乳食も大好き
器を分けて交互に与えました

5カ月のとき離乳食を開始しました。お昼寝中にまとめて作り、冷凍保存を。食べる量を知りたかったから、別々の器から交互に与えました。

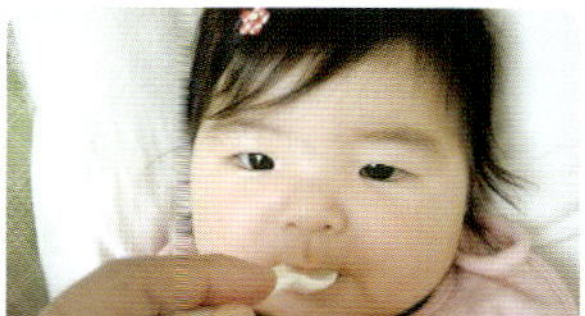

2人とも食べることに積極的で、離乳食初期からよく食べてくれました。

1～2才を振り返って

動き・自己主張も激しくなり双子育児の大変さを実感

2人とも動きが激しくなって目が離せなくなった上、自己主張も始まったので、2才になるまでが今まででいちばん大変な時期でしたね。個性の違いは1才前からあったのですが、日向子はしっかりしているけれど意思表示が激しく、太陽は大らかだけどポワ～ンとしているという、2人の性格の違いがはっきり分かれてきたのは1才過ぎからでした。

靴を履いてお外へ

公園遊びはパパの休日に

歩き方がしっかりしてきた1才1カ月ごろ、外を歩くことにチャレンジしました。私だけでは目が行き届かないので、パパがお休みの日に、1人ずつベビーカーに乗せて公園へ。地面の感触を嫌がるかな～とちょっと心配したけれど、ベビーカーから下ろした途端、2人とも足取り軽く歩き回っていましたよ。

公園の遊具よりベビーカーのおもちゃが気になる2人。外に来たのに(笑)。

早く食べたい！

食事中、ママはフル回転

幼児食になってからも、好き嫌いをせず、なんでもよく食べます。1人の口に運んでいる間に、もう1人が待てなくてせかしてくるほど。

ごはんは手に持てるサイズのおにぎりにして、自分で食べられるように工夫。

イヤイヤと主張

二重唱で「イヤ～」と抵抗

自我が芽生えてきて、「これはイヤ」と主張し始めました。とくに、2人とも大嫌いな着替えは、親子共にクタクタになるほど大変でした。そうかと思えば、1人が泣いて嫌がることが、1人はまったく平気で協力的だったり。個性が現れてきたということなんでしょうね。

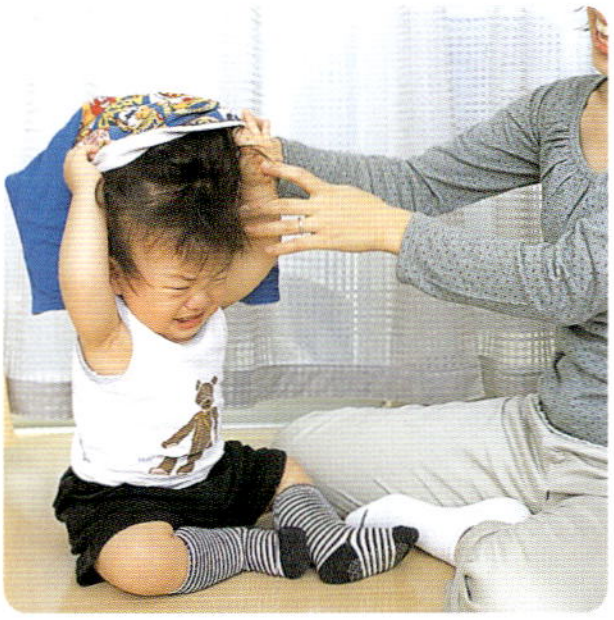

日向子ちゃんはドライヤーが嫌いだけど、太陽くんは平気。着替えは、脱ぐのも着るのも、2人とも必死に抵抗！

いたずらも一緒に

2人だけで遊べるように

おもちゃの取り合いなど、いさかいも絶えなくなりましたが、2人で遊ぶ楽しさがわかってきたみたい。私が一緒に遊ばなくても、けっこう長い時間遊んでいられるようになりました。とくに、いたずらをしているときは2人はとても仲がよく、力を合わせてやるんですよ。ソファによじ登ってクッションを全部落とすなど、危なくないことは、止めずに笑って見守っていました。

おもちゃのかごに入ってご満悦の太陽くんと、お片づけに精出す日向子ちゃん。やっていることは違うけど、近くで遊んでいます。

お気に入りは別々

遊び方に違いが出てきました

太陽は乗り物のおもちゃが、日向子はぬいぐるみで遊ぶのが大好きというように、お気に入りの遊びが分かれてきました。自然と遊び方に男女の違いが出てくるんですね。

太陽くんは男の子っぽい遊び、日向子ちゃんは女の子っぽい遊びをするのが好きになりました。

おふろで家族団らん

入浴はパパと2人で役割分担

2人が歩けるようになってからは、家族全員で入浴。パパは自分の体と太陽の頭を洗ったら先に出て、子どもの着替え係になります。続いて私が日向子の頭と体、太陽の体を洗い、外で待機するパパにバトンタッチ。これが定番の入り方です。

まずは家族全員で湯船につかります。2人と一緒に遊んだりしてゆっくり入るから、湯温はぬるめに設定。おふろは親子のコミュニケーションの場でもあるので、みんなで楽しく!

歯磨きが習慣に

仕上げ磨きも嫌がりません

1才前から「入浴後に歯磨き」を習慣にしてきたので、パジャマを着せて歯ブラシを渡すと自分で磨き、仕上げの順番待ちをするように。

歯磨きが好きらしく、おとなしく仕上げ磨きをさせてくれます。

2〜3才を振り返って

つきっきりでいなくてもよくなりました！

これまでとの大きな違いは、会話ができるようになったこと。どうしたいのか言葉で伝えられるようになったら、ぐずる回数がかなり減りました。また、自分のことは自分でやろうという気持ちが芽生えてきたし、子どもたちだけで遊ぶ時間も増えたので、かなり余裕ができてきました。

「ど〜ぞ」ができるよ
相手を思いやれるように

2才になっても、相変わらず物の取り合いは絶えないのですが、相手が泣いている姿を見て「かわいそう」と感じる心は芽生えてきたみたい。最後には「ど〜ぞ」と貸せるようになりました。こういったやりとりを家の中で覚えることができるのも、双子のいいところですよね。

お着替えも積極的に
積極的にやりたがります

相手の泣き顔を見ているうちにかわいそうになるのか、自分から差し出せるようになりました。

生活習慣の自立に関しては、日向子のほうが積極的。とくに着替えは1才代からやりたがり、2才になったころにはズボンは手伝わなくてもOKに。そんな日向子の様子を見て、太陽も少しずつ挑戦するように。

自分でやりたがるときは、助けを求めてくるまで、あえて手伝いません。

おむつはずれ
もう少ししたら本格スタート

おふろに入ると洗い場でおしっこすることが。子どもの気が向いたときはトイレにも座らせています。

補助便座に座ることもまったく抵抗ないようです。

だれとでも仲よし
お友だちと遊ぶのが好き

2人ともフレンドリーな性格。大人にも子どもにも人見知りをせず、だれとでも仲よく遊べます。

いとこの石郷岡瑞穂ちゃんはきょうだい同然の仲。それだけにバトルも激しいですが、あっという間に仲直り。

振り返ってどうですか？

育児をつらいと感じずに済んだのは同じ境遇のママ友とパパのおかげです

1才代までの育児をあらためて振り返ると、自分のことながらよくやっていたな～と思いますね。「つらい」と感じなかったのは、子どもたちがかわいいのはもちろん、同じような時期に双子や三つ子を産んだママ友だちがいて、「大変なのは自分だけじゃない」と実感できたことも、育児を乗り越えられた大きな理由だと思います。それに、心配なことなどは自分の中にため込まず、パパに聞いてもらったし、平日は家にこもりがちになる分、休日はパパが必ずどこかへ連れていってくれたおかげで、ストレスをためずに済みました。

育児がラクになってきたと実感できたのは2才以降。先日、2人を実家に預けて3時間だけ、夫婦で焼き肉&カラオケに行ってきました。3時間なんてあっという間でしたが、子ども抜きで出かけるなんて、これまでは考えられないこと。こんな日が来るほど成長したのね……と、感激しちゃいました。

最近子どもたちはお互いを「大切な存在」と意識しているようで、たとえば日向子1人だけを買物に連れていったりすると「たいちゃんはどこにいるの？」と聞いてきます。こういう仲のよさって、双子ならではじゃないかな。「双子を産めてよかった」と思えるのはこういうときですね。

私は元保育士で復職を希望しているので、現在、保育園の空きを待っているところ。2人とも人見知りしない性格だから、集団生活も大丈夫だろうと思いますが、自分のことは自分でやるように、少しずつ促しているところです。

「一度に男の子と女の子を育てられるなんて、ラッキーだと思っています」と藤城さん。

↗妊娠中から書き続けている育児日記。↑言葉がしっかりしてきたし、お互いをいたわる気持ちも芽生えました。

太陽くん&日向子ちゃんの成長カレンダー

誕生 → 0才

毎日何かが変化していた感じ。とくに初めて笑顔を見せてくれた日のことは忘れられません！

「初寝返り」をビデオで撮ろうと、数日間ビデオを常にスタンバイ。でも、見てない間にコロン……。

離乳食をスタートしたら、2人ともとてもよく食べてくれたので、作りがいがありました。

1才

人見知りが少なく、だれにでもすぐなつくため、たくさんの人にかわいがってもらえました。

言葉を発するように。初めて「パパ」「ママ」と言ってくれたときは、思わずウルウルするほど感動！

この1年間で太陽は2回も縫うほどのけがを。男の子と女の子の行動パターンの違いを実感。

2才

おしゃべりが上手になり、会話が成立するようになりました。うまく言えない言葉がまたかわいくて。

好きな映画のワンシーンを再現して遊ぶように。思わず噴き出しちゃうほど、よく覚えています。

現在

歌を歌うのが好きになり、いつも一緒に歌っています。そのかわいい姿に心がほのぼのと。

赤ちゃんたちの生活リズム

赤ちゃんたちの生活リズムを整えれば育児の負担が減ります

双子・三つ子の赤ちゃんたちとの生活は想像以上に過酷です。月齢が低いほど授乳もねんねもバラバラ。でも、赤ちゃんたちの生活リズムを早めに整えれば、子育てがグンとラクになります！

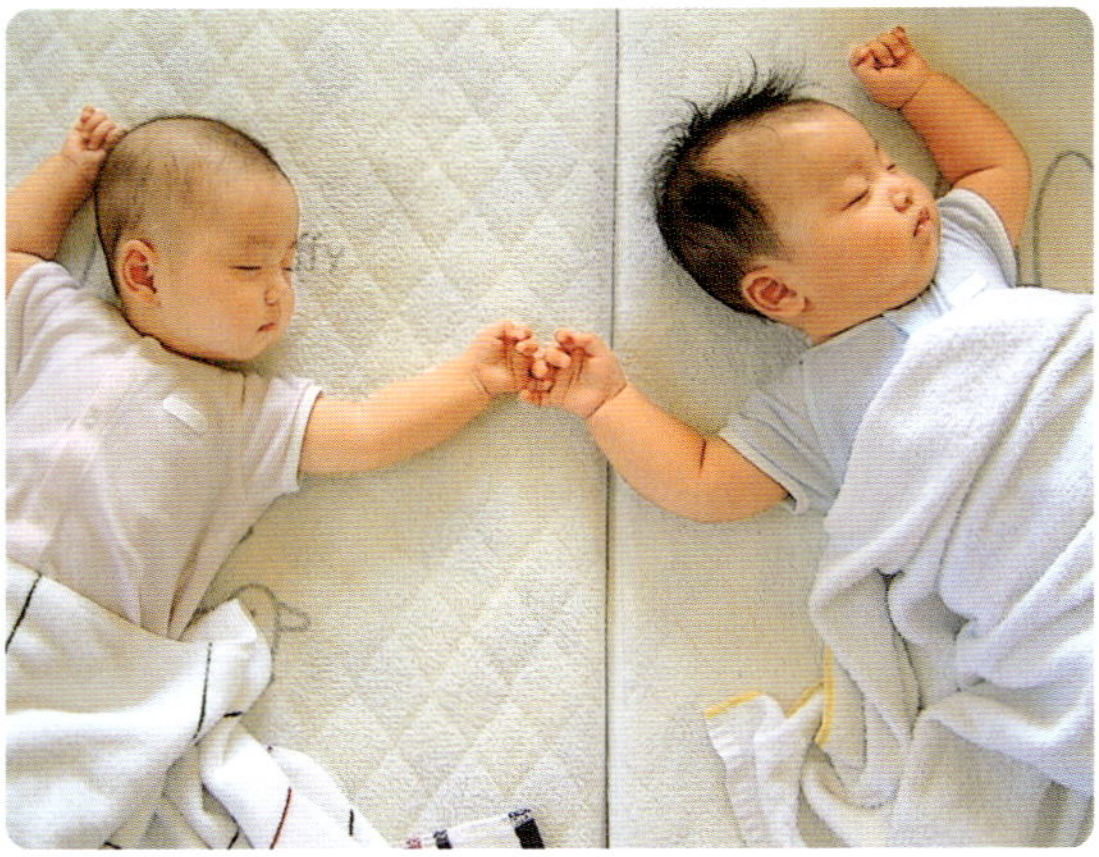

双子ちゃんたちのお昼寝タイムはママがホッとひと息つける時間。「寝顔がかわいい！」と思える心の余裕も、こんな時間があるからこそ生まれるのです。

多胎の赤ちゃんだからこそ生活リズムを規則正しく

規則正しい生活リズムは赤ちゃんたちにとって、体と心の健康を守る基本です。とはいえ、生活リズムは自然に身につくものではなく、親が働きかけて身につけさせる必要があります。そのためには、睡眠と覚醒のリズムが昼と夜のリズムに同調し始める生後3～4カ月ごろから、昼と夜の生活のメリハリをつけることが大切。早寝早起きを基本に朝はカーテンを開けて部屋の中を明るくし、授乳はなるべく全員同時に、夜は入浴したらねんね、というように生活リズムを整えていきましょう。

双子・三つ子ママDATA

Q 子どもたちの生活リズムを合わせられた？

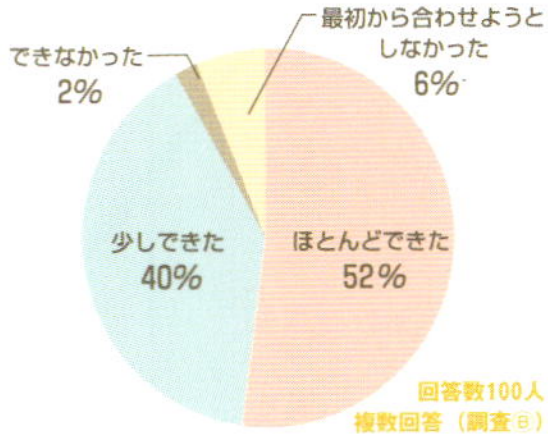

「ほとんどできた」というママが約半数。「少しできた」というママを合わせると9割がなんとかできたよう。

Q 育児生活に入り、つらかったことは？

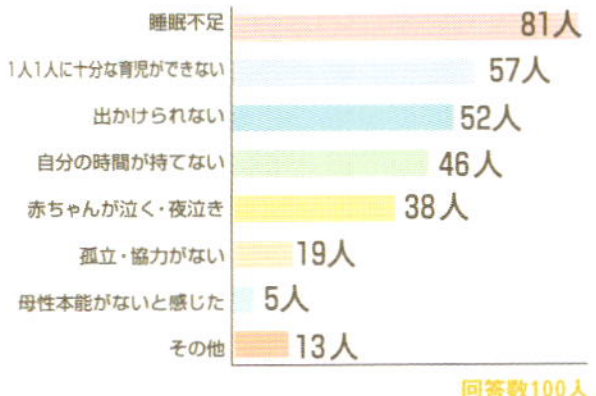

「睡眠不足」はとても切実な悩み。生後半年くらいまでは「いつ眠っていたか不明」というママも。

先輩ママも頑張った！ 奮闘STORY

東京都
桑山幸恵さん（29才）
美空ちゃん
美海ちゃん（3才5カ月）

授乳の時間はママがリード

退院後すぐから授乳時間は私が決め、寝ていても時間になったら飲ませました。これを繰り返しているうちに、2人のおなかがすく時間が一致。おなかがいっぱいになれば自然と眠くなるから、寝る時間もそろうようになりました。

福岡県
中村理恵さん（25才）
心海ちゃん
愛海ちゃん（2才2カ月）

昼型の子に合わせて授乳

新生児期は、欲しがったときに1人ずつ授乳。すると、1人の子の昼夜が逆転してしまったんです。そこで、リズムが整っている子と一緒に授乳するように切り替えたら、飲みながら一緒に寝るようになり、徐々にズレが解消しました。

東京都
宮本裕美さん（36才）
桂太くん
陽亮くん（2才0カ月）

毎日繰り返していれば合います

2カ月ごろまで義母が手伝ってくれ、同時に世話をできたので、すぐにリズムが合いました。私1人になってからは多少ずれることもありましたが、毎日同じように育児をしていればまた合ってくるので、あまり気にしませんでした。

「育児生活に入りいちばんつらかったことは？」の答えで最も多かったのは「睡眠不足」でした。月齢が低い時期の睡眠不足は、ある程度はしかたがないことかもしれません。しかし、早寝早起きを習慣づけていくと、赤ちゃんは夜にまとめて眠るようになり、ママは少しずつ睡眠時間を確保できるようになります。

生活リズムの一例

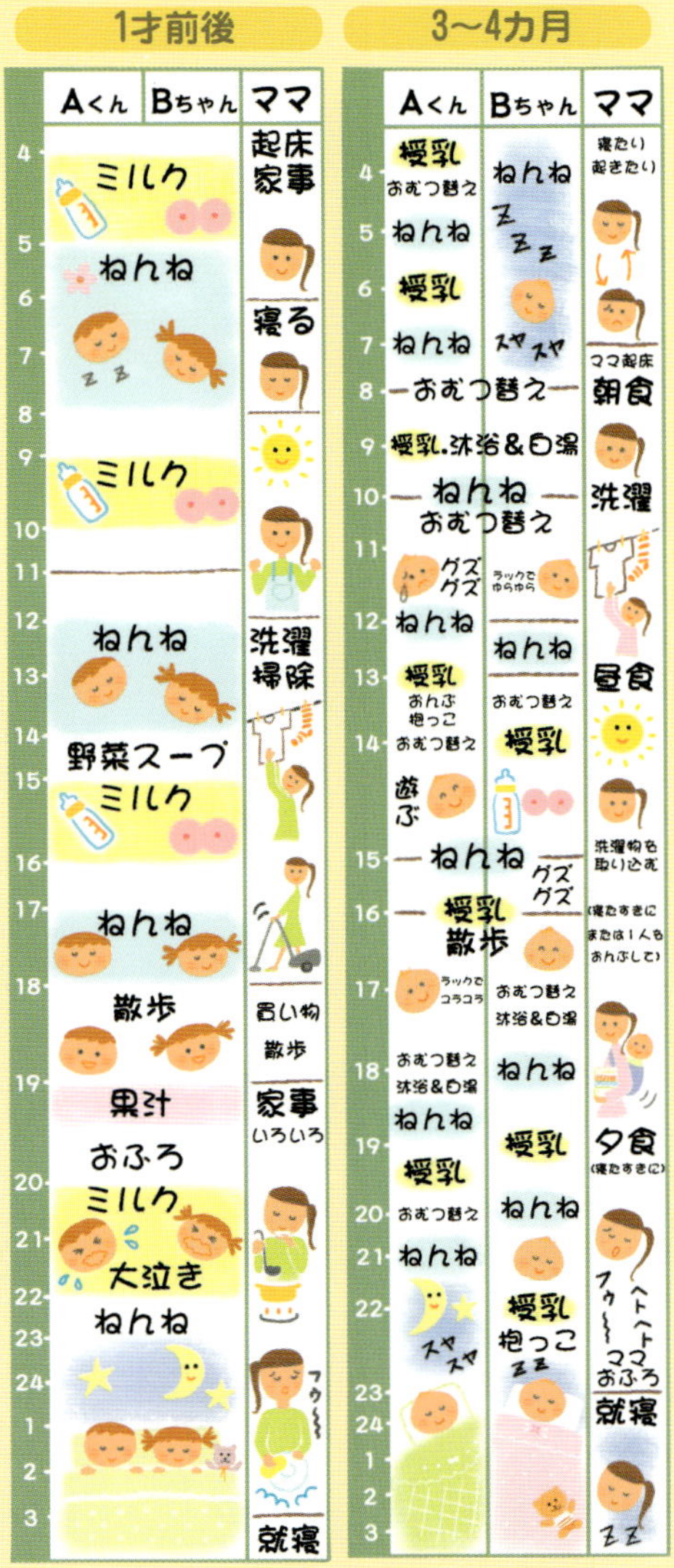

1才前後で整ってきます

生後3〜4カ月ごろは、2人の生活リズムはバラバラ。夜中は2人が交互に寝たり起きたりでママは睡眠不足。でも、1才前後になると、2人の生活リズムはほぼ同じに。ママも朝までゆっくり眠れるようになります。

家事をラクして行う方法

家事は手抜きテクを駆使して無理しない程度にこなしましょう

赤ちゃんのお世話をしながら家事まで完璧にやろうなんて無理はしないで。体力が戻り、育児に慣れるまでは、家事は二の次でOKです。先輩ママの手抜きテクを駆使しつつ「できることだけ」やってみましょう。

料理

宅配と献立の工夫で合理的に手間を省いて

料理の工夫は「買い物の手間を省く」「調理時間を短縮する」「献立をシンプルにする」の3つがポイント。買い物はパパと一緒にまとめ買いしたり、多くのママが宅配を利用しています。とくに安全な食材を扱っている生協は人気が高いよう。

「配達してもらった食材を、子どもの機嫌のいいときに早めに下ごしらえ」(藤井智恵さん・38才)しておけば、夕方ぐずられても手早く調理できますね。

時間短縮のために、「フードプロセッサー&保温鍋で効率アップ」(山本和代さん・29才)など、便利なものを積極的に活用しているママが目立ちます。無洗米や冷凍食材も強い味方です。

献立は、品数を減らしてシンプル・イズ・ベストに。大皿の一品料理や具だくさんの汁ものが人気です。「あっさりした味の煮ものを大量に作り、翌日以降はケチャップやソースでアレンジ」(宮田博子さん・28才)するという技巧派も!

もっとも、どうしても料理をするのが大変なときは、作らないことを選ぶのもひとつです。「たまにはコンビニ弁当でもいいじゃない!」(大根那生美さん・28才)

先輩ママの知恵

1 買い物は宅配と休日のまとめ買いで省力化。近所にある配達OKの店もしっかりリサーチしておこう。

2 手早く調理できる食材や便利な調理器具を導入して。大皿料理や作り置きで、シンプルな献立に。

3 たまには弁当や店屋物も可。少しでも体を休めて、明日はおいしいものを作ろう!

洗濯

朝にこだわらず、余裕のあるときにパパッと洗いましょう

量が多く、なかなか手抜きしにくいお洗濯。それでも少しでもラクな方法を考えましょう。まずは時間帯を見直し。「朝でも夜でも、できるときに洗う。干しっぱなしは当たり前！」（N・Iさん・31才）

干すときに、赤ちゃんたちから目が離れがちになってしまうのも気になるところ。それなら干すのは人手のあるときに。「パパのいる夜に室内に干しておき、朝は外に出すだけ」（小坂由美子さん・30才）

たたむ時間がないときは、干したままま取り込み、使うときはそこから取る」（板谷純子さん・32才）。忙しいうちは多少目をつぶるのが、洗濯をラクにするいちばんのコツかもしれませんね。

先輩ママの知恵

1 ため込むより、できるときに洗う。夜のうちに部屋の中に干しておけば、忙しい朝は外に出すだけ！

2 乾きにくい時季は乾燥機を活用。タオル類や大物だけでもコインランドリーを利用するとラク。

3 たたむ時間がないときは、干しっぱなしでもOK。やらなきゃ！の義務感は、かえってストレスのもと。

掃除

赤ちゃんたちの部屋以外はできる範囲できれいに

ほとんどのママが「赤ちゃんの部屋以外の掃除は手抜き」を宣言しています。どうかご安心を！

「日ごろはこまかいところの汚れは気にしないようにして、気分が乗ったときだけやる」（田上友紀さん・34才）など、上手に切り替えて、少しでも気持ちをラクに臨むといいでしょう。

目立つところだけきれいにしておくピンポイント作戦もおすすめ。「人に見られる玄関まわりだけはきれいをキープ」（上利理代さん・31才）

赤ちゃんの部屋の掃除は、音の出ない紙モップや粘着ローラーの愛用者が目立ちました。赤ちゃんの相手をしながら「ささっと掃除」ができる点も人気のようです。

赤ちゃんたちの動きが活発になって目が離せなくなってきたら「休日にパパに赤ちゃんたちを散歩に連れ出してもらい、その間に一気に片づける！」（渡辺祐子さん・33才）のも手。たまの大掃除は、気分転換にもなるようです。

先輩ママの知恵

1 「赤ちゃんのいる家は散らかっていて当たり前」と自信を持つ。多胎の赤ちゃんなら、さらに散らかっていても当然。

2 赤ちゃんたちの部屋や汚れの目立つところだけ重点的に。こまかいところは気にしないことが大切。

3 紙モップや粘着ローラーを活用。音が出ないから、ねんね中でも気になるところをさっとお掃除。

ママの時間の大切さ

忙しくて大変だからこそ、息抜きする時間は絶対に必要！

お世話に追われる毎日でも、ねんねの時間がバラバラでも、ちょっとした工夫で自分の時間はつくり出せます。夜のひとときや赤ちゃんたちのお昼寝タイムをうまく活用して、ママの時間を楽しく過ごしてくださいね。

ねんねの時間を有効活用。短くても充実した時間に

赤ちゃんたちのお世話は、毎日が目の回るような忙しさ。それでも、まとめて寝てくれるようになる4～5カ月以降になると、ママの時間もとりやすくなってきます。

染矢由紀子さん（39才）はお昼寝タイム活用派。「午前中思いきり遊んであげれば、昼食後2～3時間はぐっすり。その間に録画したドラマを楽しんでいます」。余った時間で夕食の下ごしらえもOKだとか。

お昼寝中は集中して家事をこなし、自分の時間は夜にまとめて…というママも。「夜は8～9時に寝かせ、その後は私の時間。ゆっくりお茶を飲んでくつろいでいます」（小松美樹さん・27才）

加藤多寿美さん（29才）も、早く寝かせる派です。「9時には寝てくれるので、2時間はたっぷりネットやメールができます」

3人のママに共通するのは、意識的に赤ちゃんたちの生活リズムを整えたこと。規則正しい生活は、ママの時間も増やしてくれるんですね。

低月齢期のこま切れねんねの時期でも、集中すれば密度の濃い時間に。「ちょっとした時間を見つけては赤ちゃんグッズ作りに熱中。作りためた作品をネットで販売もしています」（藤城江里子さん・32才）

中には「赤ちゃんと一緒にたっぷり眠ることが最高のリフレッシュ」（中西智美さん・35才）というママも。これもまた、元気になるための有効な時間の使い方です。

たまには赤ちゃんを預けて、身軽なお出かけを楽しんでも

ときには思いきって赤ちゃんを預け、1人で外出するのもおすすめです。「実母が来てくれたときに、2時間くらい1人で買い物や喫茶店に。自由に行動できるだけで気分すっきり！」(小室さゆりさん・26才)

喫茶店でゆっくり育児日記を書きながら、毎日の育児を振り返ったりしているとか。離れている時間を持つことで、赤ちゃんたちへの愛情をさらに強く実感できそうですね。

先輩ママの知恵

1 赤ちゃんたちの生活リズムが整うとママの時間はグンと増加！ もちろん赤ちゃんたちの健康のためにもおすすめ。

2 短時間でも集中すれば密度の濃い時間を過ごせる。あれこれと欲張らず、やることを決めておこう。

3 たまには赤ちゃんたちを預けて思いきりリフレッシュ！ 預けることに罪悪感を感じる必要はなし。

ママの時間の過ごし方いろいろ

ひたすら寝る

睡眠不足になりがちな多胎ママにとっては、ゆっくり眠ることも大切な「ママの時間」。無理に何かしなくてもいいのです。

お茶をゆっくり飲んでくつろぐ

1人でゆっくり飲むお茶は格別！ テレビ・雑誌をながめたり、ゆっくりメールの返事を書いたりと、楽しみ方もいろいろです。

趣味に没頭する

毎日を充実させるためには、好きなことに熱中する時間も大切です。まとまった時間はとれなくても、続けることで大きな成果に。

ショッピングに出かける

周囲に協力してもらい、ママ1人でゆっくりお買い物。近所のスーパーに行くだけでも、いい気分転換になります。

マタニティブルーズ

産後のブルーな気持ちが長引くのがマタニティブルーズ

産後、一時的に気持ちが不安定になる「マタニティブルーズ」。そのほとんどは一過性の症状ですが、場合によりいつまでもブルーな気持ちが長引くことも。子育てができないほど気持ちが不安定なときは医師に相談を。

出産直後から7～10日目に見られる一過性の症状です

待ちに待った赤ちゃんたちと会えたのに、なぜか気分が落ち込んで涙もろくなったり、イライラしたり、悲観的になってしまうことがあります。出産直後から7～10日目に見られるこうした症状は、マタニティブルーズと呼ばれています。主に産後2～4日をピークとする一過性の症状で、不安感や焦燥感、抑うつ感、集中力の欠如、食欲不振、頭痛、疲労感などの症状が現れます。

マタニティブルーズが起こる最大の原因は、産後の母体の内分泌環境の急激な変化です。妊娠中に赤ちゃんを育てるために多量に分泌されていた女性ホルモンのエストロゲンやプロゲステロンが産後に一気に減少すると、女性の心理面に大きな影響を与えます。また、双子・三つ子の赤ちゃんの育児に対するプレッシャーや、妊娠前とはガラリと変わってしまった生活環境に対する戸惑いや不安を感じるうちに心が疲れてしまうことも原因の一つでしょう。

産褥期（産後6～8週くらいまで）は母体の回復もまだ十分ではないのに、双子・三つ子の赤ちゃんたちの「待ったなし」の育児に追われる日々。育児が段取りどおりにいかないことも多く、ママがストレスを感じることも多いようです。

ブルーな気分が長引くときは早めに受診して

妊娠中からマタニティブルーズのメカニズムを知っていると「今の私はマタニティブルーズかも」と自分自身を客観的に受け止めることがで

双子・三つ子ママDATA

Q マタニティブルーズになりましたか？

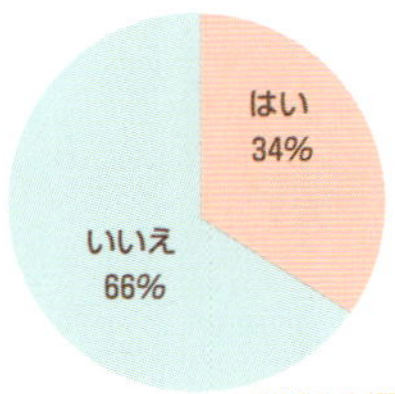

回答数91人（調査B）

3割以上のママがマタニティブルーズを体験しています。多胎ママは育児負担が大きいことが一因に。

き、気持ちの切り替えがスムーズにできるようになるかもしれません。

とはいえ、産後の体の回復はママの意思や頑張りだけでコントロールできるものではありません。双子・三つ子ママDATAによると、マタニティブルーズを体験したママは34%に。比較的多くのママが体験しています。心身共に疲れてしまう前に、パパや双方の実家など、周囲にサポートを求めて、体と心をゆっくり休めましょう。胸の内を友人にメールで伝えるだけでもラクになり、気持ちを切り替えるきっかけになります。家族のサポートが期待できないときは、自治体で行われている育児支援サービスなどを利用するのも一つの方法です。

マタニティブルーズのほとんどは一過性のものですが、家族関係が円満でなかったり、妊娠前から情緒不安定になりやすい傾向がある場合、マタニティブルーズから産後うつ病に移行することがあります。そんなときは、早めの治療が必要です。産後2〜4週間以降もブルーな気分が長引いて、赤ちゃんのお世話をする気力がわかないときは、1人で悩まず、出産した産婦人科の医師や助産師に相談するようにしましょう。

こんなときはどうしたらいい？

CASE 1

実家近くのNICUのある病院で出産したので、自宅のそばにママ友がいません。実母や親戚など頼れる人もいないので、とても不安です。

アドバイス

育児に関する悩みがあるときには、住んでいる自治体の役所の児童課や母子保健課などに相談してみましょう。自宅近くの産科に相談するという方法もあります。

CASE 2

自分だけが退院し、赤ちゃんたちはまだ入院中。私は毎日病院に通っていますが、体も心もクタクタ。こんなふうで子育てができるのでしょうか？

アドバイス

ママが心身共に疲れてしまったときは、毎日通院しなくても大丈夫。まずは、看護師さんなどに相談を。心身の状態がすぐれないときは産科を受診してください。

CASE 3

双子の1人を病院に残して退院しました。家で、お世話する子がかわいくて、入院中の子への愛情との間に、ばらつきを感じて悩んでいます……。

アドバイス

愛情のばらつきを感じてしまうことも時にはあるでしょう。もう1人の子が帰ってきたら思う存分かわいがってあげて。どちらにとっても大好きなママなのですから。

CASE 4

双子の赤ちゃんたちの育児に手がかかり、上の子に十分に目がいきません。母親失格なのではないかと自分を責めてしまいます。どうしたらいいでしょう？

アドバイス

ママも頑張っているのですから自分を責めないで。上の子には数分でいいので絵本を読んだり、抱っこしたり、ママを独占できる時間をつくってあげましょう。

出産後ホルモンバランスが崩れ かなり神経質になっていました

東京都
宮﨑満江さん（37才）
杏ちゃん
柚ちゃん（11カ月）

授乳がうまくできなくて追い詰められた気分に

産後、入院中は母乳があまり出ない上、子どもがうまく吸いつけず、助産師さんのアドバイスがかえってプレッシャーに。気分的に追い詰められ、子どもに対して罪悪感でいっぱいになっていました。

家に帰ったら気がラクに。罪悪感もなくなりました

病院にいるのがとにかくつらかったので、退院して家に帰ったら、それだけでずいぶん気分がラクになりました。また、少し前に双子を出産したママから励ましのメールをもらったり、パパが「頑張りすぎなくていいんだよ」と言ってくれたりしたおかげで、入院中に抱いていた罪悪感はほとんどなくなりました。

今振り返ってみると、出産直後はホルモンバランスが崩れて、かなり神経質になっていたみたい。子どもに罪悪感を持つ必要なんて全然なかったのに、何がそんなに悲しかったんだろうと思いますよ。

生後2カ月ごろがいちばんきつかったです。悪露が続き、寝不足もピークに。

マタニティブルーズとは知らず 母親失格だと落ち込みました

北海道
野津美穂さん（33才）
陽士くん
泉樹くん（2才5カ月）

子どもを泣かせてしまう自分を責めていました

退院後1週間もすると、2人が泣いてばかりの生活に。覚悟していたものの座る暇もないほどでした。そして、子どもをこんなに泣かせてしまう自分は、母親失格ではないかと激しく落ち込みました。

外で気分転換することで徐々に気分が前向きに

当時、マタニティブルーズという症状があることを知らず、悪いのは自分だと思い込んでいました。あまりにつらくて、パパに気持ちを訴えたところ、「君は悪くないよ。子どもは2カ月もすれば落ち着くよ」と優しく励ましてくれ、「外で気分転換しておいで」と言ってくれたんです。

そのおかげで、友だちと楽しくおしゃべりをしたり、先輩ママの体験談を聞くことができ、気持ちが前向きになりました。また、3カ月ごろから子どもの表情が豊かになり、その笑顔にも癒やされ、育児は楽しいと思えるように。

5カ月ごろ。すくすく育つ2人に癒やされ、すっかりマタニティブルーズから回復。

子どもを産んだ実感が持てず喪失感でいっぱいに

宮崎県
並河加代子さん（36才）
美咲（みさき）ちゃん
蒼太（そうた）くん（3才7カ月）

自分だけ退院したのがつらく、寂しかったです

体重が2500gを超えないと子どもたちは退院できないため、私だけ先に退院。病院に子どもを置いてきたのがつらく、赤ちゃんを産んだ実感を持てず、家に着いた途端、泣いてしまいました。

子どもの受け入れ準備をしているうちに前向きに

管理入院を含め2カ月入院していたため、帰宅したときに家の雰囲気がなんとなく違っていたのも、不安を倍増させてしまったよう。主人は私の気分が落ち着くまで、近くで見守ってくれていました。思いきり泣いたら、少し気分がスッキリしましたよ。

その後は病院に毎日母乳を届けたり、育児用品の整理をしたりと忙しく過ごしているうちに、子どもたちが退院する日を楽しく待てるように。そして「私の体調が戻ってから子どもを迎えたほうが、十分にお世話できる」とプラス思考で考えられるようにも。

お世話グッズをそろえ、子どもたちを迎える準備をしたのがよかったようです。

育児は母親がするものと思い込みすぎていました

愛知県
福岡大乃さん（33才）
ななかちゃん
斗望（とも）くん（3カ月）

双子であることがふびんに思えてしまいました

2カ月ごろまでは、おっぱいをあげておむつもきれいなのに、2人とも泣きやまないことが。「双子じゃなかったらもっときちんとお世話をしてあげられるのに」と思い、涙が止まりませんでした。

周囲の人に頼ることで余裕が持てるように

病院で「赤ちゃんをあまり泣かせるのはよくない」と言われたことがプレッシャーになり、ストレスがたまる一方。また、このころ私は「子どもの面倒はすべて母親が見るもの」と思い込んでいたのです。

でも、落ち込むだけ落ち込んだあと、「1人でお世話しきれないなら、周囲に助けてもらえばいい」と気づきました。そこで、パパや両方の両親、親戚にお願いしたら、みんな快く手を差し伸べてくれました。「頼れる人がいる」と思えると気持ちに余裕が生まれ、いっそう子どもがかわいく感じられました。

母とおばが自宅に来て、赤ちゃんたちのお世話を手伝ってくれました。

双子・三つ子パパのための学校

PAPA'S SCHOOL

5時間目「忙しい育児生活が始まったら」

子育てチームの総監督として育児にかかわる人を見守って

少しの時間でもママを寝かせてあげて

生まれたての赤ちゃんたちはよく眠っているようで、実は寝たり起きたりを頻繁に繰り返しています。授乳やおむつ替えも頻繁。そのため、ママはこま切れ睡眠を強いられ、慢性的に寝不足の日々が続きます。

平日は仕事があり、なかなか手伝えないかもしれませんが、休日は赤ちゃんたちのお世話を積極的に引き受けて、ママを少しでも寝かせてあげましょう。

家事の手抜きを責めて追い込んではダメ！

退院直後のママは赤ちゃんたちのお世話に慣れるのに精いっぱいの日々。食事のしたくや洗濯、掃除まで手が回らないこともしばしばあるでしょう。「なんかトイレが汚れてない？」「洗濯物がたまってるんだけど」など、行き届かない点をこまかく指摘するのは絶対に×！　ママができないでいる家事で、できるところはパパがサポートを。しばらくは子育て優先と割りきって！

手伝ってくれる人たちにも配慮を

双子・三つ子の赤ちゃんたちの子育ては、双方の祖父母が手伝ってくれるケースが多く見られます。でも、つい頼りすぎて、おばあちゃんが疲労で倒れた！という話も。ママは赤ちゃんたちのことにかかりきりですから、たとえば「今日はおばあちゃんは早めに休んで」などという配慮ができるのはパパしかいません。子育てチームの総監督として、育児を手伝ってくれる人の心身の状態を把握しておきましょう。

1人になれる休憩時間をプレゼントしましょう

ママが「イライラしているな」「いつもとなんだか様子が違うな」と感じたときは、1人きりになれる空間や時間を積極的につくってあげましょう。喫茶店でコーヒーをゆっくり飲んだり、気のおけない友人と長電話するなど、ママが赤ちゃんたちから自由になれる時間を持つことは、ストレス解消に効果大。「家事はあまりできない」というパパは、こんな方法でママをサポートしてあげましょう。

お手本にしたい

こんな先輩パパがいるよ！

先輩パパファイル No.13

久保厚史さん（三重県・30才）
爽奈ちゃん＆爽楽ちゃん（1才9カ月）のパパ

育児もできる限り協力しますが、毎日子どもの相手に追われ、ゆっくり外に出ることができない妻をねぎらい、月に一度は2人だけで食事に。その間、子どもは妻の実家で見てもらいます。独身時代に2人で行った店などで、当時の思い出話に花を咲かせたりして、妻は気分をリフレッシュしているようですよ。

先輩パパファイル No.14

藤波正明さん（埼玉県・42才）
裕斗くん＆麻衣ちゃん（10カ月）のパパ

里帰り出産だったのですが、妻は睡眠不足が続き気持ちが不安定になったようで、僕が仕事を調整して駆けつけました。せめて僕のいる間だけは十分眠れるようにしてあげたくて、夜中の授乳やおむつ替えはすべて1人で担当。妻は1～2日だけでも子どものことを気にせず眠れたことで、元気を取り戻したようでした。

先輩パパファイル No.15

M・Sさん（秋田県・28才）
悠斗くん＆陵斗くん（2才3カ月）のパパ

育児だけで精いっぱいだと思うので、ワイシャツのアイロンがけは自分でやるし、休日には掃除することも。妻は僕のお弁当を作ってくれるのですが、子どもの夜泣きが大変だったときなどは、「今日は起きなくていいよ」と先に声をかけて、負担を減らすように心がけています。

PART 3 育児編

第6章 赤ちゃんたちのお世話のノウハウ＆裏ワザ

0～1才半ぐらいまでの赤ちゃんたちの毎日のお世話についてまとめています。授乳やおふろなどのお世話のしかたを発育・発達別にアドバイス。先輩ママの体験談から使える！と思ったノウハウ＆裏ワザを、どんどん活用してください。

お世話 1／授乳

多胎の赤ちゃんでも同時授乳で飲ませられます

「私1人でどうしたらいいの!」とママが強く感じるのは、なんといっても双子・三つ子の赤ちゃんの授乳タイム。アンケートでは同時授乳をしたママが8割以上という結果に。その方法やメリットをご紹介します。

空腹の赤ちゃんたちを待たせることのない同時授乳は、ぜひ習得したいワザ。授乳クッションなどの便利グッズを使って赤ちゃんの体をしっかり支えましょう。

ママにも赤ちゃんたちにもメリットがある同時授乳

双子・三つ子ママDATAの結果を見てもわかるように、同時授乳を経験したママは多く、8割を超えました。同時授乳とは、赤ちゃんたちの授乳時間を合わせ、同時に授乳する方法です。

同時授乳のいちばんのメリットはなんといっても、赤ちゃんたちの欲求を同時に満たすことができる点。授乳時間の節約だけでなく、ママが同時に泣いた場合、赤ちゃんが飲ませていないほうの赤ちゃんに後ろめたさを感じる心配がありません。また、赤ちゃんの生活リズムが自然に

双子・三つ子ママDATA

Q 授乳はどうしましたか？

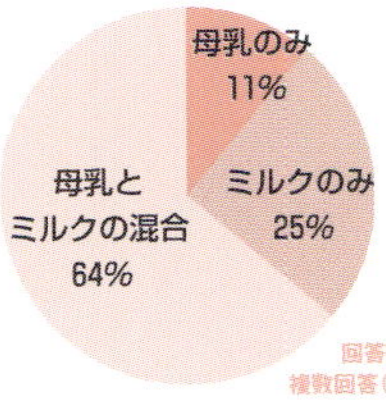

最も多かったのが、母乳とミルクの混合による授乳という結果になりました。母乳だけで頑張ったママも1割以上いました。

Q 同時授乳しましたか？

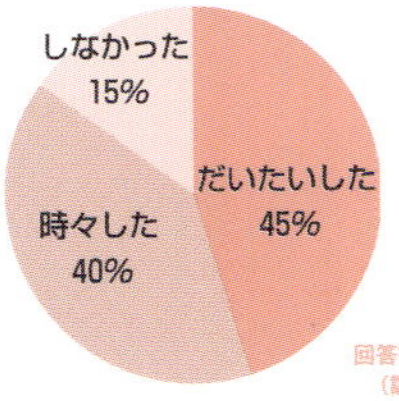

同時授乳をだいたいした、時々したというママを合わせると8割以上という結果になりました。多くのママが体験しています。

整ってくるので、ママは次にするお世話の予測ができ、子育てのストレスが少なくなるというメリットもあります。三つ子の赤ちゃんの場合、2人は母乳を、1人はパパや家族の助けを借りてミルクを、という形での同時授乳は可能です。

母乳での同時授乳に挑戦しましょう

小さく生まれた赤ちゃんは直接授乳ができるまで時間がかかることがありますが、段階を追って飲めるようになっていきますから、あせらずに。まずは母乳での同時授乳を試してみましょう。いろいろな授乳スタイルがありますが、赤ちゃんの首がすわらないうちは、クッションやママの体で赤ちゃんをしっかり支えるわき抱き、かかえ抱きなどのスタイルがおすすめです。多胎ママの場合、帝王切開による出産が多いので、傷口が痛むうちはわき抱きがラクですね。ママ、赤ちゃん共にポジションをしっかりとることが大切です。

結果として混合やミルクになっても、少量でも母乳を飲ませることができれば大丈夫。ただしミルクだけの同時授乳はスキンシップが少なくなりやすいので、1人ずつ抱っこであげましょう。混合の場合はいつも同じ子が母乳にならないよう、授乳ごとに入れ替えます。どちらの子に母乳をあげたかわかるようメモなどをとっておくといいかも。吸わせる乳首も交互にすると、ママは母乳の出がよくなり、赤ちゃんは吸い方がうまくなっていきます。

同時授乳のスタイルいろいろ

母乳の場合

わき抱き

赤ちゃんの頭をクッションなどで支え、体はママのわきに置きます。

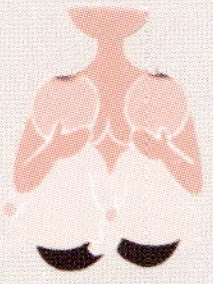

たて抱き

2人をたて抱きにして、ママの太ももを挟むように座らせます。

かかえ抱き

1人はママの太ももの上に、もう1人をクッションの上に寝かせて。

あお向け

2人を床に寝かせ、ママは腕立て伏せの状態で授乳します。

母乳＋ミルクの場合

かかえ抱き&あお向け

1人は抱っこで母乳を、1人を床に寝かせてミルクをあげます。

ミルクの場合

おのおのをかかえ抱き

赤ちゃんを1人ずつ抱っこして、それぞれにミルクをあげます。

おすすめの便利GOODS

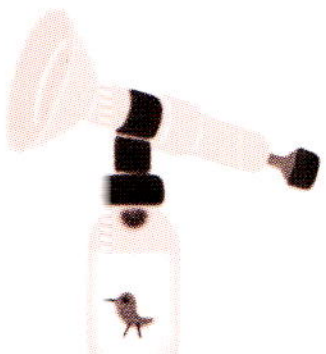

搾乳器

小さく生まれた赤ちゃんで吸う力が弱いときに活躍。病院でレンタルしてくれることも。

調乳用ポット

適温の湯を一度にたくさん作っておけるので、赤ちゃんが同時に泣いても大丈夫。

授乳クッション

ママのひざに置けば姿勢を正したまま授乳することができます。

先輩ママも頑張った！ 奮闘STORY

授乳がスムーズにできたのは母がフォローしてくれたおかげ

兵庫県
山本美香さん（26才）
穂乃花（ほのか）ちゃん
香穂里（かおり）ちゃん（1才4カ月）

1人は直接授乳し、もう1人は冷凍母乳を

3カ月までは母乳のみ。1人はおっぱいを吸わせ、もう1人は冷凍しておいた母乳を解凍して哺乳びんで。これを交代で行いました。哺乳びんで与えるほうは、同居している母にお願いしていました。

ミルクになってからは私と母が1人ずつ授乳

3カ月以降は母乳だけではたりなくなったため、1人は母乳、1人はミルクに。これを交代で行い、ミルクのほうはやはり母に頼みました。

5カ月からはミルクだけになり、私と母で1人ずつ授乳。8カ月になると子どもが哺乳びんを持てるようになったため、各自に哺乳びんを渡して自由に飲んでもらうようにしました。今も夜中は哺乳びんで飲まないと納得しないのですが、昼間はストローで飲めるようになりましたよ。

授乳がスムーズにできたのは、母のフォローがあったから。とても感謝しています。

8カ月ごろの写真。おすわりして自分で持って飲めるようになりました。

1才4カ月まで母乳のみ。おすわり以降ラクになりました

大阪府
大西利恵さん（27才）
薫音（かのん）ちゃん
花凜（かりん）ちゃん（2才4カ月）

うまく吸いつけないので1人ずつ授乳しました

1才4カ月まで母乳のみ。2カ月ごろまではおっぱいにうまく吸いつけず、1人ずつ与えないと十分に吸えないため、同時授乳は無理。あとになるほうは、泣かせたまま待たせるしかありませんでした。

吸う力がついたら同時授乳ができるように

2カ月を過ぎると、おっぱいを出せば自分からくわえるようになったので、両わきに2人を抱える形で同時授乳。これで泣かせずに済むようにはなりましたが、2人同時にげっぷをさせることができないので、あとになるほうがもどしてしまうんです。これが次の悩みに。でも、おすわりができるようになり、座って待たせられるようになったら、これも解消しました。

そして1才前後から卒乳まででは、昼間は私と子どもが向かい合って座って授乳し、夜は私が2人の間に寝て、両側から吸う形が定着。

いつも一緒の2人。おすわりができるようになってからは授乳がぐんとラクに。

同時に授乳するときも片手は空くように工夫しました

埼玉県
小坂由美子さん（30才）
里菜（りな）ちゃん
伶菜（れな）ちゃん（1才10カ月）

泣かずに待てるように空腹になる少し前に授乳

ミルクのみで育ててました。日中は私1人で授乳するため、3カ月ごろまでは2人の授乳時間をずらしました。空腹で泣く少し前に授乳を始め、あとになるほうが泣かずに待てるようにしたんです。

機嫌のいいほうは座布団で固定して授乳

5カ月ごろからは2人を寝かせた状態で、私が両手に哺乳びんを持って授乳を。でも、これだと両手がふさがってしまい、むせたときなどにすぐ対応できないんです。そこで6カ月ごろからは、機嫌のいいほうは座布団で哺乳びんを固定して授乳。片手は空けておいて、何かあってもすぐ対応できるようにしました。

10カ月ごろからは、自分で哺乳びんを支えられるようになったため、子どもたちに哺乳びんを持たせ、私は近くで見守るように。これができるようになったら、グッとラクになりました。

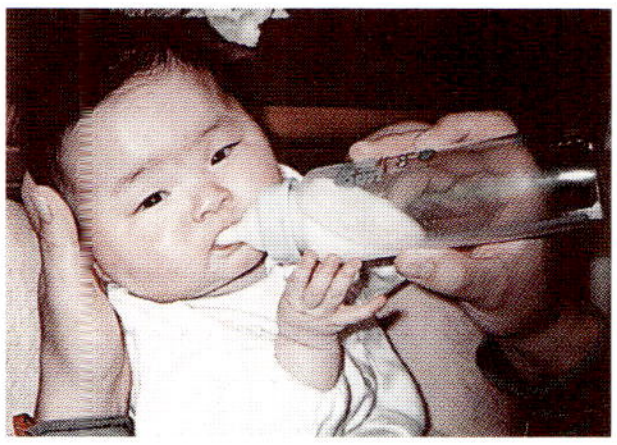

4カ月のころ。まだ首がすわっておらず、哺乳びんを支えて飲ませていました。

まとまって飲めないので7カ月までは1人ずつ授乳

広島県
M・Nさん（30才）
Aちゃん
Tくん（8カ月）

欲しがって泣く前に順番に授乳しました

今のところ授乳は母乳のみ。新生児期は欲しがって泣く少し前に、順番に授乳。人手があるときは待っている子を見てもらいましたが、私1人だと泣いてもそのままにしておくしかなかったですね。

同時授乳でも落ち着いて飲めるようになりました

3カ月過ぎには体がしっかりしてきたので、同時授乳をしてみましたが、落ち着いて飲めないよう。1人ずつだと間隔が2～3時間あくのに、同時授乳だとそんなにもちません。だから、同時授乳は一緒にぐずってどうしようもないときだけ行うことに。

6カ月で離乳食を開始し、授乳の間隔があいてきたので、7カ月からは同時授乳に変更。ももの上に2人を座らせ、両わきから飲ませています。好きなだけ飲んで納得すると自分から離すから、以前のように、思うように飲めないということはなさそう。

お世話 2／おふろ

効率よくおふろに入れるには人手と準備がカギを握ります

1人の赤ちゃんを入れるだけでもドキドキするのがおふろタイム。双子・三つ子の赤ちゃんをおふろに入れるのはママ・パパにとっても重労働……。スピーディー&安全におふろに入れるポイントをチェックしておきましょう。

おふろに入れる係とタオルや着替えをセットして待つ係がいるとスムーズ。写真の場合、もう1人の赤ちゃんは、おばあちゃんと一緒に順番を待っています。

新陳代謝が激しいので1日1回は体を清潔に

赤ちゃんは新陳代謝が活発で、汚れがたまりやすいので、できるだけ毎日おふろに入れてあげましょう。赤ちゃんの気分転換にもなりますし、体力を消耗するので、そのあとのねんねがスムーズになり、生活リズムが整いやすくなります。また、赤ちゃんたちの全身をチェックするいい機会になります。

できれば、おふろはパパにお願いしたいところですが、パパの帰りを待って夜遅くにおふろに入ることで、赤ちゃんたちの生活リズムが崩れるのはできるだけ避けたいもの。

双子・三つ子ママDATA

Q おふろは主にだれが入れましたか？

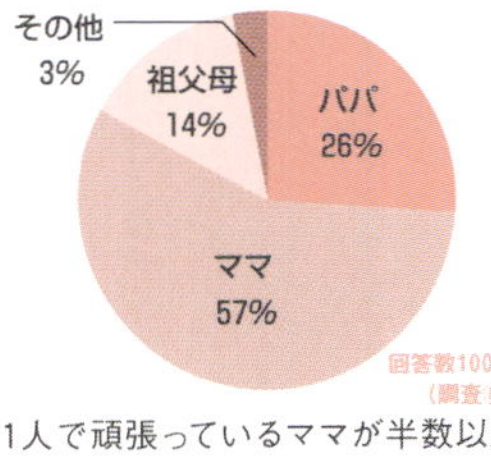

1人で頑張っているママが半数以上という結果になりました。平日はおふろに合わせて早く帰れないというパパの姿も浮き彫りに。

パパは週末のおふろ当番と割りきって、ママ1人でおふろに入れるテクニックを早く習得したほうがいいのかもしれません。とはいえ、多胎の赤ちゃんをママ1人で入浴させるのは大変なので、手伝ってくれる人を確保しておくと助かります。

発達時期に応じて入れ方を変えていって

低月齢のうちは細菌などへの抵抗力が弱いので、大人と一緒のおふろは避けましょう。できれば生後1カ月くらいまではベビーバスを使うことをおすすめします。キッチンのシンクで使えるベビーバスならママの腰や肩に負担がかかりません。シャワーつきの洗面台ならお湯の取り替えも簡単。1人をおふろに入れているとき、待っている赤ちゃんたちは柵を上げたベビーベッドなどに寝かせ、危険がないよう必ず確認しましょう。

1カ月健診で医師の許可が出れば、大人と一緒に入浴できます。どうしてもママだけで1人ずつ入浴させなければいけないときは、ママは裸に近い状態で動き回ることになるので、バスローブなどを利用して湯冷めを防ぎましょう。

おすわりができるようになれば、赤ちゃんたちみんなで入浴することが可能になります。この時期になると、ママの負担もかなり軽くなるはず。支えがないとおすわりが不安な時期は、赤ちゃん用の背もたれがある椅子などを活用しましょう。どうしても湯船の中に赤ちゃんを入れて待たせておく必要があるときは、ベビースイミングで使う浮き腕輪などをつけておくと安心です。どの月齢でも、おふろ上がりの準備は忘れずに。赤ちゃんを湯冷めさせないように、着るものはすべて一緒に袖を通しておくなど、時間を短縮する工夫も大切です。

おふろの入れ方いろいろ

2人で入れる場合

1 パパがおふろへ。ママは準備＆待機

パパは１人を入れます。一方、ママはもう１人を見ながらバスタオルと着替え＆肌着を用意。

2 ママが引き取り パパがもう１人を洗う

１人のおふろが済んだらママの手へ。パパはもう１人の赤ちゃんを受け取り、再度おふろへ。

1人で入れる場合

洗面台で洗う

月齢が低いうちはシャワーつき洗面台のほうがラク。ママは着替えずに１人ずつ入れられます。

１人を置いておふろへ

１人の赤ちゃんをベビーベッドやラックに寝かせ（必ず安全確認を）、もう１人をおふろへ。

おすすめの便利GOODS

バスローブ

おふろ上がりにサッとはおれば、ママの体が湯冷めする心配がありません。

浮き腕輪

ベビースイミングで使われる赤ちゃん用の浮き具。必ずスイミング専用のものを。

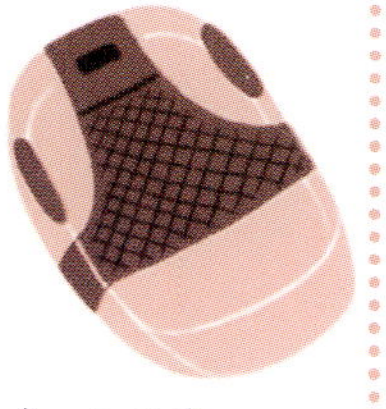

ネットつきベビーバス

赤ちゃんを誤って落とさないか心配というママに。

先輩ママも頑張った！ **奮闘STORY**

パパが定時に帰れるので たいていは順番に入れています

静岡県
望月光代さん（35才）
雅穂ちゃん
雅純くん（1才7カ月）

3カ月までベビーバスで母の手を借りて順番に

実家にいた3カ月間は、ベビーバスを使用し、気温が高く比較的手が空いている午後2時ごろを入浴タイムに。私が2人を順番に入れ、待っている子の相手と出た子の着替えは母にお願いしました。

私が洗うのを担当し パパが着替えを担当

パパはたいてい定時に帰宅できるので、自宅に戻ってからは午後6時ごろに入浴。子どもを洗うのは私が、着替えはパパが担当。子どもを入れる前に私が自分の体を洗い、終わったところで1人ずつ連れてきてもらいました。

その後もめったに私1人で入浴させることはないのですが、パパが遅くなるときは子どもが座れる程度の深さにお湯を張り、待っている子は湯船で水遊びさせます。こうすると、おとなしく待っていてくれます。最後にお湯をたして3人で温まり、いっせいに上がって手早く着替えを。

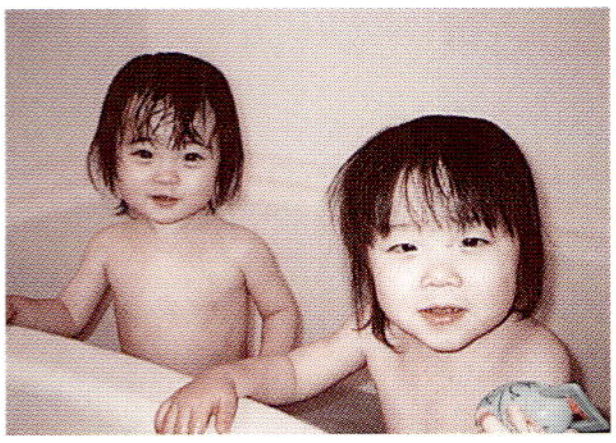

ママ１人で入れるときは子どもたちがおぼれないよう、お湯の量を少なめに。

8カ月過ぎからは自分の体も一緒に洗えるようになりました

宮崎県
岩本理笑子さん（31才）
桜ちゃん
百華ちゃん（1才6カ月）
稔里ちゃん（5才0カ月）

衣装ケース2つを活用し、順番に洗いました

パパが忙しく、退院直後から1人で入浴させました。2カ月ごろまでは2つの衣装ケースのうち1つはベビーバスとして、もう1つは着替えと待っている子を入れて近くに置いて使いました。待つ子は私が見え、安心できたよう。

おすわりのころは 2人で一緒に湯船に

おすわりができるようになったら、2人を一緒に裸にして浴室に連れていき、1人は洗い場に座らせて待たせ、2人とも洗い終わったら一緒に湯船につかって温まりました。出たら、とりあえずおむつだけ先につけ、ゆっくり着替えを。自分を洗うほどの余裕はないので、子どもが寝てからもう一度入り直していました。

8カ月ごろからは体がしっかりしてきたので、待たせる子は20cmほどお湯を張った浴槽に入れ、2人洗い終わったところで私も洗い、一緒に出ます。今もこの方法です。

立っちができると、おふろはより楽しい場所に。好きなおもちゃで遊んでいます。

立っちができるようになったら3人一緒に入れるように

岐阜県
三浦美紀さん(31才)
功太郎くん
悠次郎くん(1才10カ月)

毎日2人を入れたら負担が大きくて腰痛に

実家にいた2カ月間はキッチンの洗い場にベビーバスを置き、1人ずつ沐浴。着替えは母がやってくれましたが、沐浴は私がしていたので腰痛に。母に子どもを見てもらい、何度か接骨院に通いました。

爪や耳のこまかいケアはパパがいて余裕のある日に

自宅に帰ってからは、パパが早く帰れる日と休日は、協力して入浴を。パパが1人ずつ順番に洗い、私は待っている子の世話を担当しました。1人のときは余裕がなくてできない爪や耳のケアも、パパがいる日にゆっくりできました。

立っちができるようになった1才前後からは、3人一緒に入浴。待っている子は浴槽のふちにつかまらせ、様子を見ながら、自分の体もパパッと洗いました。そして、3人同時に出て、子どもにおむつをはかせたら先に私が着替え、その後2人の着替えを。

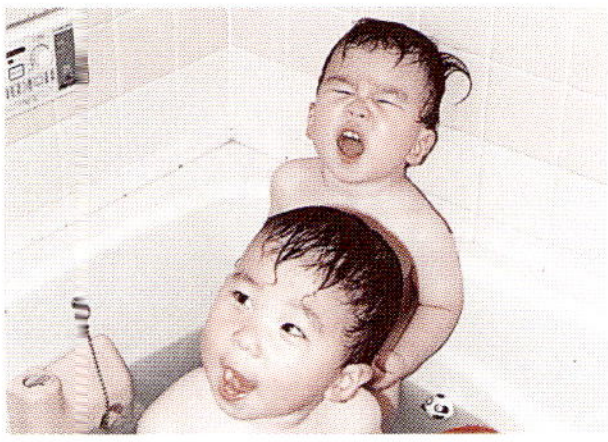

男の子２人はやんちゃで遊びたいさかり。ママだけでおとなしく入れるのは大変！

外で待たせている子はベビーサークルから出しません

三重県
平澤貴子さん(33才)
彩寧ちゃん
涼翔くん(２才５カ月)

2カ月までベビーバスで機嫌がいいときに

新生児期はパパの実家のお世話になり、義母がサポートしてくれました。2カ月まではベビーバスを使用。私1人で入れるので、午後2時から4時の間で、機嫌がいいときに行いました。

危険を察知できるように目を開けたまま洗髪

3、4カ月ごろは、仕事の関係でパパが日中家にいることが多かったので、2人をパパに入れてもらい、私は着替えと入浴後の世話を。でも、5カ月以降はパパが忙しくなり、また入浴は私1人の仕事に。外で待たせる子はベビーサークルの中に入れ、私は裸で家の中を行ったり来たり。自分の洗髪は子どもの昼寝中に洗面台で済ませました。

足どりがしっかりしてきた1才6カ月からは、ようやく母子3人で入れるように。でも、いつ足を滑らせるかわからないので、自分の洗髪は目を開けたまましていました。

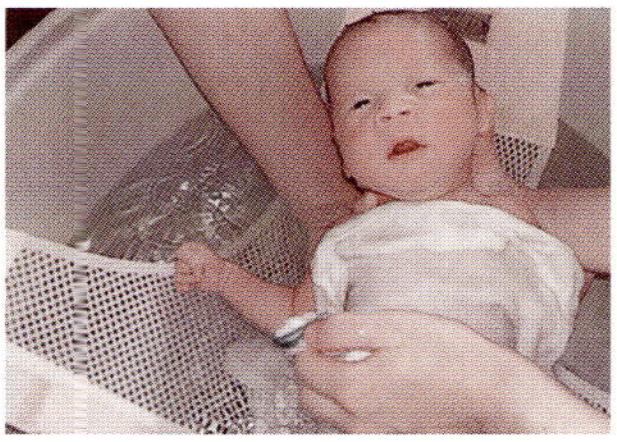

退院直後は2500ｇほどでした。パパとママが協力して涼翔くんを入れています。

お世話 3／お出かけ

赤ちゃんたちのお出かけは成長に合わせて無理せずに

複数の赤ちゃん連れのお出かけは考えただけで大変……。ついおっくうになってしまうママも多いと思いますが、外に出かけて刺激を受けることは、赤ちゃんの発達にも◎。発達別のお出かけ方法について知っておきましょう。

月齢が低いうちは、自宅の庭や近所の公園に行くだけでも十分。外気に触れ太陽の光を浴びることが、赤ちゃんたちにとって、とてもよい刺激になります。

お出かけは赤ちゃんたちとママにとって、いい気分転換に

生後1～2カ月ころになると、赤ちゃんたちは少しずつまわりの様子がわかるようになってきます。この時期から、お出かけの練習段階として外気浴を始めましょう。天気のいいとき、赤ちゃんたちの体調がいいときに数分ほど外の空気に触れさせます。日ざしや風の強くない時間を選びましょう。窓を全開にして部屋の空気を入れ替えたり、庭やベランダに出るだけでも十分。慣れてきたら5～10分、1人ずつ外に出してあげましょう。

おすわりが完全にできるようになればB型ベビーカーでお散歩が可能に。できれば1日1回のお散歩を習慣にしてみましょう。自然に触れ、刺激を受けることは、赤ちゃんたちの五感の発達を促します。

あんよができるようになったら、て散歩する時間を決めましょう。歩き始めた赤ちゃんたちの生活リズムに合わせ、あんよは最高の遊びです。歩き回っても安全な公園などで思いきり歩かせてあげましょう。別々の方向に行くこともあるので、一緒に見ていてくれる人がいると安心です。

お散歩などのお出かけを毎日の習慣にすると、帰宅後の離乳食やお昼寝がスムーズにできるようになるの

で、生活リズムが早く整うというメリットがあります。また、スーパーや商店街、公園などで「双子(三つ子)ちゃん、かわいいわね」と声をかけてもらったり、話をすることで、ママにとっても気分転換やストレス解消になるはず。赤ちゃんたちを連れてのお出かけは大変ですが、ママに余裕があるときは積極的に外に出るようにしましょう。

便利なお出かけグッズは ライフスタイルに合わせて

お出かけグッズには、おんぶ&抱っこひも、ベビーカーなどがありますが、住居環境(共同住宅ならエレベーターの有無、住んでいる階数など)や、まわりの道路の様子(狭い道が多い、交通量が多いなど)、赤ちゃんたちを日ごろからサポートしてくれる人の有無、スーパー、病院などよく行く外出先までの距離など、ライフスタイルを考慮して選ぶことが大切です。また、車で外出するときは、新生児の時期から、必ずチャイルドシートを使いましょう。

いずれの場合も、まず考えたいのは赤ちゃんたちの安全とママの健康です。たとえば、1人を抱っこひもで、もう1人をおんぶで出かけるというママもいますが、このためにママが腰痛になったり、転んで赤ちゃんたちがけがをしたり、ということにもなりかねません。緊急時はしかたがありませんが、時には「今日のお出かけはなし！」と判断する勇気を持つことも大切です。

とくに三つ子ちゃんを連れて安全に外出するにはママ以外に大人の手が1~2人は必要になります。月齢が低い時期などは、毎日のお散歩は難しいかもしれませんが、週末はパパやおばあちゃんたちと一緒に公園に出かけるなど、無理のない範囲でお出かけプランを立てるようにしましょう。

双子・三つ子ママDATA

Q ベビーカーは どの型を使いましたか？

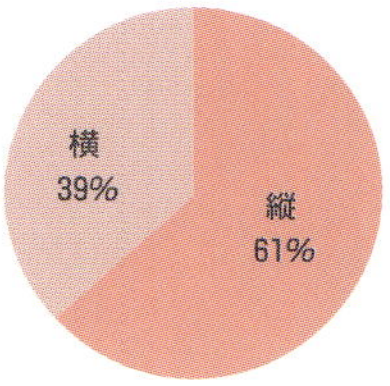

ベビーカーには、縦に連結する縦型と、横に並ぶ横型があります。縦型を使ったママが約6割。細い道やスーパーのレジも通れる便利さが支持されました。

回答数95人(調査Ⓑ)

どっちがいいの？ 縦型派 vs 横型派

	縦型派	横型派
メリット	●狭い場所でもスイスイ通れる ●思ったよりコンパクトで収納しやすい ●ねんねのころから使える	●軽いのでフットワークがいい！ ●子どもたちがゆったり座れる ●子どもたちが平等に景色を見られる
デメリット	●重いっ！ ●前に座っている子どもの様子がわからないのが不安 ●縦に長いので、道を曲がりにくい	●スーパーのレジ横を通れないことも ●遠目からも目立ちすぎて恥ずかしい ●マンションのエレベーターに乗れないことも

おすすめの便利GOODS

双子用三輪バギー

最近は幅が狭く、エレベーターにも乗れるタイプも。走行性と乗り心地のよさが魅力です。

三つ子用ベビーカー

縦型。固定式シートなので、安定感十分です。場合により双子用と1人用を組み合わせても。

音の出るおもちゃやおしゃぶりが必需品でした

広島県
神重由佳さん（27才）
翔和くん
如春ちゃん（1才5カ月）

激しくぐずったときだけ後部座席でなだめました

3カ月ごろから車で出かけるように。チャイルドシートを後部座席に2台並べ、私は助手席に。激しくぐずったら後部座席へ移ってなだめますが、わりと2人ともおとなしく乗っていました。

チャイルドシートを前向きにしたらご機嫌

おすわりができるようになったら、シートを立てて後ろ向きに装着。おもちゃで遊んでいれば1時間くらい乗っていられるようになったので、少し遠くのデパートなどにも行けるように。音が出るおもちゃが好きで、携帯電話のおもちゃが重宝しました。

1才ごろからはシートを前向きに。ママの顔が見えるようになったから、前よりもご機嫌に。そして、このころなぜかスリッパを握るのが好きだったため、車にはスリッパを常備。あとはおしゃぶりがあると寝てくれるので、外出の必需品でした。

おしゃぶりやスリッパなどぐずったときに役立つグッズを用意して出発。

2人乗りのベビーカーは人手があるときに使いました

東京都
田島淑未さん（38才）
諒也くん
凜也くん（1才11カ月）

1人をベビーカーに乗せ1人は抱っこかおんぶで

初めてベビーカーに乗せたのは4カ月。1人用のA型ベビーカーだったので、1人はベビーカー、1人は抱っこかおんぶで外出。日替わりでベビーカーに乗せるほうを決め、よくお散歩に行きました。

遠出をするときは気分転換をしながら

5カ月ごろ、2人乗りの3輪バギーに試乗させてみたら、2人ともうれしそうに笑った気がしたので購入。オフロードタイプなので押しやすいのも◎。ただし、横幅が80cm強もあるため、マンションのエレベーターは通れないんです。使うのはパパと一緒に出かけるときなど、人手があるときだけですね。

また、8カ月のとき初めて泊まりの旅行を体験。それまで私の実家に行くのに1時間程度車に乗る経験をしていたし、途中何度か休憩して気分転換したおかげで、ぐずられることはありませんでした。

2人が気に入った3輪バギーでのお出かけ。隣同士に座れるのがいいのかな!?

子どもの負担になるような外出はしないようにしています

宮崎県
りっちゃんママ（37才）
萌々音（ももね）ちゃん
日菜音（ひなね）ちゃん（1才8カ月）
光太郎（こうたろう）くん（6才2カ月）

横型のベビーカーは お互い安心できるよう

6カ月ごろから横型の2人乗りベビーカーを使用。並んでいると安心するらしく、ご機嫌でした。幅が広いので、初めての場所は通れるか心配になりますが、周囲の人が手助けしてくれました。

バナナと飲み物は 外出時には必ず持参

5カ月のとき、車で2時間のばあばの家へ行ったのが、いちばんの遠出。2人が眠くなる時間に出発したので、道中はずっと寝ていました。お出かけ時に欠かせないのは、食事代わりにもなるバナナと飲み物。今も必需品です。

赤ちゃん時代は生活リズムを崩さないことが大切だし、うちはお兄ちゃんもいるので、大人の人数が子どもより多くならない限り遠出はしません。だから、近場の広い公園に行くのがうちのレジャー。たくさん体を動かせば寝つきがよくなるので、親もラクですよ。

車で5分の場所にある牧場にお出かけ。遊具もあり、2人ともご機嫌です。

外に出たらパパと2人で子どもを1人ずつ担当します

神奈川県
そうこうママ（32才）
そうしくん
こうしくん（1才8カ月）

ぐずっている子の横に 座ってあやしました

3カ月ごろから、近所のスーパーに行くときなどにパパと車で外出。3列シートの車なので、3列目と2列目に1台ずつチャイルドシートを取り付け、私はぐずりがひどい子の横に乗ってあやしました。

車を降りたら 抱っこかベビーカーに

降りたあとのことを考え、必ずベビーカーと抱っこひもの両方を持参。簡単に用事が終わるときはパパと私が1人ずつ抱っこし、時間がかかるときは2人乗りのベビーカーで行動しました。歩けるようになったら、おのおの子どもにハーネスつきのリュックを背負わせ、1人ずつ担当。

1才ごろには電車に乗ることも経験。私とパパが1人ずつひざに座らせて様子を見ましたが、思っていたよりおとなしかったです。最近は電車内で騒ぐのを防止するために、お菓子や果物、絵本、小さなおもちゃなどを持参。

ハーネスつきのリュックを背負って。思わぬ所へ行ってしまうのを防げます。

お世話 4／離乳食

離乳食はその子のペースに合わせてあせらず進めましょう

母乳やミルクだけですくすく育っていた赤ちゃんたちが、大人の食事風景をじっと見るようになったら、そろそろ離乳食をスタート。双子・三つ子でも発育・発達が違えば、離乳食の進むペースはそれぞれです。

双子の赤ちゃんのお食事タイム。1人が食べている様子を見て、もう1人もお口をアーン。お互いに刺激を受けて食が進むようになる相乗効果も期待できます。

赤ちゃんの変化を観察して離乳食のスタート時期を判断

離乳食は赤ちゃんが大人と同じ食事ができるようになるための練習期間です。おのおの赤ちゃんの咀嚼（そしゃく）力や消化器官の発達に合わせてステップアップしながら進めていきます。

離乳食をスタートする時期は①首がすわり体全体がしっかりする②目の前にあるものに手を出し口に入れる③よだれが多くなる④スプーンから飲めるようになる⑤家族が食事をしている様子をじっと見つめて口をモグモグさせるなどの様子が見られるころが目安。個人差はありますが、こうした様子が見られるのは生後5～6カ月ころが多いようです。

ただし、多胎の赤ちゃんの場合、早産が多いため、修正月齢（93ページ参照）を目安にしたほうがいいでしょう。それぞれの赤ちゃんの変化をよく観察し、スタート時期の判断をしてみてください。

双子・三つ子ママDATA

Q 離乳食は主にどうしましたか？

手作り	83人
ベビーフード活用	64人
フリージング・冷凍もの活用	49人
電子レンジ活用	36人
その他	3人

回答数97人
複数回答（調査B）

ベビーフードや冷凍食品を上手に活用して育児をしているママが多数いました。手作りは肉体的にも精神的にもゆとりがあるときに。

なるべく食器はそれぞれに。別々の人間として尊重を

離乳食をすべて手作りするのは、双子・三つ子ママにとって肉体的・精神的な負担はかなりのもの。双子・三つ子ママDATAのように市販のベビーフードを利用したり、多めに作って冷凍保存したりするなど、負担を軽くする工夫を上手に取り入れましょう。

とくに双子・三つ子の赤ちゃんは、早産で生まれた子や、体格の小さい子も多く、同じきょうだいでも成長の様子や離乳食の進み方に差があることもあります。

でも、あせりは禁物。ママが「食べさせなくちゃ」と気構えていると赤ちゃんも緊張してしまいます。たとえ誕生日が同じでも、同じように食べてくれるようになるとは限りません。「食べたくない日もあるよね」と食べない悩みを深刻にとらえずに、その子なりのペースで進めてあげましょう。

離乳食の進み方に差があるときは成長に応じて2種類の離乳食を作らなければならないときもあるでしょう。そんなときこそ、ベビーフードを活用して負担を減らすことです。手間と時間の節約のあまり、1つのお皿から同じスプーンで赤ちゃんそれぞれの口に、ということもあるかもしれませんが、なるべく控えましょう。一人一人の食べた量がわかりにくいし、それぞれが違う人間であることを尊重してあげるために、食器は人数分を用意してあげるほうが望ましいですね。

離乳食の進め方

離乳食5.6カ月ごろ

液体に近いなめらかなものを

5.6カ月(修正月齢)ごろ／1→2回食。緩いペースト状のものからスタート。5.6カ月ごろの終わりごろには、少しずつ水分を減らしてヨーグルトくらいのベタベタ状で、やや粒のあるものにしていきます。

離乳食7.8カ月ごろ

豆腐やプリンのかたさが目安です

7.8カ月(修正月齢)ごろ／2回食。舌と上あごでラクにつぶせる、豆腐やプリンのかたさが目安。5.6カ月ごろより少し水分を減らすのがポイント。やわらかく煮たにんじんなどを粗くつぶしたり、粗みじんに。

離乳食9〜11カ月ごろ

ラクにつぶせる完熟バナナのかたさに

9〜11カ月ごろ(修正月齢)／3回食。指でつぶせる完熟バナナくらいが目安。かたすぎたり、やわらかくしすぎると、よくかまずにまる飲みしてしまうので、小さな粒状にしてあげましょう。

離乳の完了12〜18カ月ごろ

大人よりやわらかめにしましょう

12〜18カ月ごろ(修正月齢)／3回食。歯ぐきでかめるかたゆで卵くらいが目安。大人と同じかたさは無理なので、大人よりやわらかめで少し小さいものに。ゆでた野菜をスティック状にしても。

おすすめの便利GOODS

炊飯器用おかゆポット

炊飯器でごはんと一緒におかゆが炊ける専用ポットです。

製氷皿

離乳食に欠かせないおかゆやだし汁は、製氷皿で凍らせ、冷凍保存袋で保存。

ベビーフード

栄養バランスに優れ、安心して使えます。目的に合わせて上手に活用して。

先輩ママも頑張った！ 奮闘STORY

与え方に慣れるまでは時間をずらして食べさせました

東京都
小室さゆりさん（26才）
陽菜ちゃん
和也くん（2才0カ月）

りんごのすりおろしから離乳食を始めました

6カ月のときに、すりおろしたりんごからスタート。すんなり食べたので、野菜ペーストのベビーフードも加えました。まだ様子を見るという程度なので、量はほんの少しだけにしていました。

おかゆは各自の器に盛り、おかずは1つの器に

7カ月から2回食にし、おかゆをプラス。粉末のおかゆを使ったのですが、2人とも食べてくれません。そこで野菜入りのおかゆに替えてみたら、よく食べるように。

離乳食を始めたころは、私がまだ与え方に慣れていないため、時間をずらして一対一で食べさせたんです。でも、2回食の途中からコツがつかめてきたので、2人一緒に食べさせるようになりました。

3回食になったのは8カ月過ぎから。おかゆは各自の器に盛って食べた量がわかるようにし、おかずは1つの器から交互に与えました。

3回食のうち、朝の主食＆おかず、昼のおかずは調理したものを解凍して利用。

ラックを向かい合わせにしたら刺激されてさらに食欲アップ

宮崎県
小畑陽子さん（36才）
真里奈ちゃん
玲奈ちゃん（1才7カ月）

おもゆに慣れたら野菜ペーストもプラス

6カ月のとき、おもゆからスタート。最初は嫌がったけれど、少しずつ食べるようになったため、野菜ペーストもプラス。母が手伝いに来てくれていたので、一対一で食べさせることができました。

順調に進んだので9カ月から3回食に

8カ月で2回食に。白身魚や鶏のささ身、ヨーグルトなども加えました。母がいてくれて余裕があったので、離乳食は全部手作り。おかゆは大人のごはんを炊くとき一緒に炊飯器で作り、野菜ペーストは大量に作って冷凍保存を。

順調によく食べてくれたから、9カ月には3回食に。それまではラックを横に並べて食べさせていたのですが、このときから向かい合わせにしました。そのほうが、楽しい雰囲気で食べられると思ったから。それに、相手が食べる様子に刺激され、さらによく食べるようになりましたよ。

大人用のいすにラックをつけて食べさせました。母が助っ人として大活躍！

2回食からは2人を横に並べ交互に食べさせるように

千葉県
高野久美子さん（27才）
幸樹くん
郁海くん（1才7カ月）

おかゆを手作りしたら急に食べるように！

5カ月のとき、ベビーフードのおかゆをあげ始めましたが、ちっとも食べません。ところが6カ月ごろ、手作りおかゆに野菜フレークを混ぜたら急に食べるように。既製のおかゆがイヤだったみたい。

もう1品欲しいときにベビーフードをプラス

6カ月の終わりに2回食に。ベビーフードのスイートポテトなど、新しい味にも挑戦したところ、抵抗なく食べてくれました。1回食のときはラックに座らせるか抱っこして、1人ずつ時間差で食べさせたのですが、2回食になってからはテーブルに取りつける椅子に座らせ、私が間に入って交互に与えました。

そして、9カ月になる少し前から3回食に。ほとんど私が手作りしていましたが、ちょっとたりないかなというときにベビーフードを活用。レトルトのハンバーグなどをよく食べていましたね。

お皿もなめちゃうくらい最後まで食欲モリモリ　豪快な食べっぷりです。

取り分けできるものは2回食から活用しました

東京都
板谷純子さん（32才）
将宏くん
洸佐くん（1才8カ月）

早めに生まれたので離乳食開始はゆっくりと

予定日より2カ月早く生まれたから、離乳食開始は7カ月のとき。粉状のおかゆで作ったおもゆから始め、2日目にはもう少し水分の少ないおかゆに。野菜ペーストなどは、生協の離乳食を使いました。

あんかけなどにして舌触りを工夫しました

9カ月ごろから2回食になり、みそ汁の具など、取り分けできるものは活用。ゆでた魚をつぶしておかゆに混ぜたものなども与え始めました。舌触りが悪いと食べないので、あんかけにしたり、おかゆに混ぜたりしました。

そして、1才になる少し前に3回食に。2才違いの姉と同じものをつぶしたり、薄めたりして食べさせました。

離乳食は同じ器から交互に食べさせましたが、1才半ごろには自分で食べたがるようになったので、小さなおにぎりなど自分で持って食べられるものを1品は出すように。

お世話 5／おむつ替え

おむつ替えは「素早く確実に」。替え忘れにも気をつけて

おしっこの回数の多い低月齢のころは一日中おむつを替えているみたい。それだけに1回ごとの手間を少しでも省ければ、かなりラクに感じられるはずです。素早く確実に替えることで、おしりのトラブルも防止できます。

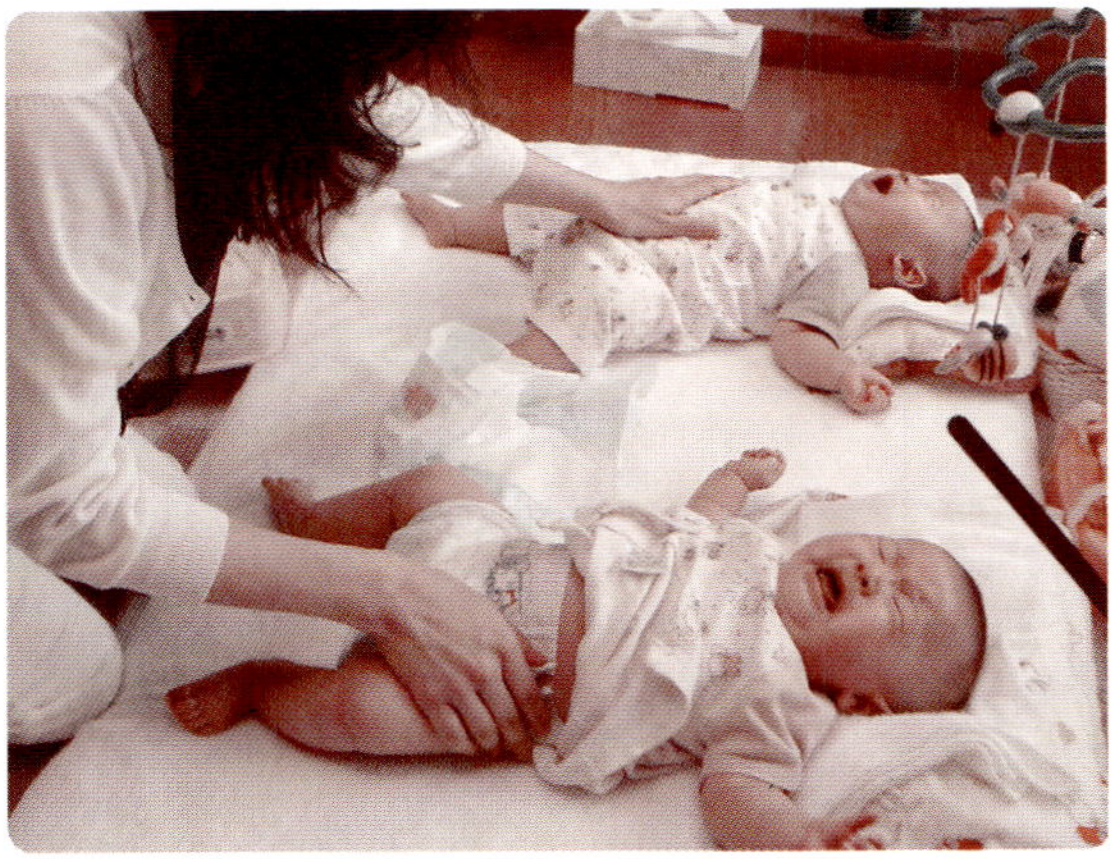

とくに小さいころは、顔も体形も似ているだけにどっちの赤ちゃんのおむつをいつ替えたかがわからなくなるもの。双子・三つ子のママならではの悩みです。

おむつ替えが多い時期は替え忘れに気をつけて

双子・三つ子のおむつ替えで困ったこととして最も多かったのは「どの子のおむつをいつ替えたかわからなくなってしまう」(M・Nさん・30才)こと。とくに、おむつ替えの回数が多い低月齢期は混乱しやすいようです。

替え忘れ防止対策としては、Nさんをはじめ多くのママがメモを活用していました。「記録をつけていると、うんちの間隔などがつかめて健康管理に役立ちます」(久保田裕美さん・29才)。中には「パパにパソコンで表を作ってもらい、過去のデータも管理」(島　和美さん・37才)しているママも。また、全員一緒に替えている同時派も多数。「ある程度時間を決めて一緒に替えておけば、長時間つけっぱなしは防げます」(Y・Kさん・32才)

また、毎月のおむつ代も頭の痛い問題。多くのママが少しでも安いお店探しに苦労しています。しかし、とくに肌がデリケートな赤ちゃんの場合は、単純に価格だけでは選べないことも。「おむつかぶれを起こしたらケアが大変なので、価格よりも機能を重視しました」(鈴木良江さん・27才)。赤ちゃんの肌に合ったおむつを選ぶことも、お世話をラクにする重要なポイントのようです。

赤ちゃんたちの成長と共に、おむつ替えのトラブルも増加

動きが活発になり、何にでも好奇心を持つようになると、別の双子・三つ子ならではの苦労があるよう。「うんちのおむつを広げたままにしておくと、もう1人がいじってしまう危険が。はずしたおむつは、素早く捨てること！」（江村寿子さん・34才）。いつも一緒にいるきょうだいのおむつ替えは、赤ちゃんにとって興味津々なのでしょう。全員の動きを止めるために「おむつ替えのときにしか出さない特別なおもちゃを、替えていない子にも渡す」（宮崎満江さん・37才）など、別のもので気を引く作戦も効果的なよう。

いたずら以上に怖いのが、誤飲や転落などの事故です。

「1人のおむつ替えで手を取られている間でも、常にもう1人の安全を考えておかないと」と言うのは、内海康恵さん（33才）。おむつ替えの前には必ず室内をチェックして、危ないものを片づけてから替えるようにしているのだそう。単胎ママに比べてどうしても目が届かなくなる瞬間が多くなることを認識して、事故防止に細心の注意を払っているママが目立ちました。赤ちゃんが嫌がらなければ「もう1人をサークルの中へ入れてから替える」（小林朋子さん・35才）というのもいいアイデアです。これはいたずら防止にもなりますね。

また、家中を動き回るようになったら、どこにいてもすぐに替えられるよう「3カ所くらいにおむつ替えセットを常備」（A・Oさん・33才）しておくのも手。赤ちゃんたちの発達と家庭の状況に合った工夫で、安全かつスピーディーなおむつ替えをめざしてください。

先輩ママの知恵

1 どの子のおむつをいつ替えたか混乱しないよう、メモをつけるなどして替え忘れを防止しよう。

2 おむつ替えの間は、ほかの赤ちゃんたちから目が離れがちになるので、ちょっとの間でも事故対策は万全に。

3 赤ちゃんはうんちのついたおむつにも興味津々。うっかり手を突っ込んだりしないよう素早く片づけよう。

STEP UP!

おむつはずれ

先輩ママへのアンケートによると、声かけやトイレ・おまるに誘い始めた時期はかなりまちまちですが、多くは2才代から。3才を過ぎてからというママも少なくありません。

きょうだい同士を比べない

先輩ママが最も気をつけていたのは、きょうだい間の差をどうフォローするかという点。「1人が先にトイレでできるようになっても、もう1人の失敗を絶対にしからないようにしました」（生居絵美さん・32才）という意見が代表的でした。きょうだいで比べられることは、子どもにとってもショックなことです。

個性に合わせて無理なく

「一緒にスタートすることにこだわらず、1人1人のペースで始めました」と言うのは鈴木恵理子さん（28才）。1人ができるようになったら、いつの間にかもう1人も自然にはずれてしまったそう。中にはきょうだいで楽しく競い合って成功したパターンも。「2人一緒におまるに座りたがるので、2つ並べて置いておきました」（水関由香さん・30才）。それぞれの個性に合わせて、無理なく進めるのがスムーズなようです。

お世話 6／寝かしつけ・夜泣き

寝かしつけ・夜泣き対策の基本は赤ちゃんを安心させてあげること

寝かしつけ・夜泣き対策の基本は、赤ちゃんたちを落ち着かせてあげること。なるべくママに負担が少ない方法で、どうすれば赤ちゃんたちが安心して眠れるか考えましょう。早く寝かせようとあせるのは禁物です。

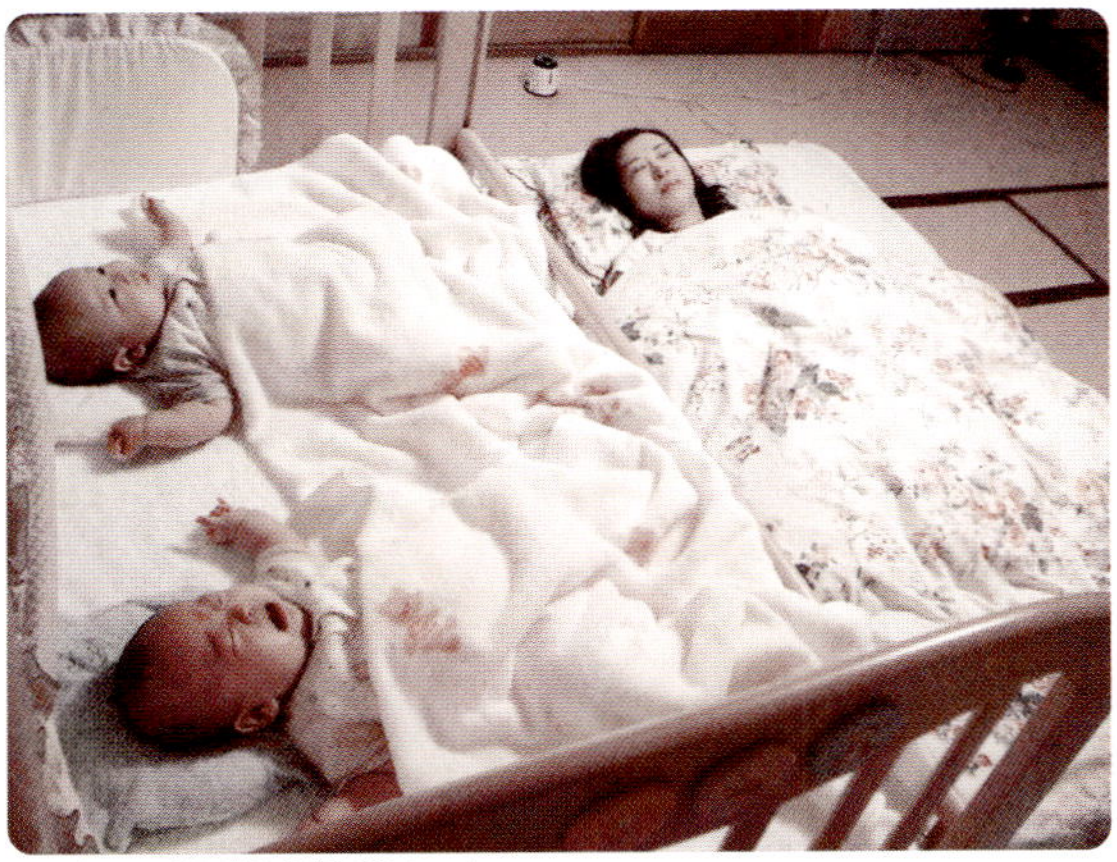

赤ちゃんたちが寝てくれて、ようやく自分も寝られる～と思った瞬間の夜泣き攻撃。1人が泣きだすと、おとなしく寝ていたもう1人もつられて大泣き。

※ベビーベッドの柵は必ず上げましょう

寝かしつけ

同時か1人ずつ寝かせるか。赤ちゃんたちに合った方法で

夜は早めに赤ちゃんたちを寝かしつけて、のんびりしたいもの。複数の赤ちゃんを寝かしつけるには、どんな方法がスムーズなのでしょう?

先輩ママの多くは「全員一緒に寝かしつける」派。少しでも早くねんねさせるために、さまざまな作戦を展開しています。

「2人ともラックに寝かせ、ユラユラさせながら子守歌を歌ってあげる」(古川弘子さん・35才)。抱っこでは厳しいユラユラも、ラックなら長時間続けられます。

双子の赤ちゃんと添い寝する場合は、大好きなママが真ん中に入ったポジションがおすすめです。「2人の間に入って、それぞれ手をつないで寝ています」(寺島紀子さん・32才)。少し大きくなったら、唐澤由江さん(36才)のように「2人の間で絵本を読んだり昔話をしてあげたりする」のも○。赤ちゃんたちも安心して眠れるでしょう。

すぐに寝る子、なかなか寝ない子。寝つきだって個性豊か。赤ちゃんに合わせた対応が必要なときもあるようです。「早く寝そうな子を集中的に寝かしつけ、なかなか寝ない子はあとでゆっくり抱っこして寝かせています」（S・Hさん・33才）。一人一人がママを独占できる時間を持てるのもいいですね。

先輩ママの知恵

1 ラックに寝かせてユラユラ揺らしたり、絵本を読んだりするなど、できれば一緒に寝かしつけよう。

2 ママのぬくもりの効果は絶大。双子なら赤ちゃんたちの間に添い寝するなどして、安心させてあげよう。

3 赤ちゃんの寝つきに合わせた作戦を。寝つきのよい子を優先し、寝つきの悪い子は、あとからじっくり。

夜泣き

病気の兆候がないのなら、深刻に悩みすぎないこと

睡眠不足のママにとって、夜泣きは心身共にダメージ大。なるべく負担のない方法で、落ち着かせてあげることができるといいですね。

「2人の間に入って手を握っていると、そのうちまた寝てくれます」（酒井悦子さん・29才）

ママが近くにいることを感じるだけで安心する子も多いよう。「ベビーベッドから布団に添い寝するようにしたら夜泣きが減った」（浅井久美子さん・31才）というケースもあります。添い寝だと泣いたらすぐにトントンできるのもラクだそう。

原因に心当たりがあるときは、できる範囲で改善の努力をしてみましょう。「生活リズムが乱れた日は、夜泣きが多いみたい」と気づいた田中園美さん（31才）は、外出しても8時ごろには就寝できるようにするなど、規則正しい毎日を心がけた結果、少しずつ治まってきたそうです。

中には、夜泣きを普段の育児を振り返るきっかけにしたママも。「夜泣きをするのは、昼間はおとなしく手がかからない子のほう。あやすのも抱っこするのもつい後回しになっていたことを反省し、わかりやすい態度で愛情表現するよう心がけました」（鈴木真美さん・40才）

ママの心の健康のためには、深刻に悩みすぎないことも大切です。「そのうち寝るだろうというくらいの気持ちでいないともちませんよ」（坂野香織さん・31才）。泣きやませようとあせると、かえって泣きやまないことが。気持ちをゆったり持つことも必要です。

先輩ママの知恵

1 長時間抱っこしてあやすなど、ママの体に負担がかかる方法はなるべく避けよう。無理な姿勢にも注意して。

2 原因に心当たりがあるときは、できる範囲で改善を。念のため病気が隠れていないかもチェックして。

3 ママがあせるほど、赤ちゃんは泣きやまないもの。「いつかは寝るさ」と気楽に構える余裕が必要なことも。

お世話 7／あやす・遊ぶ

便利グッズを活用してあやし、遊ぶときは一緒になって楽しんで

双子・三つ子を上手にあやすには、どんなコツがあるのでしょうか？　ぐずったときとご機嫌なとき、それぞれのシーンごとに、あやし方を大研究。赤ちゃんの性格とママの体力に合わせてアレンジしてくださいね。

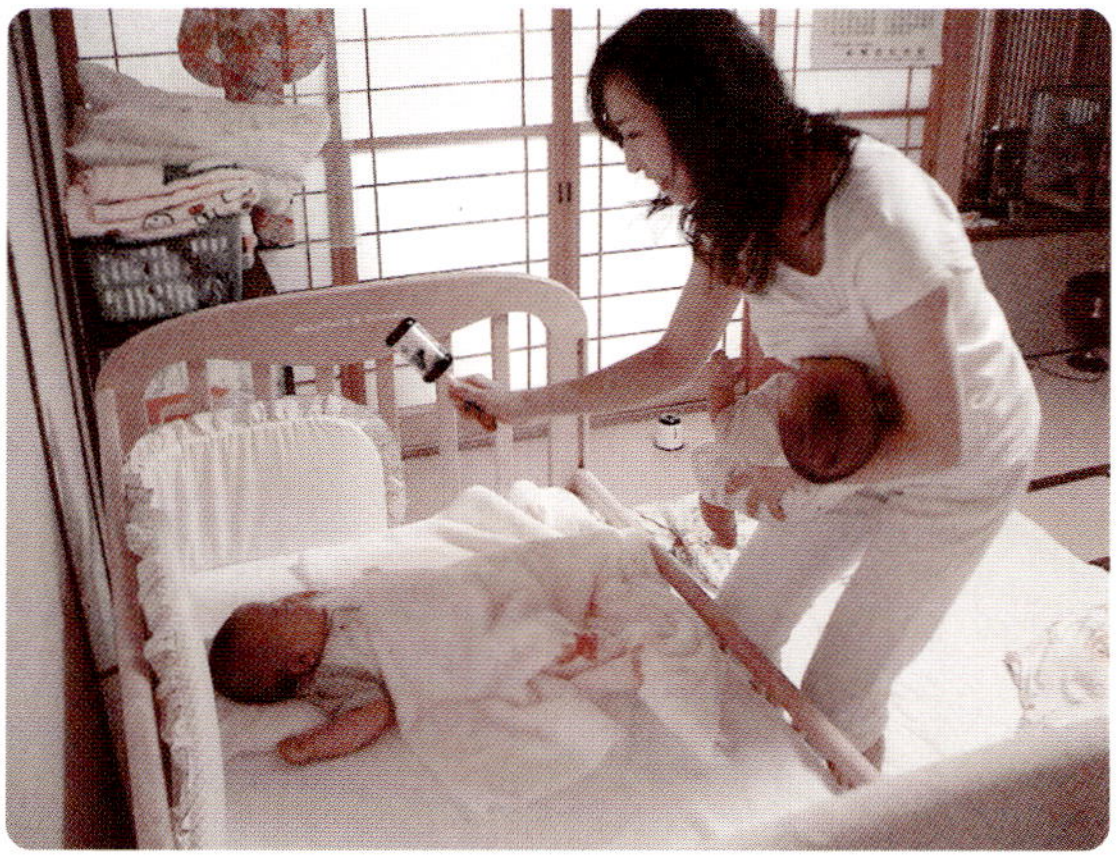

ぐずった2人の赤ちゃんたちを同時にあやすのってとても大変。1人を抱っこして、もう1人をおもちゃであやすなど、ママは重労働を強いられます。

ぐずったとき

抱っこであやすときは、なるべく負担の少ない姿勢で

なぜか忙しいときなどに限って、グズグズすることが多い赤ちゃん。そんなとき先輩ママの多くが活用しているのが、電動式のラックや揺りかごです。「電動揺りかごを3台レンタル。ぐずったときや寝かしつけのときなど、お世話になりっぱなしです」（鳥飼重実さん・40才）

一方、ひたすら抱っこやおんぶで乗りきっているママも少なくありません。「2人同時抱っこで体を揺らしてあげる」というのは望月光代さん（35才）。1人ずつ交代で機嫌がよくなるまで抱っこを繰り返すこともあるそうです。「足を投げ出して座り、1人を抱っこ、もう1人は足の上に寝かせてユラユラ」（R・Kさん・37才）という、座り抱っこ組も。座ったままなら体への負担はぐんと軽くなります。

イライラ軽減のためには、赤ちゃんのぐずりパターンを知っておくと役に立ちます。「一日のうちで必ず泣く時間帯があるので、その時間を避けて家事を進めるようにしています」（S・Fさん・33才）。ぐずり対策を整えておけば、広い気持ちでつき合ってあげられますね。

先輩ママの知恵

1 電動式のラックなど、便利なものは積極的に活用しよう。短期間しか使わないので、レンタルがお手軽。

2 抱っこやおんぶは無理に続けないこと。座り抱っこなど、少しでもラクな方法にして。

3 ぐずりやすい時間帯を把握して、一日の計画を立てよう。心構えをしておけばイライラも減らせる。

ご機嫌なとき

ママを中心にして、みんなで楽しめる遊びを

赤ちゃんだって仲間はずれは悲しいもの。赤ちゃんたちと楽しく遊ぶには、全員の目線に気を配ることが大切です。ねんねのころは、みんながよく見える位置であやしてあげましょう。「ガラガラを2人の間あたりで振ると、2人同時に目で追うんです。その姿のかわいいこと！」（伊藤久美子さん・34才）

双子ならではの、こんな遊び方も。「1人を抱っこして、もう1人にいないいないばあ～と顔を近づけると、それだけで2人とも大ウケ」（岩本理笑子さん・31才）

また、順番でないと楽しめないものよりも、手遊びなど全員一緒に楽しめる遊びを工夫しているママが目立ちました。

「2人にタオルを握らせてベビー綱引きや、丸めた新聞紙を投げっこ」（M・Nさん・24才）。身近なものをおもちゃにするセンスはさすが。ママの体をよじ登ったり、布団で山を作ったりなど、体を使ったシンプルな遊びも人気です。

ごっこ遊びをする時期になると、お互いが楽しい遊び相手に。『はいどうぞ』『ありがとう』と、2人でずっと遊んでいます。いつも遊び相手が近くにいるのって、楽しそうでいいなあ」（平澤貴子さん・33才）。仲よく一緒に遊んでいる様子を見るのは、ママにとっていちばんうれしい瞬間かもしれませんね。

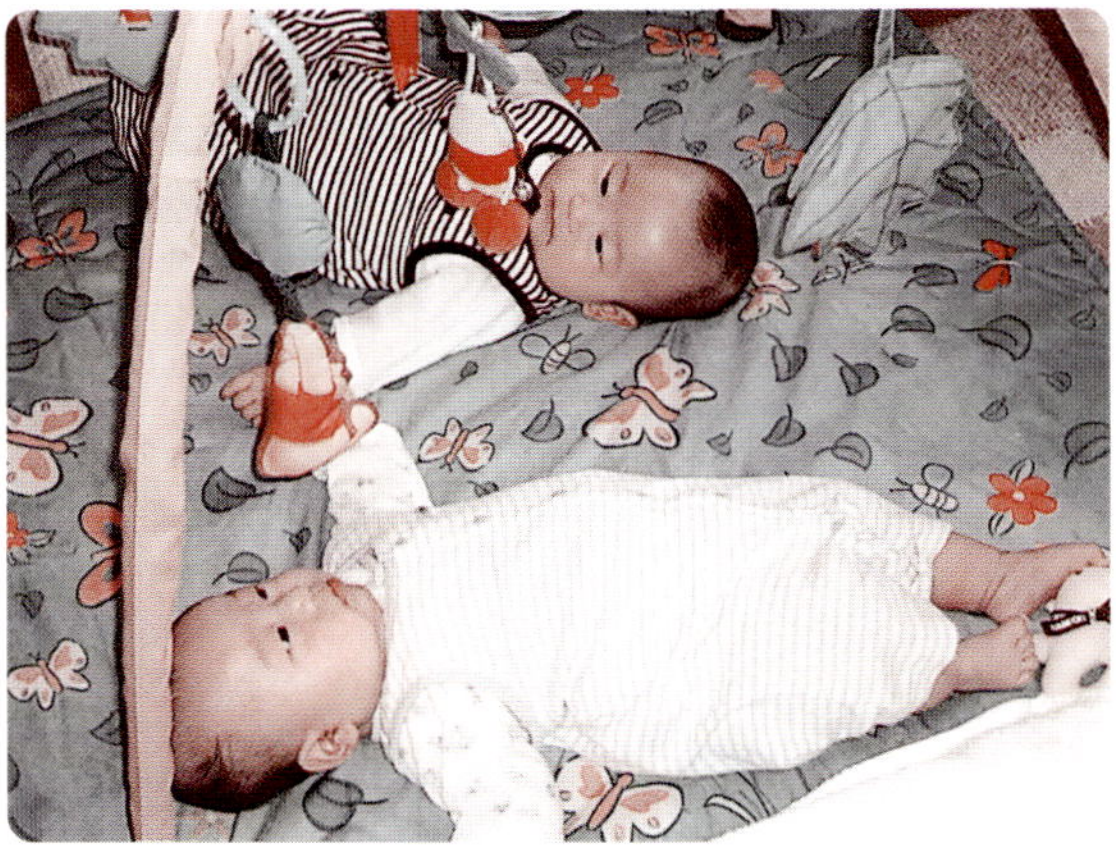

プレイマットでねんねする双子の赤ちゃんたち。ぶら下がったおもちゃを一緒にじ～っと眺めています。隣の子の存在にいつごろ気づくようになるのかな!?

先輩ママの知恵

1 ねんねのころは、全員からよく見える位置であやすこと。メリーやベビージムの位置にも気を配ろう。

2 順番で遊ぶおもちゃよりも、手遊びや運動遊びなど、ママを中心に全員で体を使って楽しめる遊びがおすすめ。

3 ごっこ遊びは、まずママがお手本を見せて。だんだん赤ちゃん同士でやりとりが楽しめるように。

お世話 8／具合が悪いとき

症状別に知っておきたい！ホームケアのポイント

生後6カ月ごろを過ぎると、おなかの中にいるときにママからもらった免疫が切れるため、病気にかかりやすくなります。いざというときにあわてないように、症状に応じた基本的なホームケアの方法を覚えておきましょう。

1人が感染するとほかの子も。急いで人手を確保しましょう

個人差はありますが、生後6カ月ごろを過ぎると、赤ちゃんは病気にかかりやすくなります。これはママからもらった免疫がこのころに切れるため。ウイルスや細菌による感染症にかかりやすくなります。

双子・三つ子の赤ちゃんは、おのおのが同じ時期に病気にかかりやすくなるので、1人が病気になると、ほかの赤ちゃんにも感染してしまうことがあります。ときには、上の子や赤ちゃんたちの世話をしているママや家族に感染することもあるでしょう。でも、これはある意味、しかたのないことです。

「1人がかかったら、もう1人（2人）」とあらかじめ心の準備をしておいたほうがいいでしょう。大事なのは、早めに適切なケアを行うこと。そしてママやパパが赤ちゃんたちの看病で体力的にダメージを受けないようにすることです。

赤ちゃんたちを看病するときや、病気になった赤ちゃんを病院に連れていくとき、病気になっていないほうの赤ちゃんを自宅で見てもらうときなどには、サポートしてくれる人の存在は不可欠。赤ちゃんは突然病気にかかることが多いので、いざというとき、手伝ってくれる人を確保しておくことも大切ですね。

発熱

いつもと様子が違うときはまずは熱を測ってみて

おっぱいを飲む口が熱い、機嫌が悪くグズグズ泣く、肌がいつもより熱いときは熱が出ている可能性があるので、熱を測ってみましょう。生後6カ月以上で、平熱より1度以上熱が高いときは様子を見て、翌日以降に受診を。生後2カ月未満の赤ちゃんが38度以上の高熱を出したとき、それより大きい赤ちゃんでもぐったりして元気のないときや、水分を受けつけないときはすぐに病院へ。

ホームケア

熱の出始めは寒がる様子があり、手足が冷たくなります。厚着をさせたり、布団を多めにかけて手足を保温しましょう。熱が上がりきったら、薄着にして、わきのしたや太もものつけ根などを冷たいタオルで冷やします。脱水症状を防ぐために、水分を少量ずつ小まめに与えましょう。

ひきつけ

熱の上がり際に起こすことがあります

ひきつけとは、手足を突っ張らせたり、全身を硬直させる状態をいいます。ひきつけても多くの場合は、数分で治まります。熱の上がり際に起こる熱性けいれんは、命にかかわることはまず、ありません。

ホームケア

平らな場所に寝かせて、衣服やおむつを緩めます。吐いた場合、それで窒息しないように体ごと横向きに寝かせて。舌をかまないようにと口の中に指などを入れるのは絶対に×。

せき

ゼーゼーして苦しそうなせきは注意が必要です

せきは気道にたまった分泌物や異物を体内に入れずに押し出し、呼吸機能を正常に保つための防御反応です。赤ちゃんは授乳後や気温の変化が大きいときにもせきが出ますが、ひどいせきが続くと眠れなくなったり、体力を消耗することがあるので、せきが長引くときは早めに受診をしましょう。

コンコン、ケンケン、ヒューヒュー、ゼーゼーなど、せきの音によって病気がわかることもあるので、せきの音をよくチェックして診察時に医師に伝えるのもポイントです。

ホームケア

冬にひどくせき込むときは、室内の温湿度をチェック。湿度が低いときは、室内にぬれタオルなどを干して乾燥を防ぎます。水分をとると、のどが湿って呼吸がラクになるので、少量ずつ小まめに与えましょう。

鼻水

鼻の症状だけでなく全身の状態もチェックして

赤ちゃんの鼻の穴は小さく、粘膜はとても敏感なので、ちょっとした気温の変化やほこりなどの刺激で鼻水が出てしまいます。鼻水が出ていても元気で食欲があるようなら、しばらく様子を見ていても大丈夫でしょう。ただし、鼻水が止まらなかったり、黄色っぽくドロドロしてきたときは風邪のウイルスに感染した可能性があります。また、サラサラとした鼻水が続くようならアレルギー性鼻炎も疑われます。熱はないか、機嫌はいいかなどの全身の健康状態をチェックして、心配なときは受診しましょう。

ホームケア

鼻水吸い取り器や綿棒で、鼻水を小まめに取り除いてあげましょう。また、おっぱいやミルクが飲みにくいことがあるので、少しずつ何回かに分けてあげるようにしましょう。

嘔吐

何度も吐くときは脱水症状に気をつけて

おっぱいの飲みすぎやちょっとした刺激などで吐くことがあります。これは赤ちゃん特有の胃の形によるもので、体重の増えが順調であれば心配はありません。ただし、風邪やインフルエンザのウイルス感染による嘔吐の場合は、脱水症状に注意が必要です。とくに繰り返し吐くとき、下痢の症状を伴うときは早めに診察を受けましょう。

ホームケア

寝ているときに吐いてしまったら、吐いたものが気道に詰まらないように顔を横に向けましょう。後頭部から背中にかけて丸めたバスタオルを当てると横向きにしやすくなります。また、吐いたもののにおいで、再び吐きけが誘発されることがあるので、口や顔をぬれタオルできれいにふき取ってあげましょう。

下痢・便秘

普段から便の様子を観察

下痢をして水分もとれないときは受診を。便秘が続き、機嫌が悪くて体重の増えが悪く、1回の授乳時間が極端に長くかかるときも病院へ。

ホームケア

下痢のときは水分を十分に与えて。便秘にはおなかのマッサージや綿棒による浣腸（かんちょう）が効果的です。

皮膚トラブル

刺激がトラブルの原因に

赤ちゃんの皮膚はとても薄く、あらゆる刺激にとても弱いので、ちょっとした刺激がかゆみなどの皮膚トラブルの原因になります。

ホームケア

1日1回は石けんの泡で体の汚れを落とします。おふろ上がりにはベビー用の保湿剤でケアして。

先輩ママも頑張った！ 奮闘STORY

1人だけ別室には置けないので普段どおり世話をします

北海道
橋本千恵さん（26才）
葵くん
双葉ちゃん（2才2カ月）

具合が悪い子を寝室に寝かせておいても、寂しくて泣いてしまうので、いつもどおり一緒に世話をします。たいていはうつってしまいますが、それはしかたのないことだとあきらめるしかないですね。また、1人だけ置いておふろに入れるのも無理なので、1日くらいなら元気な子もパス。数日続くときは、具合が悪い子が寝ているときに手早く入れますが、できないときは2人とも体をふくだけに。

1人だけ入院になったときは2人一緒に入院させて看病を

鹿児島県
平良麻生さん（24才）
楓ちゃん
未凪ちゃん（9カ月）

元気な子を一緒に病院に連れていくと、そこで病気をもらってしまうので、近くに住んでいるパパ方のばあばに、病院に行く間だけ元気な子をお願い。また、哺乳びんやマグカップは必ず別々にするように注意します。7カ月の終わりごろ、2人が一緒に肺炎になり、1人は入院、1人は自宅療養でOKという状態だったのですが、家で世話をする人がいないため、2人一緒に入院させてもらいました。

長期間具合が悪かったときはじいじ・ばあばのお世話に

神奈川県
青木紀美子さん（35才）
天河くん
明河くん（1才10カ月）

1才2カ月から保育園に入っているので、元気なほうは通常どおり保育園に預け、昼間は具合が悪い子の看病に専念します。保育園が休みの日などは、ファミリーサポートの人に家に来てもらい、元気な子を見てもらっている間に、病院に連れていったことも。また、病気が長期にわたったときは、関西からじいじ・ばあばが看病に来てくれたので、私は会社に行くことができ、とても助かりました。

元気な子をおんぶして具合が悪い子の世話をしました

岡山県
佐藤実加さん（39才）
壮峻くん
百奈美ちゃん（3才11カ月）
加野ちゃん（1才3カ月）

元気がいい子がまわりでチョロチョロしていると、落ち着いて具合の悪い子の世話ができないので、元気な子はおんぶを。長時間おんぶしているのは大変ですが、ゆっくりおんぶしてもらえるのがうれしくて、おとなしくしてくれたので、看病はしやすかったですね。息子が6日間入院したときは、さすがに私1人ではどうにもならず、娘は3日ずつ両方の実家でお世話をお願いしました。

6時間目「赤ちゃんたちをお世話するとき」
ママに頼まれる前に自分から最前線に立って

産後ママのデリケートな体と心をいたわりましょう

双子・三つ子の赤ちゃんを授かったママは、いきなり複数の赤ちゃんのお世話をすることになり、ときには疲れて「もうできない……」と弱音を吐くこともあるでしょう。そんなとき「母親だからできて当然でしょ」というパパの言葉や態度は、ママをいちばん傷つける結果に。まずは「育児ってホントに大変だよね」とママの気持ちを100％肯定してあげることが大切です。

ミルクならパパも育児に参加できます

双子・三つ子の赤ちゃんたちにミルクをあげるときには、パパの協力が不可欠。最初は照れくささや、ぎこちなさがあるかもしれませんが、自分の腕の中で一生懸命ミルクを飲む赤ちゃんたちの様子に愛情もいっそう深まるはず。ママの負担も軽くなりますし、その後、スムーズに子育てに参加するきっかけにもなるようです。哺乳びんの煮沸方法なども少しずつ覚えましょう。

赤ちゃんたちの入浴はパパの大きな手で

ママ1人で2人や3人の赤ちゃんを入浴させるのは、かなりの重労働です。赤ちゃんたちをおふろに入れるのは基本的にパパの役割と考えておいたほうがいいでしょう。とはいえ、パパの帰りを待っていて入浴が真夜中になるというのは、赤ちゃんたちの生活リズムを整える意味ではマイナス。仕事の都合でどうしても入浴の時間に間に合わないようであれば、休日だけでも赤ちゃんたちをおふろに入れてあげましょう。

お出かけのときいちばん頼りになるのはパパ！

ベビーカーや抱っこひもを使うとき、車や電車で移動するときも、双子・三つ子の赤ちゃんたちが安全にお出かけできるのは、パパの手があってこそ。赤ちゃんたちの荷物、買いだめした紙おむつや食料品などは積極的に運んであげましょう。とくに、あんよができるようになってからのお出かけは安全面に注意。赤ちゃんたちを危険からしっかり守ってあげてください。

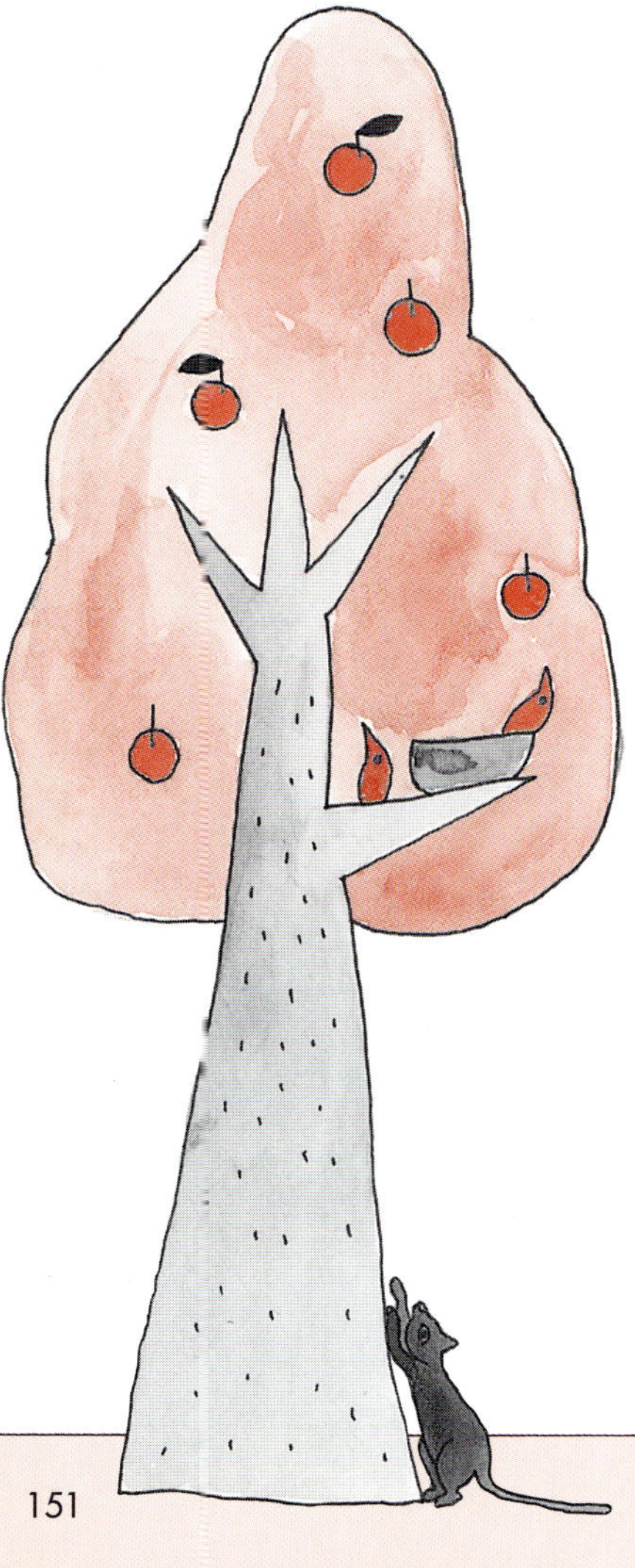

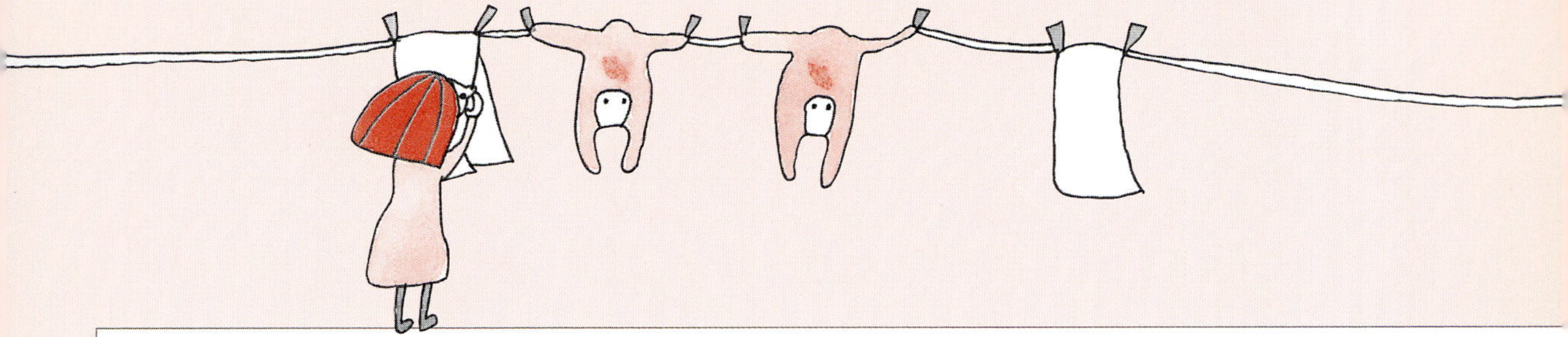

お手本にしたい

こんな先輩パパがいるよ！

先輩パパファイル No.18

宮崎健司さん（東京都・37才）
杏ちゃん＆柚ちゃん（11カ月）のパパ

妻は低血圧で朝パッと行動することができないので、朝1回目のミルクは僕が調乳し、準備ができたところで妻を起こして一緒に授乳します。普段は妻の母に頼っている部分が大きいのですが、妻の体調が悪いときは、仕事を調整して休みをもらい、看病と育児に専念しますよ。

先輩パパファイル No.16

白石照男さん（千葉県・42才）
音葉ちゃん＆響也くん（1才11カ月）のパパ

子どもは夫婦2人で育てるものだから、できることはなんでもやろうと思っています。僕は自営業で時間の融通が利くこともあり、夜中の授乳も率先してやっていました。また、おふろは子どもとのコミュニケーションの場だと思っているので、入浴させるのは役目というよりも、僕自身の楽しみでもありますね。

先輩パパファイル No.17

岸本恵勝さん（神奈川県・34才）
恵優くん＆恵大くん（1才0カ月）のパパ

僕が会社に行っている間は妻が1人で育児に奮闘しているのだから、僕がいるときくらいラクをさせてあげたいんです。子どもが夜泣きをしたときに僕のほうが先に気づいたら、それだけ妻は疲れているということ。1人で対処できる限り、妻のことは起こしません。子どもがかわいいから、育児は苦になりませんよ。

第7章 体・心の発達&子どもたちとのかかわり方

小さく生まれがちな多胎児の場合、体や心の発育・発達はその子なりのペースで進んでいくことになります。ママはあまり心配せず、長い目で見守っていきましょう。3才ぐらいまでの子どもたちとのかかわり方についても考えます。

双子・三つ子の発育・発達 1

出生体重が小さめでもいずれ標準に追いつきます

双子・三つ子の赤ちゃんは早産になりやすく、出生体重が単胎より小さめになる傾向が。でも、身長・体重の差は1才までに急速に縮んでいき、3～6才ごろにはほとんどなくなるので安心を。運動面の発達も同様です。

小さめに生まれた場合も3～6才までには標準値に

早産が多い双子・三つ子は、1才までは出生時の妊娠週数と出生体重に比例して、小柄な傾向にあります。たとえば36週以前と40週の出生では、ママのおなかの中で育った週数により出生体重に差があるため、生後4～5カ月くらいまでは身長・体重の体格差がなかなか縮まりません。しかし、1才くらいまでには、ほぼ同じ体格に近づくでしょう。1000g未満の極低出生体重児の赤ちゃんも、3～6才までには体の発育がしだいに追いついていきます。

下のグラフもそれを示していますす。100人の子どもがいたら50番目の子の数値である「中央値」をもとに、一般的な単胎児の集団との差をみています。出生時に単胎児が3000g、双子が2500gの場合は20%の差があるということです。年齢とともに、その差がなくなっていくのがわかるでしょう。

小さめに生まれた場合は、0才代の運動発達の目安とされる首のすわりや寝返り、おすわり、はいはい、つかまり立ち、一人歩きなどが、やや遅れがちかもしれません。でも、それは成長が追いつくので安心して。

発達のペースには個人差もあるので、あせる必要はありません。早産の子なりにすくすくと成長し、いずれは成長が追いつくので安心して。

出生時から6才にかけて、双子と単胎児の中央値(100人の赤ちゃんがいたら、ちょうど50番目ぐらいの子の大きさのこと)との差を%で表したもの。双子は出生時、男女ともに単胎児よりも体重は20%ほど、身長は5%ほど小さめですが、1才ごろにはその差は5%以内に縮まり、3～6才までには身長・体重ともほぼ追いつきます。

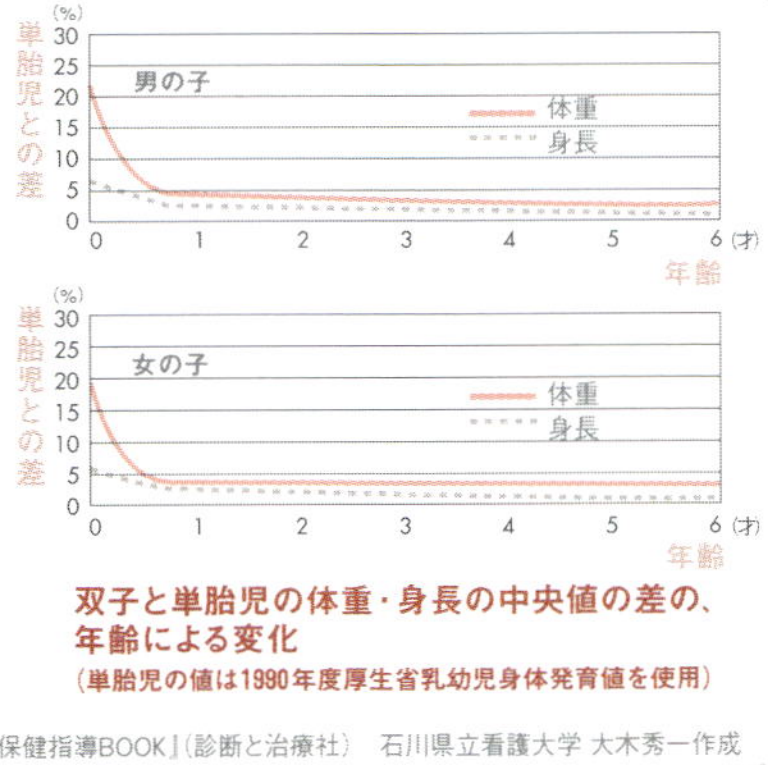

双子と単胎児の体重・身長の中央値の差の、年齢による変化
(単胎児の値は1990年度厚生省乳幼児身体発育値を使用)

加藤則子編「すぐに役立つ双子・三つ子の保健指導BOOK」(診断と治療社)　石川県立看護大学 大木秀一作成

場合は本来の出産予定日を生まれた日と仮定して、そこから数えた月齢を「修正月齢」として発育・発達を考えましょう。実はそれほど大きな遅れがないことが理解できるはずです。

子どもたちの体格差は固定のものではありません

双子・三つ子同士でも、出生時に多少の体重差があるのは珍しいことではありません。体重差が極端に大きい場合は、その後の成長の過程で大きめ、小さめの差が残ることもありますが、出生時に小さかったほうの子がぐんぐん成長し、1才ごろには大きいほうの子に追いつくケースが少なくありません。さらに、そのまま大きめの子を追い越して、体重の軽重が逆転することもあります。

子どもの出生後の体格差の変化には卵性もかかわっています。一卵性の場合はほとんど同じ体格に育っていくことが多いのですが、二卵性は男女のペアもありますし、年の違うきょうだい程度に差が出ます。2人の体重がほぼ同じになることがあれば、差が広がることもあり、6才までの成長の過程で何度か入れ替わることも。これは年子などのきょうだいで、下の子の体格のほうがよくなるケースがあるのと同様です。

双子・三つ子の子どもたちの体の発育・発達のペースは同じとは限りません。ママとパパは子どもたちの成長や発達に違いがあると気になってしまいがちです。体格の小さな子や発達がゆっくりな子が心配かもしれませんが、それぞれに個性やペースがあると考えるといいでしょう。

先輩ママも頑張った！ 奮闘STORY

東京都
畑 美奈子さん（36才）
杏奈（あんな）ちゃん
栞奈（かんな）ちゃん（3才5カ月）

2人の体格に差があります

生まれたときの体重が400ｇくらい違い、今では2kg近く差がついています。小さく生まれた子のほうは今でも抵抗力が弱く、風邪をひくとなかなか治らず、重症化することもあります。だから、体調管理には気を使っています。

兵庫県
岡村麻由美さん（32才）
実来（みく）ちゃん
羽留（はる）くん（1才8カ月）

1人がなかなか歩かず不安に

2人の間で1カ月くらい発達に差が。とくに1才2カ月で1人が歩き始めても、もう1人はまったく兆候がなかったので、「発達に異常があるのでは」と心配しました。でも、1才6カ月にようやく歩き始め、今では足どりもしっかりとしています。

東京都
C・Kさん（31才）
Mちゃん
Eちゃん（3才1カ月）

2人とも細身のため定期健診を

2人とも2200ｇ未満で生まれ、その後もずっと細身のままなので、2才ごろまで定期的に発達健診を受けていました。専門家に診てもらい、「大丈夫。元気に育っていますよ」と言ってもらうことで安心できたので、通ってよかったと思っています。

双子・三つ子の発育・発達 2

子どもたちの心の発達に影響する「自分以外のだれか」の存在

生まれたばかりの赤ちゃんの心はいったいどんなふうに育っていくのでしょうか？　双子・三つ子の場合、どうやら「自分以外のだれか」の存在が、子どもたちの心の発達に影響しているようです。

お世話をされる体験から他者の存在を知ります

生まれたばかりの赤ちゃんは、まだ複雑な感情を表すことはありません。でも、快・不快の感覚はちゃんと持っていて、気持ち悪い、寒い、眠いなどの不快は泣いて訴えます。

赤ちゃんが泣くと、ママが抱き上げてあやしてくれたり、おっぱいをくれたり、おむつを替えてくれたりしますね。このようにだれかに働きかけられる体験を繰り返すことで、赤ちゃんは「自分以外のだれか」の存在を認識するようになります。

ママが赤ちゃんの要求を満たしてくれたり、にっこりと語りかけてくれたりすると、それが心地よい体験として赤ちゃんの中に蓄積されます。その積み重ねが赤ちゃんたちの感情を豊かにはぐくみ、ママとの絆（きずな）を強めます。赤ちゃんにとってママが大好きな、かけがえのない存在となっていくのです。

5～6カ月くらいになると、多くの赤ちゃんは人見知りを、10カ月くらいからは後追いをするようになります。これはママとほかの人をはっきりと区別することができるようになった証しです。そして、ママがそばにいてくれれば、少し離れたところでも遊べるようになり、さらには2才過ぎると少しずつお友だちとかかわれるように。

譲り合いやルールの観念など社会性が育っていないので、初めはおもちゃの取り合いなどもしますが、そんな経験から赤ちゃんは人とのかかわり方を学び、3才過ぎごろにはお友だちとも遊べるようになります。

1才前後になると少しずつ自我が芽生え、欲求を自覚して、自己主張をするようにもなります。「ママの思いどおりにはならないよ」という意味で、「イヤ」を連発。いよいよ「イヤイヤ期」に突入します。赤ちゃんは思いどおりにならないと、ダダをこねたり、かんしゃくを起こしたりしてママを手こずらせることもあるでしょう。「イヤイヤ期」は2才前半をピークとして3才になるころまで続きますが、成長とともに自分の感情や欲求を上手にコントロールできるようになっていきます。

双子・三つ子の心の発達も基本的には単胎と同じです

双子・三つ子の赤ちゃんも、このような発達の時期やステップは単胎の子とまったく変わりありません。ただ、常に同じような人間が近くにいて、手足を動かしたり、話したり、泣いたりしているという環境にあることから、多少単胎の子と違った道筋をたどるということはあります。たとえば、ママに抱っこされたくても、だれかに先を越されるという体験から、他者の存在をより認識しやすいとか、自分たちで意思の疎通が事たりてしまうので、お友だちへの関心が薄いなど。また自己主張の表し方も、一方が激しいともう一方はおとなしめで、なんとなくバランスがとれている場合もあるでしょう。

ただし、これらは多胎という環境による一時的なものであって、将来を決定づけるものではありません。多くは環境の変化によって、変わるものと考えていいでしょう。

先輩ママも頑張った！ 奮闘STORY

茨城県
大久保みち代さん（30才）
来海（くるみ）ちゃん
七海（ななみ）ちゃん（3才1カ月）

ほかの子と遊ぼうとしません

とても仲がいいので、同年齢の子が集まる場所に行っても、2人だけで遊んでしまいます。幼稚園に入る前に、もう少し人の輪に溶け込むことを覚えてほしいから、できるだけほかの子と遊ぶ機会を多くするように気をつけています。

東京都
関本佳子さん（35才）
康崇（やすたか）くん
淑崇（よしたか）くん（3才7カ月）

1人は外への関心が薄い感じ

1人の子は大人のやることに興味津々で、なんでもまねしたがるけれど、もう1人の子はあまり周囲を気にせず、マイペースで自分の遊びをしています。2人の性格は違いますが、私やパパは同じように接しています。

岐阜県
池田佐容さん（39才）
彩翔（あやと）くん
柊翔（しゅうと）くん（3才1カ月）

1人の子が感情的になりやすい

二卵性のため、性格がまったく異なる2人。1人は感情が高ぶりやすく、すぐ「キーッ」となるんです。3才児健診のときに相談したら、一時的なもので、いずれ収まるとのこと。気にしすぎず、あたたかく見守るようにしています。

気になる言葉の発達の遅れはしだいに追いつくので大丈夫です

健診などで指摘されることもある双子・三つ子の言葉の遅れ。でも、ママやパパとのかかわりや入園を機会に、ほかの子と同様にコミュニケーションがとれるようになっていきます。あせらずゆっくり見守ることが大切です。

子ども同士の「以心伝心」が言葉の遅れの一因にも

一般に双子・三つ子の子どもたちは、言葉が遅れがちであるといわれます。下のグラフによると、双子の場合は、厚生労働省(1990年、2000年当時)の数値よりも言葉に約1〜2カ月の遅れがみられます。「単語を言う」の単語とは、「アー」「ウー」といった喃語(なんご)ではなく、「ママ」など意味のある言葉を意味します。

また、双子・三つ子に限らず単胎にもいえることですが、言葉は女の子のほうが少し早く、男の子は遅れる傾向にあります。

子どもたちの言葉が遅れる理由として、次のような原因が考えられます。1つは、いつも子どもたち同士で遊んでいるので、お互いに言葉で表現しなくても、以心伝心でわかってしまうということです。子どもたちだけにわかる、暗号のような言葉を使ってコミュニケーションしていることもあり、そのような場合、大人にも通用する言葉を獲得する動機が低くなってしまうのです。

2つ目は、ママが子どもたちと一対一でかかわる時間をとりにくいということがあります。言葉の発達には、ママの語りかけが必要です。それにはママがなるべく一人一人に対して語りかける時間をとるように心がけましょう。

どの月齢から、何%の子どもが「単語を言う」ようになったかを表したもの。「単語を言う」とは、喃語ではなく意味のある言葉という意味です。開始月齢はママが当時を思い出して報告しているため「○カ月ぐらい」という回答が多く、双子の曲線には帯のように幅を持たせています。厚生省調査はほぼ単胎児について調査しています。

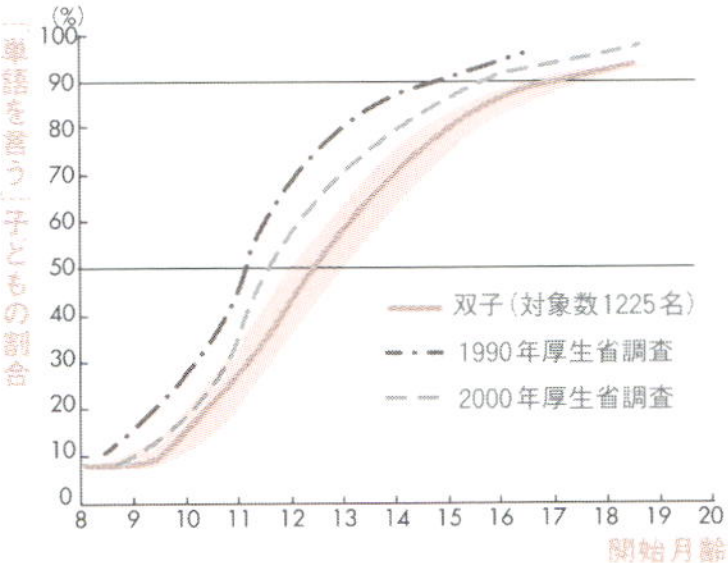

月齢別にみた「単語を言う」子どもの割合

加藤則子編『すぐに役立つ双子・三つ子の保健指導BOOK』(診断と治療社)
石川県立看護大学　大木秀一作成

お世話のたびに それぞれに語りかけを

双子・三つ子ママの場合は、子どもたちのお世話に追われ、つい一人一人に対するコミュニケーションが不足しがちです。語りかけをしているつもりでも、実際には子どもたちにまとめて声をかけることが多く、それぞれへの語りかけになっていないことも。

従って、1人ずつとかかわりながら、じっくりと語りかけることが大切です。ママ1人で複数の子たちをみるのが難しければ、パパなどほかの人と1人ずつ分担するなど工夫しましょう。

語りかけといっても大げさに考える必要はありません。「〇〇ちゃん、おむつ替えようね」「△△ちゃん、おててやわらかいね、ぷくぷく〜」というように、お世話をするたびに、今やっていることやママが感じたことをそのまま言葉にするだけで十分です。それが子どもたちの言葉の発達を促すことにつながります。

ただ、子どもたちに言葉の遅れがみられても、むやみに悲観する必要はありません。幼稚園や保育園に入り、集団生活をするようになれば、自然に言葉を獲得していく子がほとんどです。

健診などで言葉が遅いと指摘されたとしても、あまり悩まないで。いずれ解決するものとあせらず見守っていきましょう。

先輩ママも頑張った！ 奮闘STORY

静岡県
鈴木恵理子さん（28才）
加奈子ちゃん
日奈子ちゃん（3才10カ月）

2人だけに通じる言葉で話す

2人だけに通じる？言葉で話すためか、2人とも言葉が遅め。3才2カ月で幼稚園に入園したときは、お友だちとコミュニケーションを図れるのかとても心配でした。でも、周囲のお友だちの影響か、入園後どんどん言葉が増えましたよ。

大阪府
T・Fさん（36才）
Tくん
Hくん（2才6カ月）

言葉になるのを気長に待ちます

2人とも言葉が遅めのため、2才から保健所の発達相談へ。でも、こちらの言うことは理解しているし、意思表示もしようとするので、単に言葉をため込んでいるだけとのこと。うちの子なりに進歩もしているので、気長に待っています。

神奈川県
石川八重さん（35才）
知樹くん
怜依果ちゃん
奈奈実ちゃん（2才2カ月）

男の子だけゆっくりペースです

娘2人はけっこう言葉が出たのが早く、その後も刺激し合ってどんどんおしゃべりになりました。一方、息子は1才6カ月でようやく単語が出るというゆっくりペース。でも、ここ1カ月くらいでかなり単語の数が増えてきましたよ。

子どもたちにとっての平等

ママやパパは子どもたちに対し平等であることが大切です

双子・三つ子は同じ立場の子が近くにいるので、ママやパパの愛情のかけ方にとても敏感。それがわかるからこそ、親は常に「平等」を意識しているはず。ここでは多胎における平等の意味について考えてみましょう。

難しいのは物の与え方よりも平等なかかわり方です

子どもたちは、ママやパパが思っている以上に自分たちへの愛情の注がれ方に敏感です。不平等と感じてしまうと、ひがんだり、寂しい思いをしたり、もう一方の子に対して過剰にライバル意識を燃やしたりします。これは子どもにとってあまりハッピーなことではありませんね。

双子・三つ子の子どもたちには、親が平等であることが基本です。ママやパパは物の与え方、子どもたちに接する頻度、要求へのこたえ方など、事あるたびに「平等」を意識しましょう。

双子・三つ子のママDATAによれば、「まったく同じ服を着せる」「色やデザイン違いで同じ服を着せる」というママたちが全体の8割以上を占めています。これも平等への意識を反映しているのかもしれません。

けれども、物の与え方よりも難しいのが、子どもたちへの平等なかかわり方です。「どうしても要求が強いほうに手をかけがちになってしまう」というママの声が多いのも事実です。そんなときは、あとでもう一方の子にも積極的にかかわってあげるなど、フォローしましょう。しかし、同じように接していても、1人は満足、もう1人は不満足ということもあるので注意が必要です。

双子・三つ子ママDATA

Q 子どもたちの服はおそろいにしましたか？

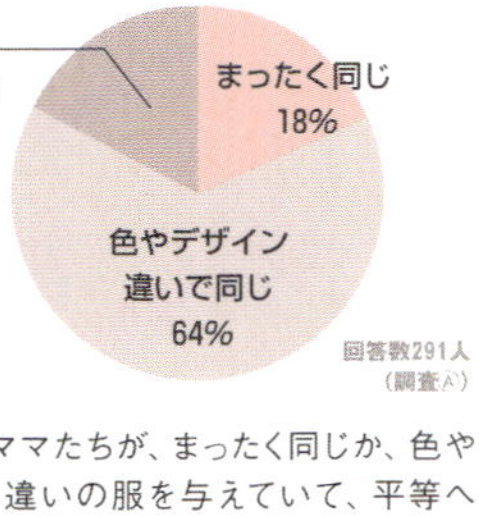

82%のママたちが、まったく同じか、色やデザイン違いの服を与えていて、平等への意識が高いことがわかります。

もっとも、全体として子どもたちへのかかわり方のバランスがとれていて、子ども自身が「それでもママは自分のことが好きなんだ」と思えれば、大丈夫。不平等な体験をしたと思う子も乗り越えられるはずです。

物は同じものを人数分用意。上下の序列はつけなくても

安価な物などを与えるときの基本は、「なんでも同じものを人数分用意するか、1つのものを人数分にして与える」です。それがかなわない場合は、むしろ与えないほうがいいこともあるかもしれません。好みにもよりますが、それぞれにテーマカラーや、くま、うさぎなどのキャラクターなどを決めておくのも手です。

けんかのときは、どちらかに明らかに非がある場合を除き、あまり深入りしないほうがいいでしょう。原因を探ろうとしても、なかなか真実は明らかにならず、けんか両成敗ということが多いものです。どちらかが明らかに悪いと思われるときは、1人ずつ呼んで話を聞き、しかる必要があればしかりましょう。

ところで、多胎の場合、きょうだいの序列をつけるかどうか、よく話題になります。実際に双子・三つ子のママたちに聞いてみると、「他人にどちらが上の子かと聞かれて、上も下もないのに、いい気持ちがしなかった」という人が多いようです。

出生のちょっとした時間差でつけられる序列、すなわちお兄ちゃん、お姉ちゃん、弟、妹という立場が、子どもたちの人生に与える影響は少なくありません。親の考え方にもよりますが、お兄ちゃん、お姉ちゃん、弟、妹という立場を無理強いしないほうがいいという意見もあります。単胎であっても上の子には上の子の、下の子には下の子の葛藤があるもの。ほぼ同時に生まれたのに、「お兄ちゃんらしく」「お姉ちゃんらしく」を要求されることは、子どもたちにとって負担だというのです。

上下を決めたくないという人は、もし、だれかにどちらが上かと尋ねられたら、「うちでは区別していないんですよ」とさらりと流しておけばいいでしょう。

こんなときの対処法

服を買うとき

同じものの色やデザイン違いを選ぶのも手。でも子どもたちに選ばせると、案外別のものを選ぶかも。

おもちゃを与えるとき

安価なものを人数分用意してトラブルを回避しましょう。やがては1つのものを共有できるように。

おやつを分けるとき

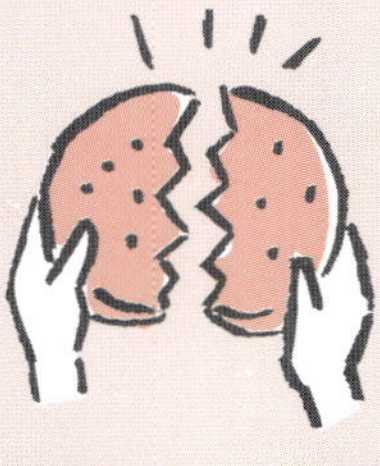

基本的に等分にして。これがなかなか大変で、子どもたちはほんの少しの差でも納得しないことも。

けんかを仲裁するとき

けんかは「どちらも悪い」ということが多いもの。一方が明らかに悪い場合を除いて両成敗に。

子どもが成長すると同じ物へのこだわりが減少

子どもたちに平等に接することは基本です。ただ、子どもたちが入園、入学と成長していくころには、ちょっと事情が違ってきます。なんでも同じ物を与えるよう意識してきたのに、子どもたちのほうから「同じ物じゃないほうがいい」と言うことが出てくるからです。子どもは成長すると、必ずしも「同じ物」へのこだわりがなくなり、「自分にはもっと大事なものがある」「私(僕)はコレが好き！」と気づく時期が来ます。

親がよかれと思っていても、時と場合によってはかえって「平等が迷惑」ということも。ある双子が子ども時代を振り返って、「いつも同じ服を着せられて嫌だった」と口をそろえて言ったという話を聞くこともあります。

このように子どもたちがある年代になれば、「平等」と「個性を大切にする」ということに矛盾が生じることもあるかもしれません。でも、それはあくまでも子どもたちの成長があってこそ。親にはなかなか察しにくいものです。

学童期に入れば、「同じでない物」が与えられたときでも（いつでもというわけではありませんが）、自分たちで話し合って決めたり、相手に譲ったりすることができるようになります。また、1つしかない物を上手に自分たちで分けることも。

ここまで成長したら、単に機械的に同じ物を与えるのではなく、まず「同じ物でいい？」「自分たちで決めてね」など、子どもたちの意思を確認するといいですね。

もっとも、これは「なんでも同じ物を与える」という平等から卒業するだけのこと。愛情のかけ方は一生平等でなければならないという基本は変わりません。

上の子のケア

一度に複数の赤ちゃんがやって来て、上の子の戸惑いは計り知れないものが……。ママはパパやおばあちゃん、おじいちゃんの手を借りながら、なるべく上の子とかかわってあげる努力を。

戸惑い

上の子は赤ちゃんたちが生まれ、大きな戸惑いを覚えます。ママが赤ちゃんたちのお世話をするのを見ると、「ママを赤ちゃんに取られてしまった」「ママはもう自分のことを嫌いになってしまったのではないか」と不安になります。

受け止める

上の子はその戸惑いから不安定になり、突然甘えるようになるなど、いわゆる赤ちゃん返りをすることも。ママは赤ちゃんたちのお世話で大変でしょうが、そんな上の子の不安な気持ちを受け止めてあげることが大切です。

ママのフォロー

赤ちゃんたちが寝ているときはなるべく上の子と遊んでたり、抱っこするなどして、かかわってあげましょう。「○○ちゃん、大好きだよ」とメッセージを送り続けていけば、だんだん上の子も落ち着いてきます。

先輩ママも頑張った！ 奮闘STORY

スキンシップをするときは2人同時が基本です

大阪府
Y・Kさん（33才）
ひろきくん
はるなちゃん（8カ月）

1人を抱っこしながらもう1人に話しかける、あるいは、1人をおんぶした状態でもう1人をひざに座らせるなど、1人だけに気持ちが集中しないよう常に意識を。でも、もう1人の子が一人遊びに熱中しているなど、私とのスキンシップを求めていないときは、そのままそっとしておきますよ。また、世話がラクな子をいい子と思うなど、自分の都合で子どもを評価しないように気をつけています。

同じように接するとむしろ平等にならないんです

東京都
鎌田潤子さん（28才）
彩花（あやか）ちゃん
好花（このか）ちゃん（2才1カ月）

1人は甘え上手で、1人は甘えるのをちょっと遠慮してしまうタイプ。だから、同じように接すると、かえって平等にならないんです。遠慮がちな子には私のほうから進んでスキンシップを図り、愛情が平等に行きわたるようにしています。また、2人を比べて発育・発達の遅い・早いを言うのではなく、昨日のその子と比べてどう違うかを観察。そして、進歩が見られた部分をほめるように。

手がかからないほうの子とたくさん遊ぶ時間をつくります

滋賀県
なゆさん（30才）
Sくん
Mちゃん（1才6カ月）

娘はしょっちゅう抱っこをせがんでくるのに、息子は赤ちゃんのころからおとなしく、手がかからない子。どうしても手のかかる娘をかまう時間が多くなりがちだから、ばあばが手伝いに来てくれた日など余裕があるときに、息子とたくさん遊ぶようにしています。普段は一人遊びを上手にしている息子ですが、一緒に遊んであげるとやっぱりうれしそう。極力時間をつくるようにしています。

何もかも同じにすることが公平・平等ではないはず

群馬県
小池こずえさん（30才）
天（てん）くん
空（そら）ちゃん（2才6カ月）

抱っこで寝るのが好きな子と、寝るときは1人でもOKな子、ごはんを食べさせてほしい子と自分で食べたい子といったように、2人の個性はまったく違います。だから、同じように接するのは、必ずしも子どもにとってうれしいことではないはず。その子が求めている方法で、満足できるように接することが、本当の公平・平等なんじゃないでしょうか。うちはこの方法でとてもうまくいっています。

男女の双子・三つ子

のびのび育てやすい男女の双子。リーダー役になりやすいのは女の子

最近増えている男女の双子。それぞれが自分の世界と相手の世界の両方を知り、共に成長していけるのが男女の多胎のよさです。一般的に女の子の発達が早いだけに、最初のリーダー役は女の子になりがちです。

女の子が面倒見のいいお姉さん的立場に

最近は、二卵性の双子の増加に伴い、男女の双子が増えています。男女の双子の場合、女の子は丈夫で風邪一つひかないのに、男の子のほうがしょっちゅう熱を出したり、けがも多いということをよく聞きます。小さいころは男の子のほうが弱いとされている上に、活動性が高いので、手がかかりがちです。

一般的に女の子のほうが言葉の発達が早いために、男女の双子でも女の子がリーダーシップをとり、男の子はあとからついていくという関係が多いようです。女の子が男の子の面倒を見るなど、一時期は姉弟のような関係になる場合も。それでも成長していくうちに、2人の立場が逆転したりと、力関係に変化が生じることもあります。

2才代くらいまでは2人が一緒に遊ぶ姿がよく見られますが、成長とともに男の子は「車で遊ぶのが好き」、女の子は「おままごとが好き」など、お互いの興味や好きなものに違いが出てきて、別々の世界で遊ぶようになることも。でも、ときにはそれぞれが好きなことをミックスするなど、2人の世界を共有しながら、くっついたり離れたりしつつ、共に成長していきます。

男女の双子のよくあるパターン

男の子の面倒をよく見る子も

中には、お姉さんのように男の子の着替えや食事などのお世話をしたがる女の子もいます。

女の子がリーダー役に

最初は女の子がリーダーシップをとり、男の子がそれに素直についていくという姉弟関係です。

男の子は思いきり体を使って遊ぶ機会を

男女の双子は、お互いに比較されにくいのもいい点です。ママもパパもそれぞれの個性を受けとめ、男だから、女の子だから、双子だからと

いった固定的な見方にとらわれず、子育てを楽しみましょう。

それでも一般に女の子は静かな遊びを、男の子は活発な遊びを好みがち。男の子は女の子の相手ばかりだと、思いきり体を動かす機会が少ないかもしれません。ときどきパパが2人を外へ連れ出したり、体を使った遊びをしてあげれば、男の子もエネルギーを発散できるでしょう。

一方、女の子が男の子と一緒に活発な遊びばかりを好むこともありますが、それもOK。男の子がおままごとの相手ばかりさせられていたとしても、それもOK。遊びの形態は発達とともにどんどん変わっていくものです。

最初は2人の共通のお友だちと遊ぶことが多いでしょうが、そのうちそれぞれ同性のお友だちと遊ぶようになります。おうちで遊ぶときは、順番にそれぞれのお友だちを呼んだり、あるいはみんな一緒に呼んで、男女の区別なく遊ぶ体験もさせてあげられます。これは男女の双子ならではの楽しさですね。もし可能なら、小学生になったら男女別々のお部屋を用意してあげるといいでしょう。

三つ子の場合は、同性2人の主導権が強くなることがあります。同性2人だけが一緒に遊ぶことが多いようなら、ママやパパは1人になった子の相手をしてあげるなど、フォローしてあげてください。

先輩ママも頑張った！ 奮闘STORY

福岡県
佐藤愛連さん（29才）
模恋（もこ）ちゃん
綸起（りんき）くん（1才10カ月）

行動パターンが全然違います

娘は気に入らないことがあるとすぐキーッとなるなど気性が激しいタイプで、一方の息子は何気に危ないことをするなど行動が過激なタイプ。行動パターンがまるっきり違うので、双子を育てているという意識はほとんどないですよ。

鹿児島県
M・Aさん（34才）
Kくん
Hちゃん
Sくん（1才1カ月）

やる気満々娘とおっとり息子

娘は気が強く、自己主張が激しいのですが、その分ガッツもあるから、立っちもあんよも3人の中でいちばん早かったですね。息子2人はおっとりしていて似たようなタイプだから、2人で一緒に楽しそうに遊んでいることが多いんです。

京都府
金森有紀さん（31才）
帆花（ほのか）ちゃん
隆真（りゅうま）くん（2才1カ月）

娘は言葉が達者、息子は遅め

息子は言いたいことが伝わらないと、もどかしくて手が出てしまうので、そのたびに根気強く、いけないことだと説明してます。娘は言葉が早く、理解力もあるので息子にたたかれたときは、「痛かったね」と抱き締めてフォローしています。

男の子・女の子同士の双子・三つ子

同じ性の双子・三つ子の場合は女の子と男の子の特徴が表れます

比較的おとなしい女の子、体を動かして活動的に遊ぶ男の子。同性の双子・三つ子はそれぞれの特徴が相乗効果をもたらすことも。活発な男の子の場合は、とりわけパパの活躍が期待されます。

男の子同士の遊びはエネルギッシュで活動的

男の子たちがいる生活はバイタリティーにあふれ、障子やふすまが破れるなど、おうちの中は大変な状況になることも。言葉の発達が遅めなので、大人にはわからないやりとりをしながらエネルギッシュな遊びを展開していることもあります。

また、上下の力関係を争ったり、ママの取り合いをするなどライバル意識が強いこともあります。走り回る男の子たち相手の子育てには、パパの協力が必須。食事、おふろ、お散歩など、2人の手が必要なことはたくさんあります。

監修仲先生の女の子同士の双子「うちの場合」

2人の会話を「垣間聞く」

女の子はとても口達者。子どもが1人であれば親子の会話に終始しがちですが、双子の場合は子ども同士のおしゃべりを「垣間聞く」楽しみがあります。

私は毎週木曜日、食卓にテープレコーダーを用意して、食事時の会話を録音することにしていました。柱になんらかの印をつけて子どもの身長の変化を測るように、毎週同じ場所、同じ時間に会話を録音することで、その発達を見ていこうと思ったのです。

あとで聞き返してみると、1、2才ごろまでは、私とりょう（諒子）、私とあき（暁子）の会話が多いのです（あき「もっともっとおにく〜！」、私「いっぱいあるじゃなーい」など）。

けれども3、4才になると、子ども同士の会話が増えてきます。

ある日の2人の楽しい会話を紹介しましょう。聞くのがりょう、答えるのがあきです。「聞きたいことがある！」「なんだ？」「聞きたいことがあるんだ」「なんですか」「聞きたいことがある！」「なんですかー??」。

私も耳をそばだてて聞いていたのですが、このあと「聞きたい」「なんだ」の繰り返しによる言葉遊びに移っていき、結局何が聞きたかったのか、わからずじまいでした（残念！）。

女の子同士は おとなしく扱いやすいというけれど……

女の子同士の場合は、病気をしにくく、言葉の発達も比較的早いので、親の心配が少ないというのが一般的。それでも物の取り合いや相手をひっかくなどのけんかもしばしば。女の子らしいおままごとや言葉遊びばかりを期待していると裏切られます。

男の子がミニカーや昆虫など、物にこだわることが多いのに対し、女の子はストーリー性のある遊びを好む傾向があります。その中で1人が自分を「ぼく」とか「お兄ちゃん」と呼んだり、ときには日常生活でもそのように呼ぶことがありますが、心配はいりません。相手との違いを強調したい気持ちの表れなのでしょう。

同性の三つ子の場合は、早い時期から役割が出てきます。3才を過ぎると親が介入できないほど、子どもだけの楽しい世界が広がることも。入園前はあえてお友だちと遊ばせる必要はないでしょう。ママが大変なときには、一時保育を頼むなど、人の手を借りることも考えましょう。

同性の双子のよくあるパターン

ダイナミックに遊ぶ男の子

男の子同士は、体を動かしながらエネルギッシュに遊びます。戦いごっこでは、いつもヒーロー役と悪者役が固定しがち。

おとなしく遊ぶ女の子

女の子同士は、言葉のやりとりを楽しみながら、おとなしくおままごとなどで遊ぶことも。でも、けんかもよくあります。

先輩ママも頑張った！ 奮闘STORY

栃木県
三田有香さん（30才）
穂花（ほのか）ちゃん
遥花（はるか）ちゃん（1才0カ月）

1人だけが我慢しないように

欲しいものがあるとき、1人は泣いてでも奪うけれど、もう1人はすぐ譲ってしまいます。赤ちゃんのころからそんな感じなので、争いになりそうなことは私が間に入り、1人がいつも我慢することにならないよう注意しています。

広島県
香取久美子さん（30才）
陽斗（はると）くん
創太（そうた）くん（1才3カ月）

泣かされる子が決まっています

生まれたとき2人の間に500ｇくらい体重差があり、体格の差が縮まらないので、小さめの子のほうがいつも泣かされています。また、大きい子のほうがなんでも早くできるようになるから、この先、発達に差が出ないか気がかりです。

埼玉県
荒井 幸さん（32才）
久愛（くれあ）ちゃん
可愛（かれん）ちゃん（1才0カ月）

将来、比べられないか心配です

2人とも女の子です。1人はまつげが長くて女の子っぽいのですが、1人は髪の毛がまだ短いせいもあり、男の子に見られることも。親は分け隔てなく育てていますが、将来、顔だちなどについて比べられ、嫌な思いをしないかちょっと不安です。

双子・三つ子の個性のとらえ方

個性は固定的なものでなく、成長とともに変わっていくもの

双子・三つ子の個性はさまざまなきっかけで、変わっていくもの。ママやパパはそれぞれの個性を決めつけたり、過大に評価をしたりしないことが大切です。それぞれの個性を認め、その違いを楽しみましょう。

同じ遺伝子の双子・三つ子もそれぞれに個性があります

赤ちゃんの個性は生まれてすぐから現れます。よく泣く子、あまり泣かない子、おっぱいをぐいぐい飲む子、ゆっくり飲む子、神経質、のんびり屋さん……。一見、同じように見える赤ちゃんたちも、接してみると、すぐにその違いがわかります。

双子・三つ子は、個性がとてもよく似ていると思われがちですね。多胎の個性は似ていることも多いけれど、異なる面もたくさんあることを頭に入れておきましょう。とくに二卵性の双子は遺伝的には年の異なるきょうだい程度にしか似ていません。

そもそも個性は、その人が遺伝的に持っている気質と身体的特性が核となり、それに対人関係、物理的環境、自然、文化など本人を取り巻くさまざまな環境が影響して形成されていきます(左ページ図参照)。

大人になってその人の個性が完成されてしまえば、個性はあまり大きく変わることはありませんが、子どものころの個性はけっして固定的なものではなく、さまざまなきっかけで変化していくものです。赤ちゃんのころは人見知りが激しかったのに、大きくなったら社交的になるなどというのはよくあること。思春期・青年期にもなれば、「消極的な自分を変えたくて、サークルに参加して人とたくさん話す機会を持つ」など、子ども自身が自分の行動パターンを変えることで、能動的に自分の個性を変えていくこともあるでしょう。

体の発達の度合いなどが個性の形成に影響します

赤ちゃん時代は発育・発達の早い・遅いが個性の形成に影響を及ぼすことがあります。たとえば、はいはいが早くできた子は、自分で移動して欲しいものを手に入れようとするかもしれません。これに対し、はいはいがまだできない子は、ママが持ってきてくれるのをじっと待っているかもしれません。すると、ママの目にははいはいできる子は「積極的」、はいはいが遅い子は「のんびり屋」と、映るかもしれませんね。

このようなことは、双子・三つ子によく見られます。「Aはリーダーシップをとり、BはいつもAのあとをついていく」というように、「Aは○○で、Bは□□」といった構図が出来上がりがちです。

前に述べたように、こうした子どもたちの関係性には、発育・発達の早い・遅いだけでなく、ちょっとした偶然が影響することもあります。

たとえば、Aが偶然出した手がBの顔に当たってしまい、Bがびっくりして泣きだした場合を考えてみましょう。子どもたちにはまさにアクシデントなのですが、それがきっかけとなって、AはBをたたくという技を身につけることもあります。そのためAは優位に立ち、BはAに泣かされる弱い立場に立たされるかもしれません。その技は、かみつく、押す、髪を引っぱる、大声を出すなどさまざまです。けれども、弱いと見られていたBが、何かAを圧倒する技を身につけると、立場もその時点の個性も簡単に逆転することがあるのです。

個性の成り立ち方

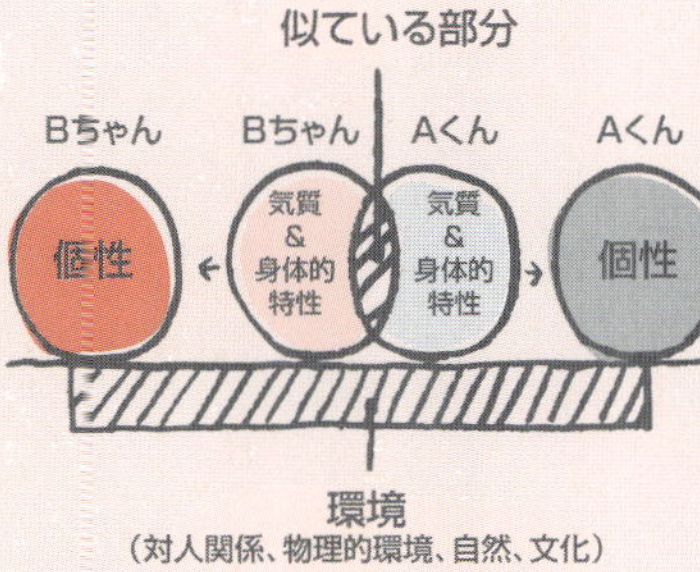

個性は遺伝的な気質と身体的特性、その子を取り巻く環境との相互作用によって形成されていきます。遺伝と環境、どちらの影響が大きいかには個人差があり、両者は切り離せません。

子どもたちの性格はどんどん変わっていきます

性格は、幼稚園などでお友だちとかかわって遊ぶようになったり、自分の好きなことを発見したり、先生にほめられて自信を持ったりするなどの体験を通して、変わっていきます。小さいときに身体的な発育の差があったとしても、就学するころには差も縮まり、いつまでも1人の子が力ずくでおもちゃを取り上げられたり、泣かされたりするままではありません。力で圧倒されていた、いわゆる弱い子もだんだん知恵がついてきて、相手が手を離した一瞬を突いて、欲しいものを手に入れるなど、要領よく、優位に立つ技を身につけていくこともあるでしょう。

毎日子どもたちの個性を目の当たりにしているママやパパは、なんとなく「Aはこういう性格、Bはこういう性格」と決めてしまい、それを前提として対応しがち。でもそれが子どもの個性を決定づけたり、その差を広げていくことにつながるのではよくありません。なるべく子どもたちの性格を固定的なものとしてとらえないことが大切です。

いたずらにライバル意識をあおらないことがポイント

どのような子でも親の愛情を一身に受けたいもの。少しでも相手の優位に立とうと、子どもたちの間に多かれ少なかれ、ライバル意識が生まれるのはしかたがないことです。でもそれをことさらにあおるのは、子どもにとって、あまり好ましくありません。

ライバル意識は比較され、評価されることによって強くなります。「Aちゃんは○○するのが速いけれど、Bちゃんは遅いね」などといたずらに比較したり、競争心をあおると、AもBも相手に勝つことばかりを意識するようになりかねません。

「速い」「遅い」などを比較するのではなく、子どもたちの個性としてとらえれば、いたずらにライバル意識を刺激することもないでしょう。

また、ママやパパが気をつけていても、周囲の人が2人を無責任に比べたり、評価したりすることもあります。そのようなときには、それぞれの個性なので、評価することをやめてほしいと伝えることが大切です。

もし評価されてしまったら、あとで「Aちゃんは、こういういいところがあるから大丈夫だよ」とフォローしてあげるようにしましょう。

子どもの個性の比較はやめてその違いを楽しんで

ママやパパは、子どもたちを比較してほめたりしかったりしてしまいがちです。時期によっては、「ほめられる子」と「しかられる子」がいつも同じということもあるかもしれません。しかし、これが固定されると、いつもほめられる子はますます自尊心を高め、しかられてばかりいる子は、だんだんエネルギーがなくなり、ママやパパの期待にこたえるどころか、「どうせ自分は」と自暴自棄になってしまうかもしれません。「AとBではどちらが……」と両者を比較して見るのではなく、「Aが速くできるのは○○」「Bが得意なのは○○」と、それぞれを主体に見ることが大切です。

また、親とはいえ「Aの個性のほうが自分に合う」「内向的なAよりも外向的なBのほうが好ましい」など、子どもとの相性のよしあしを感じることがあるかもしれません。それはある程度はしかたがないことです。でも、それを子どもたちの前で口にしたり、態度に表したりは、けっしてしないこと。今は、「この子は苦手」と思っていても、時期とともに関係性が変化して、新たに違う面を発見できることも多いものです。

子どもたちのいいところは、どんどん伸ばしていきたいもの。それぞれの個性を認めて、その違いを楽しむくらいの余裕があるといいですね。そして、ぜひ別々の個性を持つ子どもたちを育てている喜びを味わってください。

先輩ママも頑張った！ 奮闘STORY

気の強さが異なり負けるのはいつも同じ子に

埼玉県
阿部典子さん（35才）
恵太くん
佑也くん（３才４カ月）

1人は負けん気が強く、もう1人は負け癖がついている感じです。小さいころは、強いほうばかりしかっていたのですが、もう1人の子が泣けば親がいつでも味方をしてくれるという気持ちになっているようなので、3才過ぎからは、いさかいを起こしても危なくない限り見守ることに。すると、けっこう2人で考えて解決するようになったんです。親が入らないほうがこじれない場合もあるようです。

1人は人の輪にすぐ入れるけどもう1人は時間がかかります

岡山県
ひなりなママさん（31才）
ひなちゃん
りなちゃん（１才７カ月）

ひなは外向的で、児童館などでも初対面のお友だちの輪に抵抗なくついていけて楽しく遊べますが、りなは内向的で、なかなか私のそばから離れられません。でもこれも個性だからと考え、無理にお友だちと遊ばせようとはせず、自分から輪に入ろうとするまで見守っています。逆にこれからは、外向的なほうが知らない人についていかないよう、しっかり注意しなければいけないと思っています。

2人の性格は全然違うけどそれぞれの長所を認めるように

埼玉県
藤浪直子さん（35才）
麻莉子ちゃん
知也くん（２才６カ月）

娘はしっかり者だけど頑固。息子は優しい性格だけどおっとりしています。スプーンを使って食べたり、自分で着替えたりするなど、身のまわりのことをやろうという気持ちになるのは娘のほうが早く、一方、なんでも律儀に「半分こ」してくれるのは息子のほう。お互いのいいところをまねし合って大きくなれるという、双子ならではの長所を生かして育児をしていきたいと思ってます。

小さいころは娘の一人勝ち。でも、最近は対等にけんかを

福岡県
C・Kさん（33才）
昂大くん
愛理奈ちゃん（２才10カ月）

娘は負けず嫌いで、息子は優しいけれど泣き虫。だから、小さいころはけんかになると、ほとんど娘が勝っていたのですが、最近は息子のほうが力が強くなり、けんかが対等に。子ども同士で決着をつけることを覚えることも必要なので、今は手が出ない限りは仲裁に入りません。泣いたり泣かされたりを繰り返して、自己主張のしかたと、相手の気持ちを思いやる心を覚えてくれればいいですね。

子どもたちがのびのびと園生活を送れるように工夫を

いよいよ集団生活に入る子どもたち。お友だちや先生、保育士さんが、双子・三つ子であることで混乱しないように、最低限押さえておきたいポイントをまとめました。子どもたちがのびのびと園で生活できるように配慮して。

子どもたちと園側の両方に配慮が必要です

入園させるときにいちばん大切にしたいことは、多胎ということにとらわれず、子どもたちが個性を発揮しながらのびのびと過ごせることです。そのためにはいくつかの配慮が必要です(下の囲みを参照)。

クラスを別にするか、同じにするかは悩むところですが、友だちが早くできる、保育士が混乱しないなどのメリットを考えると、クラスは別のほうがいいでしょう。ただし、子どもの性格や園の方針などもあるでしょうから、事前によく園側と話し合っておきましょう。

集団に入れるときの心得 3

1 別のクラスにしてもらう

何かと比較されやすい双子・三つ子は別のクラスがベター。それぞれ自分の先生ができて、うれしそうとの声も。

2 先生や保育士に「別の人間です」と説明

それぞれの個性や見た目の特徴、普段の生活の様子などを話し、「似ているけれど別の人間」と伝えておきましょう。

3 似ないように服やグッズは配慮

みんなが混乱しないように、服や持ち物は色違いなどの配慮を。それぞれのテーマカラーやマークを決めるのも手です。

何かトラブルが生じたらまわりの人に相談を

それまで家庭で子ども同士だけで過ごすことが多かったのですから、集団生活に慣れるまでにはある程度時間が必要です。ママはあせらずに、大らかな気持ちで子どもたちを見守ることが大切です。

よくあるトラブルを次にあげました。何か問題が起こったら、ママは1人で悩まずに、園の先生や同じクラスのママなどに相談しながら対応していきましょう。

①双子・三つ子同士でくっついて、なかなかお友だちができない。

――最初は双子・三つ子同士でくっつきがちです。でも、クラスごとの活動の中で、それぞれお友だちとのつながりも増え、やがては気が合うお友だちも見つかるでしょう。

②先生やお友だちのママに双子・三つ子同士を比較される。

――相手の人はおそらく悪気はなく、社交辞令で言っているだけでしょうから、あまり気にすることはありません。「Aはこういうところがあり、Bはこういうところがあるんです。それぞれ個性があって、おもしろいんですよ」と上手にかわしていけばいいでしょう。

③言葉が遅れていて、園の活動になかなかついていけない。

――最初は多少苦労があるかもしれませんが、この年代の子どもは先生や、お友だちと接することで、どんどん新しい言葉を習得していきます。やがてはスムーズにコミュニケーションをとれるようになりますが心配であれば、最初は先生にフォローしてもらうようにしましょう。

先輩ママも頑張った！ 奮闘STORY

兵庫県
中村美智子さん（24才）
美月（みつき）ちゃん
美星（みほし）ちゃん（4才1カ月）

2人の見分けがつくように工夫

3才から保育園に入園。二卵性なのですが、先生やお友だちにはそっくりに見えるようなので、洋服の色を変えて、登園したとき「赤いほうが美月です」と伝えたり、手のひらに月と星のマークをかいて、区別できるようにしました。

神奈川県
坂野香織さん（31才）
凜音（りおん）ちゃん
琴音（ことね）ちゃん（3才1カ月）

子どもの順応性はスゴイです！

2才半ごろから何度か保育園の一時預かりへ。いつも2人で遊んでいるおかげで人との遊び方を知っているらしく、ス〜ッと友だちの輪に溶け込めたそうです。親が心配するよりも、子どもたちは順応性があって、タフなんだと実感しました。

大阪府
手嶋由紀子さん（32才）
恵（めぐみ）ちゃん
遥（はるか）ちゃん（5才11カ月）

それぞれに友だちができました

園の方針で別々のクラスにしました。遥は社交的なのですぐなじんだけれど、人見知りをする恵がなかなか慣れず、かなり気をもみました。でも、半年後には気の合う子が見つかり、今では別々にお友だちの家へ遊びに行ったりしてます。

わが子とどうかかわる？
Q&A

Q　女の子と男の子の双子ですが、いつも女の子のほうが我慢しているように見えてかわいそう。これは役回り？

A　何かのきっかけで力関係は変わります

今、2人の間で上下の力関係があったとしても心配することはありません。それで楽しそうに遊んでいるなら、女の子もとくに嫌がってはいないのでしょう。どちらに主導権があるかは、体が大きいとか、声が大きいとか、何か相手にまさる技を持っているとか、そのようなもので決まります。ですから、女の子のほうが男の子にまさる技を取得すれば、立場が逆転することもあります。ママはあまり今の2人の力関係を固定的に見ないほうがいいでしょう。もし、女の子が嫌がることがあれば、「順番でやってみれば？」「こっちの役もおもしろいよ～」など、2人の間に入ってフォローしてあげるといいですね。

Q　絵本の読み聞かせをしてあげたいのに、いつも絵本の取り合いをして途中で終わり。最後までいきません。

A　絵本にこだわらずお話をしてあげても

読み聞かせるときは、紙芝居を見せるようにママが少し離れたところからページを広げて見せてあげる方法がおすすめです。「この線から出たらダメよ」などと遊びをプラスしてもいいでしょう。語りかけという意味では、絵本にこだわらなくても大丈夫。寝るときにママが2人の間に横になり、何かお話をしてあげるだけでも十分ですよ。

Q　「双子は愛情も半分」というように、単胎の子に比べて、かかわる時間が少なくなってしまうので、気になります。

A　子どもたちは案外たくましいものです

ある3人きょうだいの話です。ある日、ママが突然真ん中の子だけを連れてお出かけしました。それについて彼は「お兄ちゃんと妹はおうちにお留守番させたのに、僕のことだけ連れていってくれたよね。だから、ママは僕のことがいちばん好きなんだよね」と言ったそうです。ママによると、実は上の子はもうお留守番できるし、妹はお昼寝をしていたから連れていかなかっただけのことだそう。真ん中だけ心配だったので、連れ出しただけなのに、本人はそれを愛情の印と受け取っています（『子どもの発達心理学』高橋恒男ほかより）。

この例からもわかるように、子どもは自分の力でママの愛情を自分のものにしていく、たくましさを持っています。ママが心配しなくてもちゃんと愛情を受け取っているはず。

Q 異性の双子です。首すわりや寝返りなど1人ができると、つい「もう1人はいつ？」とあせってしまいます。

A 発達の道筋には個人差があります

たまたま2人いるから、比べてしまうのです。でもママは、できるだけ2人を比べないようにしたいですね。首すわり、寝返り、はいはいといった発達に個人差はつきものです。遅い子は準備が整うまで待っているのだと考えましょう。

立っち・あんよに向けて、その子なりの道筋で成長していけば問題ありません。発達がゆっくりな赤ちゃんに「もうすぐできるようになるよね」「ゆっくりでいいんだよ～」と語りかけてあげるなど、ママも気楽に考えましょう。

Q 2人で一日中、物の取り合いをしています。このことが心の発達に悪い影響を与えないか心配です。

A 物の取り合いができるのも幸せなことです

安価なものであれば同じ物を2つ用意してあげれば争いも減ります。でも最近はきょうだいが少なく、逆に物の取り合いをする体験が減っています。

ですから、「今は貴重な経験をしている」と発想を転換してみるのも一つの見方です。2才後半くらいになったら、ママがときどき介入して「分けっこ」『順番』を教えていきましょう。

3才を過ぎたらそれもわかるようになってきます。それまでは危険がない限り、取り合いを黙って見ていてもOK。そのうち子どもたちなりの解決法を見つけることでしょう。

Q 2人に平等に接しているつもりでも、子どもたちから見たら差があると感じていることもあるのでは？

A 要求の強いほうに偏るのはしかたがありません

常に平等を心がけていても、ママのかかわり方に、ときには差が生じることもあるでしょう。

要求が強いほうの子は、いくらママが対応してあげても不満に思うでしょうし、要求がさほど強くないほうの子は、ちょっとママがかかわってあげるだけで満足してしまうかもしれません。ですから、どうしてもママは要求が強いほうの子へ対応することが多くなります。でも、それは満足度の違いですからしかたがないことです。要求が弱いほうの子にも、「おいで、抱っこしてあげるよ」など、ママのほうから適宜声をかけていきながら、両方にかかわっていくようにしましょう。そうしていけば、子どもたちは極端な不平等を感じないと思います。

Q 1人がものすごくわがまま。そちらにかかりきりになると、穏やかなほうがほったらかしになってしまいます。

A 今は穏やかな子もそのうち、騒ぎだすかも

穏やかな子は、もう1人の子を見て「ママ、大変だなぁ」と少し抑えてくれているのかもしれません。しばらくして、わがままな子がおさまると、今度は穏やかだった子が騒ぎだすかもしれませんよ。そうなったら、ママはその子に手をかけることになります。ですから、あまり気にしすぎず、その場その場で対応していけばいいでしょう。

Q 双子の間でコミュニケーションがとれてしまい、私が入る余地がありません。どう介入したらいいですか？

A 1人ずつに語りかける時間を持ちましょう

2人の間で楽しくコミュニケーションがとれているのであれば、ママが介入することはありません。もし、言葉の遅れが気になるなら、大人がそれぞれの子とコミュニケーションをたくさんとるようにしましょう。パパとママで分担して、おふろや寝かしつけなどは、1人ずつとかかわるなど、積極的に語りかけをしていくといいですね。

Q 子どもたちの言葉が遅いためか、お友だちから赤ちゃん扱いされたり、仲間はずれにされたりします。

A ママが思うほど本人たちは気にしていません

お友だちに話しかけられても本人たちが言葉がわからずにキョトンとしていれば、お友だちがこういう反応をするのは自然のことかもしれません。でも本人たちは、「仲間はずれにされている」と深刻に受けとめてはおらず、案外平気で遊びに加わっていることも多いものです。もし、お友だちの中に4～5才くらいの子どもがいたら、「この子たち、まだ上手にお話できないの。何かあったらよろしくね！」と仲介役をお願いするのも一つの方法です。

Q 男の子同士の双子で、ライバル意識が強く、手洗い、着替えなどなんでも先じゃないとダメ。負けたほうは大泣きで大変です。

A 逆にライバル意識を利用する発想をしては？

双子間のライバル意識は、なかなか消せないもの。そのうち、自分なりのやり方や個性が出てくれば、今ほど激しく争うことはなくなるでしょう。それまでは、ママは負けたほうを慰めてあげるしかないですね。競争をすれば、手洗いや着替えも早く済ませることができるので、過熱しすぎない程度に利用してしまおう、と逆に開き直ってもいいかもしれませんよ。ママがどうしても嫌だったら、「おうちの中では競争はヤメ！」というルールをつくってみてもいいでしょう。

Q 双子のうち、1人が朝寝坊しがちでグズグズ。それでもう1人も保育園に遅刻してしまうことが。いい対処法はありませんか？

A ほかの人の手を借りて登園させてもいいでしょう

本来ならちゃんと行けるはずなのに、グズグズしている子のために、早く起きられる子まで遅刻させてしまっては、かわいそうですね。もし1人の子の朝寝坊が原因なら、まず早寝早起きができるよう、睡眠、食事、遊びなどを毎日ほぼ同じ時間にできるように生活リズムを整えていくことを意識してみましょう。でも生活リズムは、いきなり整うわけではありません。2人でスムーズに登園できるようになるまでは、早く起きられるほうの子の登園は、おばあちゃんやお友だちのママなど、ほかの人の手を借りるようにしてみてはどうでしょう？　双子を育てているのですから、どんどん人を巻き込まないと、ママは身体的にも精神的にもつらくなってしまいますよ。

Q 双子の1人がお友だちとうちで遊びたいと言います。でも、もう1人はお友だちゼロ。お友だちを呼ぶのはやめるべき？

A ママが1人とじっくりかかわれるチャンスかも

そんなに気を使わなくても大丈夫です。お友だちを呼んだら3人で遊べるようになるかもしれません。もし、もう1人の子が仲間はずれになってしまうようなことがあれば、ママが相手になってあげればOK。普段それぞれにじっくりかかわる時間が少ないのですから、そういう機会に絵本をゆっくり読み聞かせてあげたり、好きな遊びにたくさんつき合ってあげたりしたらいいでしょう。

Q 1人はパパになついていますが、もう1人は全然です。抱っこされるのも嫌がり、パパがかわいそう……。

A 自分の居場所としてこの子はママを選んだだけ

まず、パパに気持ちを聞いてみてください。もし本当に寂しい思いをしているなら、ちょっと我慢してもらうように言いましょう。多胎によく見られることですが、子どもたちは親の愛情をしっかり得られるように自分たちなりに居場所を確保しようとすることが多いようです。たとえば、1人がママ、もう1人はパパ、というふうに絶対安全な場所を決めておくと安心するのです。

ただ、親と子のこの組み合わせは固定的なものではなく、何かのきっかけで変わることもあります。今はパパになつかない子も、そのうちパパのほうに居場所を見つけるということになるかもしれません。しばらくの間、パパになついているほうの子のお世話を集中的にしてもらいましょう。

双子・三つ子パパのための学校

PAPA'S SCHOOL

～卒業スペシャル～

5時間目 「子どもたちとかかわるとき」

双子&三つ子のパパとして自信を持って子育てを！

日々奮闘し続けるママのケアをしてあげて

毎日ママは、子どもたちのお世話で大変です。それもいろいろ迷ったり悩んだりしながらなので、ママの苦労は単胎のママの倍以上でしょう。パパはそんなママの心と体のケアをしてあげてくださいね。たまには夕ごはんを作ってあげたり、肩をもんであげたり。もちろん、「いつもありがとう」「頑張ってるね」の優しい言葉がけも、ママには何よりの心のケアになります。

ママが見きれない子のサポートをしましょう

ママは子どもたちに常に平等に対応しようとしていますが、子どもたちが別行動をしたときなど、状況によってはそうもいかないときがあります。そんなときは、パパがママの目や手が行き届かないほうの子の担当になってあげてください。抱っこ、体を使って遊ぶなどのスキンシップだけでなく、着替え、歯磨き、食事などのしつけ面でも子どものサポートをしましょう。

子どもたちの違う側面を見つけてあげましょう

一日中子どもたちの世話に追われるママと違って、パパは少し冷静に子どもたちのことが見られる立場。「いつも落ち着きがなくて泣いてばかりいるのに、パパが絵本を読んであげたら、とても喜んで絵本に集中したよ」など、普段ママが気づかないような、子どもの違う側面を積極的に見つけてママに伝えましょう。それは子どもの新しい側面を知ったママにとっても、認められた子どもにとってもうれしいことです。

パパ主導で家庭を切り盛りする時間を

平日は仕事などが忙しく、無理かもしれませんが、お休みの日に、パパが子どもたちのお世話の仕切り役になってみてはどうでしょう。子どもたちとの遊びの時間、食事、おふろ、寝かしつけ、お休みの日だったら外遊び、買い物など、やることはいっぱいあります。パパにそれぞれの活動を主体的にやってもらうと、ママはかなりラクになります。パパも普段のおうちの中や子どもたちの様子がよくわかりますよね。

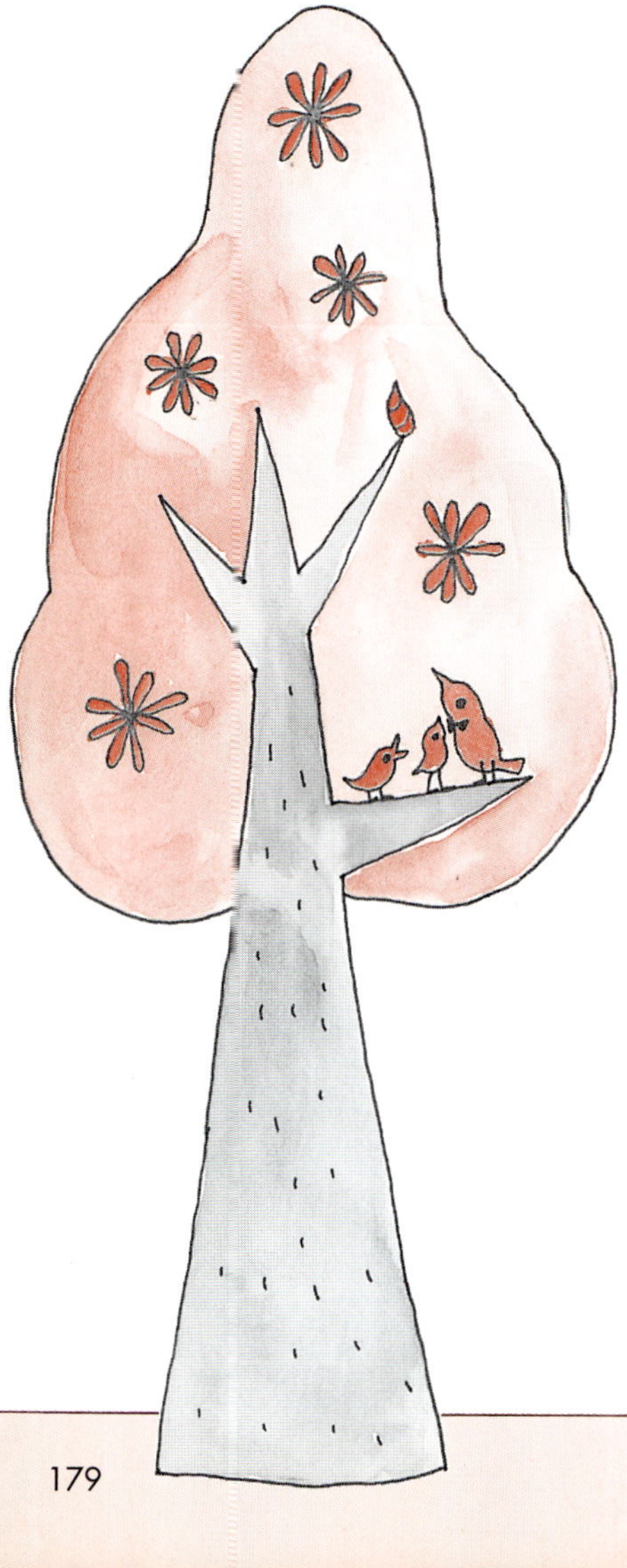

お手本にしたい

こんな先輩パパがいるよ！

先輩パパファイル No.19

生居守人さん（千葉県・37才）
望乃加ちゃん＆萌乃果ちゃん（2才10カ月）のパパ

生後3カ月ごろまでは昼も夜もない生活だったけれど、平日の日中はどうしても妻1人に任せるしかありません。そこで、休日は育児全般を僕が担当し、少しでも妻が休めるようにしました。また、2才半ごろからは僕1人で娘たちを連れて外出することもできるようになったので、その間は妻のフリータイムに。

先輩パパファイル No.20

小此木謙一さん（群馬県・36才）
知真くん＆篤真くん＆樹真くん（1才11カ月）のパパ

生まれたときは3人とも同じくらいだったのですが、成長とともに少しずつ発達に差が。妻がそのことを気にしているようだったので「一人一人、成長のスピードは違うよ。個性を生かして育てていこうよ」と言いました。その後、妻がリラックスして育児をしているように見えたから、僕の言葉も役に立ったのかな。

先輩パパファイル No.21

やすひろさん（宮崎県・32才）
咲良ちゃん＆香里ちゃん（1才7カ月）のパパ

娘たちは体を使った遊びが大好きなのですが、毎日育児と家事で大変な妻にはかなりの負担。とくに体重が10kgを超えてからは、体を使った激しい遊びは僕が担当しています。休日にたくさん遊んであげるから満足するらしく、平日に妻にせがむことはあまりないらしいですよ。

卒業にあたり先生からパパへ

人生の大仕事を成し遂げた２人であることに自信を

高橋恒男先生

無事に赤ちゃんたちを出産してくれたママへの感謝の気持ちを常に忘れないこと。パパもママも一度に複数の赤ちゃんの親になったことで、２倍（３倍）の喜びを得ることができましたね。このことをあらためて２人で実感してみましょう。こんな大仕事を成し遂げた２人に、乗り越えられない問題があるはずがありません！　そして、２つ（３つ）の生命の誕生という喜びが、これから続いていく育児への架け橋となっていきます。

双子でも三つ子でも特別ではない。一人一人の個性を見てあげて

関 和男先生

これでパパのための学校も卒業です。この父親学級を通して、双子や三つ子特有のこともあれば、そうではなく単胎と同じこともあるのがわかったと思います。大切なのは、双子（三つ子）だからといってひとまとめにして考えずに、一人一人の個性をよく見てあげることです。パパは子育ての手助け役ではなく、主役の一人です。そして家族を支える大きな柱の一つです。ママの役割と補いながら、共に家族をつくり育てていきましょう。

子どもたちにかかわるほど、自信を持ってサポートできます

仲 真紀子先生

あらゆるお世話をすることで、パパと子どもたちとの関係は濃密なものになります。パパもごく自然に一人一人の個性、物事のとらえ方、癖などを理解していくでしょう。子どもたちのことをよく知っていると、これから何かトラブルを抱えたときにも、パパは自信を持ってサポートしていけます。子どもたちにとっても、パパは頼りになる存在になるはず。今は大変でしょうが、どうぞ一生懸命かかわってあげてください。

こんなふうに育ってるよ！

お兄ちゃん＆お姉ちゃんたち

ひと足早く、すくすく育っている大きい4〜6才代の双子・三つ子ちゃんたちの成長ぶりに注目！　双子・三つ子のお兄ちゃん＆お姉ちゃんたち17組を紹介します。先輩ママがこれまでの育児生活を振り返り、後輩ママにエールを送ってくれました。

双子ちゃん

それぞれが日々成長。ママもだんだんラクに

兵庫県
椿 和也（かずや）くん＆綾乃（あやの）ちゃん

4才3カ月

娘がする姿に刺激され息子もおむつがはずれました

娘の綾乃のほうが体も言葉も発達が早めで、息子の和也はおっとりタイプなのが気がかりでした。でも、娘がトイレでおしっこするのを見て刺激され、息子もあっという間におむつがはずれるなど、最近は２人の差がなくなってきてひと安心。自立心も旺盛に。（仁見ママ　43才）

後輩ママへのエール

子どもたちに言葉で説明してもわかってくれない時期は、ストレスがたまる一方ですよね。でも３才６カ月ぐらいを過ぎれば「じっとしていてね」「待っていてね」などの言い聞かせができるように。それまでの辛抱だから頑張って！

自分のことは自分でやってくれるようになりました

おちゃめな女の子同士の双子です。小さいころは私に余裕がなく、いつもぴりぴりしていた気がします。でも、外に出られるようになった２才過ぎからは、なんとなくあった閉塞感が解消しました。そして今は、２人ともたいていのことは自分でできるようになっているため、手もかかりません。（A・Sママ　36才）

東京都
渋谷龍生くん&樹生くん

年中さんになってからはとても丈夫になりました

1人が風邪をひくと必ずもう1人にうつるので、2人がすっきり治るまで時間がかかりました。いつも一緒だから、しかたないんですけどね。幼稚園入園後も、1年目はいろいろな病気をもらってきて休みがちでしたが、2年目の今は抵抗力がついたのか、1日も休まず登園しています。（利恵ママ　37才）

後輩ママへのエール

毎日とても忙しいと思いますが、ビデオをまめに撮っておくことをおすすめします。子どもが着実に成長している様子を見ると、そんなに悩まなくてもいいと思えるし、双子を産んでよかったと実感できます！

幼稚園に行きだしてからかなり聞き分けがよくなりました

わんぱくな男の子同士の双子です。自我が芽生えてきた2才ごろはどちらも「自分がいちばん！」で譲れないことが多かったので、よく2人一緒に抱っこを。4才になってからは幼稚園に入った影響もあり、2人ともかなり聞き分けがよくなり、ずいぶんラクになりました。（敏子ママ　35才）

後輩ママへのエール

あまり悩むと胃が痛くなっちゃうから、気楽に育てましょう。助産師さんに言われたことなのですが、「子どもは5日ごとに変化するくらい成長するもの」。今悩んでいることもそう長続きはしないから、おおらかに見守ってください。

東京都
大石英治くん&明良くん

大阪府
あみちゃん&みおちゃん

後輩ママへのエール

同時に泣かれるとなすすべがなく、ついパニックになりますよね。でも、そこで自分を追い詰めると育児がつらくなるだけ。「泣いているのは元気な証拠」くらいの気持ちで、ドーンと構えていたほうが母子の両方にとっていいですよ。

2人でおふろにも入るからほとんど手がかかりません

赤ちゃんのころは1人が泣けばつられてもう1人も泣くので困りました。本当に休む暇がなく、ちゃんとやっていけるのか不安になったことも。でも、日々できることをこなしているうちに、今では2人だけでおふろに入ることもできるほど、手がかからなくなりました。(玲子ママ　27才)

5才2カ月

埼玉県
小嶋莉奈ちゃん＆佑奈ちゃん

後輩ママへのエール

いつの時期でもいろいろ心配になることが出てきますが、子どもの成長する力を信じて見守ってあげれば、いずれは解決すると思います。２人同時の子育ては大変さは２倍だけれど、うれしさは４倍以上ですよ！

善悪の区別をしたり人をいたわることもできるように

赤ちゃんのころから２人ともずっとスリムな体形です。今も食べる量にはムラがあるけれど、元気に育ってきたので、とくに心配はしていません。５才になってからは善悪の区別をつけたり、小さい子をいたわる思いやりの気持ちが芽生えてきましたよ。(ツインズ母さん　41才)

5才3カ月

富山県
ヨシキくん＆ナオキくん

2人とも言葉が遅めだったけれど幼稚園では楽しくやっています

男の子同士の双子です。２人とも言葉の遅れを３才児健診で指摘され、１年間、発達相談に通いました。今でもまわりの子に比べると多少遅めですが、お友だちや先生に言いたいことは伝えられるし、２人とも幼稚園は大好きです。最近は、文字にも興味を持ち、自分の名前だけは書けるように。(K＆Yの母さん　36才)

大阪府
Kくん＆Yくん

5才6カ月

後輩ママへのエール

子どもが１人でも大変なのに、２人いるのですから、育児も家事も完璧を求めないに限る！　手を抜けるところはどんどん抜き、肉体的にも精神的にも余裕を持てるようにすると、子どもがいっそういとおしく思えますよ。

5才8カ月

岐阜県
鈴木菜月（なつき）ちゃん＆彩月（さつき）ちゃん

私の手伝いもしてくれるので育児だけでなく家事もラクに

歩けるようになったころは、外に出ると２人がバラバラの方向に行ってしまうので、危険だからと平日はついこもりがちになっていました。今は自分のことを自分でするだけでなく、食器を運んでくれるなど私の手伝いをしてくれるほど成長。とても助かっています。(寿枝ママ　36才)

後輩ママへのエール

２人を一度に育てるのは確かに大変。「双子はつらい」と感じることはだれにでもあると思います。でも、子どもがお互いの存在を頼りにする姿などを見るようになると、「双子でよかった」と思えるようになりますよ。

後輩ママへのエール

母親だって、１人になれる時間は絶対に必要ですよね。息抜きをしたあとは、新鮮な気持ちで子どもたちに接することができます。助けてくれる人が周囲にいたら、無理に１人で頑張ろうとせず、素直に甘えたほうがいいですよ。

5才10カ月

東京都
井上花音（かのん）ちゃん＆宙（そら）くん

２人でちゃんと話し合いをして穏やかに解決できるように

娘のほうが強く、息子が我慢しがちだったので、不公平にならないよう、ずいぶん気を使ってきました。でも、幼稚園で集団生活を経験することで譲り合いなどを覚え、最近は私が仲裁しなくても、たいていのことは２人で話し合って解決をするようになりました。(みゆきママ　33才)

後輩ママへのエール

ママ１人ですべての育児を担当すると、いっときも気の抜けない状態になってしまいます。身内の協力を得るのが難しい場合は、自治体の支援サービスなどを利用するのも一つの方法。とにかく頑張りすぎないで。

神奈川県
北原拓実くん＆実優ちゃん

性別が違い、顔も似ていないので姉弟を育てているような感じ

男の子と女の子で、顔もあまり似ていないからなのか、幼稚園のお友だちも双子と気がつかないことが。顔だけでなく、性格にも個性があり、双子といえども、まったく違う人間だということを毎日実感しています。だから、同じ年の姉弟みたいに思っています。（恵美ママ　37才）

後輩ママへのエール

産後１年間はママ自身も体調を崩しがちなので注意を。つらいときは、まわりの人に協力してもらいましょう。離乳食が始まり、１日３回食事をするようになると生活のリズムが整ってきます。午前中に外へ行くのもいいと思います。頑張って!!

食べ物の好みが違うなどそれぞれの個性が出てきました

子どもたちが３才くらいになると、話せばわかるようになり、大きくなったなと思いました。幼稚園では別の友だちとそれぞれ遊んでいることが多いけれど、家では２人で楽しく遊んでいます。顔は似ていますが、食べ物の好みなどで個性が出てきて、おもしろいですね。（智子ママ　34才）

後輩ママへのエール

多胎だから大変と思いがちですが、なんとかなるもの。そのためには、ママが元気であることがいちばんです。家事は二の次で、しっかり食べて十分な睡眠をとって。パパに協力してもらうことも大切です。

兵庫県
長坂真弥くん＆玲那ちゃん

下の妹とも仲よく遊ぶ姿に子どもたちの成長を感じます

１才半くらいまでは本当に大変でした。育児ノイローゼ気味になったこともあったけれど、今では３才になる妹・里音とも仲よく遊んでくれる優しいお姉ちゃん、お兄ちゃんたちです。ママの言うこともちゃんと聞いてくれて、本当に助かっています。（千穂ママ　36才）

後輩ママへのエール

妊娠中は元気だと思っても安静に。私は遠出などをしていて無理したせいか、早産になってしまいました。育児はまわりの意見に振り回されず、マイペースを心がければ、子どもたちの成長を温かく見守れます。

けんかをしても自分たちだけで解決できるように

　2人で仲よく遊んでると思ったら、けんかしたり。でも今は自分たちで解決できるようになり、ずいぶんと手がかからなくなりました。双子なので、とくにお姉ちゃん・妹と意識したことはありませんが、ときどき、第1子の桜がお姉ちゃんっぽくふるまうことがありますね。（恭子ママ　29才）

福島県
荻野　桜ちゃん＆桃ちゃん

後輩ママへのエール

　ほかの子と比べると、つい発達の遅れが気になり、あせってしまうこともあると思います。でも、子どもたちは必ず大きくなり、手がかからなくなります。成長をあせらず、ゆっくり見守るように心がけてね。

北海道
吉野真矢くん＆耕平くん

宮城県
高山大輝くん＆勇輝くん

一日中仲よく2人で遊んでいる姿を見ると、双子でよかったと実感！

　低出生体重児で生まれて入院したこともあったけれど、それほど大変だと思ったことはありません。今は2人で遊ぶことがすごく楽しいようで、一日中じゃれ合っています。そんな2人を見ていると、本当に双子を産んでよかったな～と思いますよ。（真里子ママ　34才）

後輩ママへのエール

　双子だとお世話やお金の面で大変ですが、その分かわいさは2倍です。大きくなれば、双子だけで遊べることも多いと思うので、1人の子を育てるよりも、手がかからなくなる時期が早いかもしれません。

三つ子ちゃん
子どもたちの中で社会性も身につくよう

4才9カ月

大阪府
柳井咲良ちゃん＆美玖ちゃん＆翔吾くん

後輩ママへのエール

先輩ママのアドバイスは選択肢の一つとして考えてみるといいかも。確かに子育ての苦労は３倍かもしれませんが、うれしいことは６倍、９倍になって返ってくると思えば、育児が楽しめますよ！

たくさん歩いて出かけることで、たくましく成長しました

女の子２人に、男の子１人の三つ子です。２才でベビーカーをやめて、歩かせるようにしました。今では遠くまで歩いて出かけられるようになり、三つ子と私だけでいろんなところへ行けるように。早産ですごく小さく生まれ、４カ月も入院していたのが信じられないほど、たくましく成長しました。（佳代子ママ　42才）

少しおしゃまな三つ子ちゃん。お手伝いもしてくれて大助かり

自分たちで幼稚園の準備をし、出かける前に３人で「この洋服がいい」「あれが着たい」などと相談して私にリクエストしたり、ずいぶんお姉ちゃんっぽくなりましたね。家のお手伝いもしてくれて、助かっています。（由美子ママ　38才）

後輩ママへのエール

私は病院を通じて三つ子のママを紹介してもらい、交流しています。同じような境遇だけに悩みを打ち明けたり、的確なアドバイスがもらえる頼もしい存在です。双子ちゃん、三つ子ちゃんママと友だちになるといいですよ。

6才4カ月

茨城県
黒沢梨沙ちゃん＆梨花ちゃん＆彩花ちゃん

5才11カ月

神奈川県
菊地萌葉ちゃん＆陽樹くん＆優花ちゃん

スイミングを始めて丈夫な体に。幼稚園に皆勤賞で通っています

何かと手のかかった子どもたちも、少しずつ本が読めるようになり、３人で遊ぶ機会が増えて、だいぶラクに。風邪をひきやすかったけれど、スイミングを習いはじめてからは、丈夫になり、幼稚園で皆勤賞をいただく子もいるほどです。これから先も元気で仲のよい三つ子でいてほしいな。（真奈美ママ　37才）

後輩ママへのエール

生まれてからの1年は育児が大変で、パパが残業もせず早く帰ってきてくれておふろに入れたり、お世話を手伝ってくれて助かりました。自分1人で頑張ろうとせず、まわりの人に協力してもらいましょう。

番外編

第8章

やっぱり気になるお金&手続き情報

赤ちゃんが増える分、心配になるのがお金のこと。多胎ならではの優遇制度は多くはありませんが、手続きをしっかり済ませ、先輩ママの節約法を参考に、賢く生活しましょう。

妊娠・出産にかかるお金

妊娠や出産にかかる費用は人数分、倍にはなりません

妊娠・出産にかかる医療費は原則、全額自己負担ですが、多胎だからといって、人数分、倍になるわけではありません。健診費や出産準備費、分娩・入院費など、先輩ママのアンケートとともに、実際にかかるお金をまとめます。

健診費用

多胎だと、健診回数は多め。費用は少しかさむことに

双子・三つ子の妊娠の場合、単胎に比べてトラブルなどのリスクが高いため、健診の回数を多めにして慎重に経過をみます。双子・三つ子ママDATAによると、単胎ママよりも少し多めという結果になりました。ただ、切迫流産や早産のために早期に入院した場合は、逆に健診の回数が単胎より少なくなることも。

トータルの健診費用は、検査内容や病院によっても異なりますが、単胎よりも健診の回数が少し多くなる分、割高になっているようです。

分娩・入院費用

帝王切開は保険が適用。高額の場合は還付もあります

多胎妊娠は、おなかも大きくなるので、早産になりやすくなります。切迫早産などで入院する場合、健康保険が適用になるので、医療費は3割負担になります。また、双子・三つ子の場合は経過を慎重に見守るために「管理入院」する例が多く見られます。そのため単胎よりも入院期間

双子・三つ子ママDATA

Q 健診費用はいくらかかりましたか？

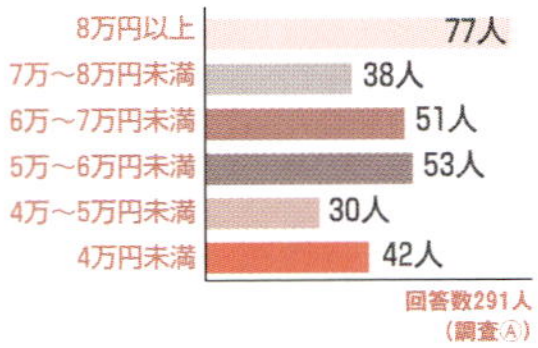

最も多かったのは、８万円以上で約26％。ついで６万円前後のママも多いようです。健診の回数が多くなれば費用も増えます。

Q 健診は全部で何回受けましたか？

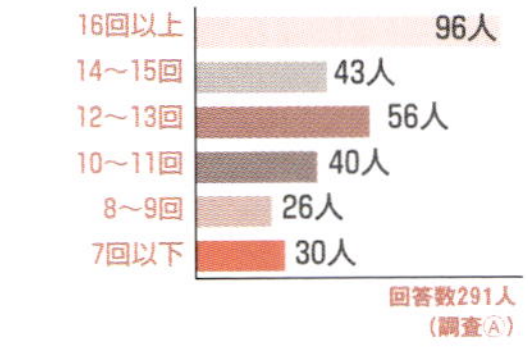

双子・三つ子の場合は16回以上という回答が群を抜いていました。やはり少し多めになるようです。

が長くなりがちです。

医療費も高額になりますが、1カ月の医療費が一定の金額（所得に応じて異なる自己負担限度額）を超えた部分が還付される「高額療養費」制度があります。ただし、これは、保険が適用される医療費が対象となり、差額ベッド代は還付されません。また、自分で希望した場合の差額ベッド代は医療費控除（193ページ参照）の対象にもならないので、注意が必要です。「管理入院」は民間の保険の支払い対象になる場合もあるので、事前に確認しておきましょう。

なお、分娩費は、双子でも1回の分娩なので、2倍にはなりません。自然分娩だと分娩費は自己負担ですが、帝王切開だと健康保険が適用になり、高額療養費も申請できます。

出産準備費用

双子でも2倍はかかりません。リサイクルも上手に活用を

哺乳びんやベビー服などは人数分必要になるわけではありません。うまく使い回せば、消耗品以外は双子の場合、単胎の1.5倍程度を用意すればOK（58ページ参照）。新生児期のものは、レンタルを上手に使うのがポイントです。お古や、多胎サークルのリサイクルを利用しても！

先輩ママも頑張った！ 奮闘STORY

東京都
K・Tさん（31才）
Mちゃん
Eちゃん（3才1カ月）

初診から健診が2週間に一度

初診で双子だとわかったのですが、それからずっと2週間に1回の割合で健診に通うことになりました。合計で4回、薬代を含めると約9万7千円になりました。8カ月から里帰り出産で転院したので、同じ検査をしたこともありました。

静岡県
榊 友紀子さん（31才）
涼花ちゃん・涼馬くん
（2才5カ月）

入院費が予想以上にかかった

出産まで2カ月管理入院していたので、分娩費を含め75万円以上もかかり、予想以上の出費。チャイルドシートなどにもお金がかかり、貯金もかなり減ってしまいました。保険の入院給付金が1日3千円だったので、戻りが少なく後悔しました。

神奈川県
伊藤久美子さん（34才）
千尋ちゃん
万琳ちゃん（2才0カ月）

借り物やお下がりで対応

義兄や弟の家からベビーバスや哺乳びんを借りました。哺乳びんは5～6本あったので間に合い、買ったのはチャイルドシートと肌着類だけ。服は、お出かけは頂きものを、普段着はおそろいでなくていいので、お下がりを着せています。

Q 出産準備費はいくらかかりましたか？

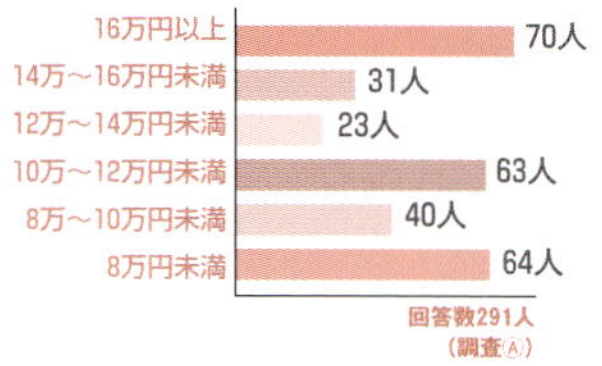

8万円未満が約22%、10万～12万円未満が約22%、16万円以上が24%という結果に。とくに突出した層はなく、家庭ごとの差によるようです。

Q 分娩・入院費用はいくらかかりましたか？

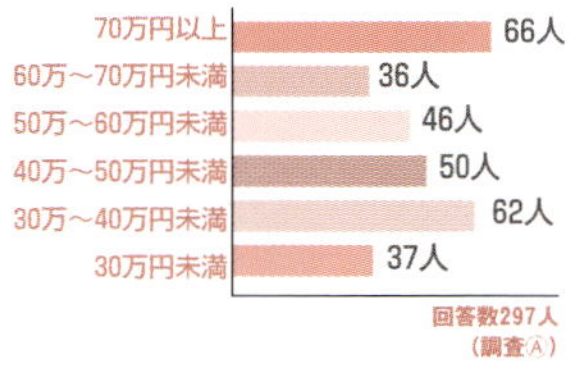

70万円以上が最も多いですが、30万円台から50万円台にもそれなりの人数が。分娩方法や管理入院の有無によって違ってくるようです。

出産前に申請方法を確認して自ら手続きをするのがポイント

出産費用は双子・三つ子ママに多い帝王切開の場合、保険が適用になります。また、子育てにかかるお金についても、自治体や国の補助があります。最近は、子育て支援のために国も力を入れているので、制度が充実しつつあります。

出産育児一時金

子ども1人につき35万円、双子だと70万円もらえます

健康保険から支給されるお金で、子ども1人につき35万円（健保組合により附加金が出る場合も）。出産前に健保で申請用紙をもらい、病院で記入してもらいます。健保に加入した働くママは会社で、扶養内のママは夫の会社で用紙をもらいます。国民健康保険の加入者は産後に役所で手続きを。出産退職しても6カ月以内に出産すれば、働いていた会社の健保か社会保険事務所に申請可能。※

児童手当金

3才未満は一律1万円 3才以上は2人目まで5千円、3人目から1万円

主として年金制度から、3才未満は一律1万円、3才以上は1人目・2人目は月5千円、3人目以降は1万円が、小学校6年生まで支給されます。※※手続きは印鑑と申請者の預金通帳や、健康保険証、年金加入証明書などを持って役所（共済年金の人は共済組合）に行きます。所得制限があるので、まずは確認を。申請翌月から支給されますが、さかのぼってもらえないので注意。

医療費助成

赤ちゃんにかかる医療費が一定期間無料か定額に

赤ちゃんにかかる医療費を自治体が負担してくれる制度です。「乳幼児医療証」を病院で見せると、診療費や薬代が無料または定額になるものと、病院で支払ってから後日還付されるものがあります。手続きは、出生届を役所に提出し、赤ちゃんたちを健康保険に加入させれば、医療証が送られてきます。自治体によって適用になる年齢が異なり、所得制限があるところもあります。

※継続して1年以上、被保険者であった等の条件があります。
※※実際には毎月ではなく、年3回に分けて支給されます。

医療費控除

医療費が高くかかった分、所得から差し引いて還付

所得から1年分の医療費を差し引いて、税金の対象からはずしてもらうこと。医療費が10万円（または所得の5%のいずれか少ない額）を超えたら手続きします。サラリーマンの場合、所得税は給与天引なので、税務署で確定申告を行って還付の手続きをします。対象となるのは家族全員の医療費ですが、出産育児一時金や生命保険の給付金、高額療養費などは医療費から差し引きます。

出産手当金

産休中の給料代わりに給料の6割がもらえます

働くママの産休中の給料代わりになるお金で、給料の約6割が産休を取った日数分もらえます。勤め先の健康保険に加入していればOK。手続きは、産休前に会社で申請用紙をもらい、産後56日たってから会社へ郵送を。出産退職する人は、退職時に確認しておいて。

育児休業給付金

育休中には給料の3割が、復職後にも2割が

働くママの育児休業中の給料補償として、賃金日額[※※※]の3割が休業を取った日数分、職場復帰後も賃金日額の2割が休業を取った日数分もらえます。ただし、雇用保険の加入期間などの条件もあり、雇用保険に入っていない人、自営業の人はもらえません。手続きは、産休前に会社から申請書類をもらい、育休開始1カ月前までに申請書類に記入・押印し、会社に郵送します。

※※※休業前6カ月間の給料や諸手当を日割計算した額。

先輩ママも頑張った！ 奮闘STORY

愛知県
T・Tさん（36才）
昂輝（こうき）くん
未来（みき）ちゃん（6カ月）

管理入院費は貸付制度を利用

健康保険組合に出産育児一時金のうちの24万円を出産前に貸し付けてくれる制度があり、利用しました。なるべく貯金を引き出したくなかったので借りたのですが、1カ月間管理入院をしていたこともあり、ずいぶん助かりました。

東京都
Y・Iさん（34才）
礼香（ゆきか）ちゃん
和香（のどか）ちゃん（2カ月）

乳幼児医療証取得に手間取った

産後15日間入院し、夫も多忙なため、出生届は病院で外出許可をもらって出しに行きました。健康保険証の手続きは名前が確定してからなのでさらに2週間かかり、1カ月以上たってやっと乳幼児医療証を受け取ることができました。

東京都
Y・Kさん（33才）
一樹（いつき）くん
水樹（みずき）くん（3才8カ月）

医療費控除で2万円戻った

出産時の入院費用が58万円かかったので、医療費控除の申請をしたら2万円ほど還付されました。私は歯の治療で通院し、夫も定期的に病院に通っているので、医療関係の領収証は絶対に捨てず、毎年確定申告で医療費控除しています。

働く多胎ママの仕事との両立

多胎ママは単胎より長く14週間産前休暇が取れます

働いてきた女性にとって妊娠・出産は大きな人生の岐路。育児と仕事の両立はできるのか、悩みも多いものですが、子育て環境も少しずつ、働くママの追い風になりつつあります。妊娠中からしっかり情報収集しておきましょう。

上司には率直に報告を。まわりへの配慮も忘れずに

働くママにとって、妊娠をいつ職場に報告するか、仕事は続けるべきかなどの悩みはつきものです。まずは率直に上司に報告し、状況を説明しましょう。もし、妊娠初期で流産の危険性がある場合は、上司にだけ事情を話し、同僚には妊娠が確定してから報告したほうが安全です。

法律上、事業主は妊娠中の女性に対して、さまざまな軽減措置をとらなければならないとされています。とくに多胎妊娠の場合、26週以降はより一層の配慮が求められています。これらの軽減措置は、本人の申

働くママが法律で守られていること

産前休暇は14週間取れます

単胎妊娠では、産前休暇は6週間ですが、多胎妊娠の場合、14週間取ることができます。

多胎は26週以降、仕事の負担を軽減可能

必要に応じて仕事の負担を減らせることも。三つ子以上は、とくに慎重に配慮されます。

健診を受ける時間を確保できます

妊婦健診の時間をとることができ、医師の指示で規定より上回ることも可能です。

勤務時間の変更・軽減ができます

通勤ラッシュを避けるため時差通勤や、勤務時間の変更および短縮ができます。

請が必要なので、上司とよく相談しましょう。医師などの指導がある場合は、医師の記入書類などを示すと、相談がスムーズに進むでしょう。とはいえ、権利ばかりを主張せず、まわりへの配慮も忘れずに。まわりの理解が得られてこそ、仕事を続けることが可能なのです。

産休前の引き継ぎはスムーズに。保育園情報も事前にゲット

仕事を続ける人は、育児休業をいつまで取るか、できるだけ早く職場に伝えましょう。仕事の引き継ぎ事項はマニュアル化しておくとスムーズに。また、妊娠中は無理をすると、かえって迷惑になるので、できないことは人に頼む勇気も大切です。

産休に入ったら、ぜひやっておきたいのが、保育園の情報収集。保育園によって入園可能な月齢が決められているので、役所やインターネットで調べておくことが必要です。また、保育園の申し込み方法や空き状況も役所に問い合わせておくこと。とくに入りやすい4月入園は、募集時期や方法が自治体によって違うので、必ず調べておきましょう。

妊娠中には失業給付金の受給期間の延長手続きを

出産退職しても、妊娠中はすぐに働けないので、失業給付金の受給はできません。そこで、妊娠中には給付期間を延長(最長4年)する手続きをします。退職の際、会社から渡される「離職票」と母子健康手帳、印鑑を持って、住所地のハローワークへ行きます。手続きは退職の翌日から30日経過後の1カ月間なので、忘れずに手続きをしましょう(代理人、郵送も可)。

なお、退職後6カ月以内に出産すれば、出産育児一時金と出産手当金が働いていた会社の健康保険から支給されます。※ ただし、出産日が遅れて、6カ月を1日でもオーバーすればアウト。退職日は余裕をもって決めておくと安心です。

※継続して1年以上、健康保険に加入していたなどの条件があります。

先輩ママも頑張った！

奮闘STORY

東京都
宮﨑満江さん(37才)
杏ちゃん
柚ちゃん(11カ月)

仕事柄、病欠扱いになりました

植木の剪定など高所作業の仕事なので、主治医に勤務軽減用紙を書いてもらって職場に相談したところ、せっかく授かった命だから大切にしてほしいと言われ、病欠扱いになり、そのまま産休・育休へ。理解ある職場で助かりました。

大阪府
M・Mさん(35才)
Hくん
Wくん(3才7カ月)

リスクは理解してもらえず

看護師ですが、職場は独身者が多く、看護部長にも単胎妊娠と同様に考えられ、多胎妊娠によるリスクは理解してもらえませんでした。ただ、切迫流産で自宅療養後は、急に休むと迷惑になるということで、夜勤は免除してもらいました。

神奈川県
青木紀美子さん(35才)
天河くん
明河くん(1才10カ月)

保育園の4月入園を待って復帰

育休を1年間取得し、2月1日から復職予定だったのですが、前年の11月から問い合わせても保育園はどこもいっぱいで入園は無理。結局、保育園は4月まで待ち、募集定員がいちばん多い保育園をねらって2人そろって入園しました。

育児費の節約ノウハウ

ミルクをまとめ買いするなど先輩ママの節約法を参考に

これまでの生活に、いきなり2人、3人の赤ちゃんが増えると、生活費は予想もつきません。ここでは、先輩ママのDATAをもとに、育児にどれだけかかるのか、そして、多胎育児でできる節約法をご紹介します。

消耗品や光熱費は月1万～2万円が平均的

双子や三つ子が生まれると、2人分、3人分が家計に同時にのしかかってくるので、不安に思う人も多いでしょう。とくにミルクやおむつなどの消耗品は、生活していく上で欠かせないもの。切り詰めるにしても限界がありますね。

双子・三つ子ママDATAによると、消耗品費は、1カ月に2万～2万5千円未満という回答がいちばん多く約27%、ついで1万～1万5千円未満が約21%という結果になりました。物価は地域によっても若干違いがありますが、だいたい1万～2万円はかかっていることになります。

ただし、1位と2位の間で1万円の差があるということは、やりようによっては節約できる証し。頑張りがいがあるようですね。

光熱費については、1万5千円未満が約30%、1万5千～2万円未満と2万～2万5千円未満、3万～4万円未満が約20%弱という結果になりました。

光熱費は地域によって大きく異なるものの、とくに低月齢の時期は育児に追われて節約まで頭が行きにくいのを考えると、約半数の家庭が1万円台でまかなっているのは大健闘といえるでしょう。賢く、ムダなく節約していきたいところです。

双子・三つ子ママDATA

Q 1カ月の光熱費はいくらしましたか？

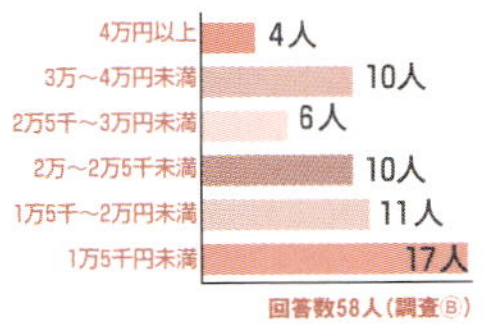

約30%のママが、1万5千円未満に抑えています。1万5千～2万円未満と合わせると約半数が1万円台で過ごしています。

Q おむつやミルクなどの消耗品は1カ月いくらしましたか？

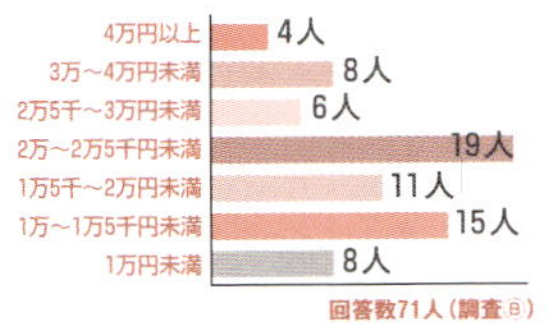

2万～2万5千円未満というママが最も多く、全体の約27%に。次に1万～1万5千円未満が約21%という結果になりました。

消耗品費

ミルクやおむつはまとめ買い。衣類はリサイクルを活用

節約法として先輩ママの多くの人がおむつのまとめ買いを実践しています。チラシで安値をチェックしたり、インターネットで箱単位でまとめ買いする人が多いようです。

また、パンツタイプは単価が高いので、テープタイプを使い続ける、夜や外出は紙おむつにして、昼は布おむつで頑張るなどのノウハウも。おしりふきの代わりに、適当な大きさに切った古布を使ったというママもいます。

ミルクは、メーカーから箱単位で購入できる多胎育児専用サービスを利用している人も多いようです。また、小まめに作ると、飲み残しがないというノウハウもあります。

衣類などのベビー用品は、ネットオークションやリサイクルショップ、多胎サークルのリサイクルを利用している人が圧倒的。おそろいにこだわらず、いろんな人に声をかけてお下がりをもらったり、おそろいの服は多胎サークルのリサイクルを利用する、外出のときだけおそろいの服にするなど、普段着と外出着でメリハリをつけるのが節約のポイントです。

光熱費

家計のバランスを考え無理なく上手に節約を

月齢が低い時期は室温を一定に保つ必要があり、とくに電気代の節約は難しいのですが、電気ポットを使わずに保温ポットを使ったり、調理はシャトル鍋や圧力鍋を利用すれば、ガス代を節約することができます。

ただ、こまかい部分の節約は精神的につらくなることもあるので、できる範囲で十分。消耗品やベビー服で節約するなど、生活全体の中でバランスをとっていきましょう。

先輩ママも頑張った！ 奮闘STORY

広島県
神重由佳さん（27才）
翔和（とわ）くん・如春（はる）ちゃん
（1才5カ月）

携帯に紙おむつの単価を入力

初めは安い紙おむつを漠然と買っていたのですが、子どもがまとめてお昼寝をするようになった4カ月ごろ、同じ価格でも枚数が違うことを発見。今は新聞のチラシでいちばん安そうなときに、1枚の単価を携帯に入力して買っています。

新潟県
Y・Kさん（32才）
颯太（そうた）くん・佳太（けいた）くん
（3才3カ月）

ミルクメーカーの宅配を利用

1カ月健診のときに小児科で、メーカーからミルクを直接配送してくれる多胎専用のサービスを教えてもらいました。注文すると1～2日で届き、手数料は無料、金額も1缶タダになるくらい安くて、1カ月に2回ほど利用していました。

三重県
平澤貴子さん（33才）
彩寧（あやね）ちゃん・涼翔（りょうと）くん
（2才5カ月）

野菜をキューブ状に冷凍

にんじん、玉ねぎ、キャベツなどの素材は圧力鍋でやわらかく煮て、素材別にぎゅうぎゅう詰めて製氷皿で冷凍。具材の組み合わせや味つけを変えて離乳食を作っていました。素材は1日おきに作り、お出かけ以外はすべて手作りでした。

HELP ME!

双子・三つ子ママのためのお役立ち情報リスト

双子・三つ子の育児はとても大変！　ママを力強くサポートしてくれる行政支援や宅配サービス、仲間が見つかるサークルを紹介します。

育児支援・行政サービス

名称	URL・連絡先	概要
(社)全国ベビーシッター協会	http://www.netcircus.com/babysitter/ TEL：03-5363-7455	全国のベビーシッター会社が加盟している協会のサイト。地域ごとに最寄りの会社を検索できる。
(財)女性労働協会	http://www.jaaww.or.jp/ w-women2a@jaaww.or.jp	全国のファミリーサポートセンター、保育グループなど情報が満載。ファミリーサポートセンター、保育グループの検索も可能。
(財)こども未来財団	http://www.kodomomiraizaidan.or.jp/ TEL:03-6402-4824 / FAX：03-6402-4830	共働き家庭、多胎児家庭や産前産後休業中で社会保険適用の方が、自宅でベビーシッターを利用する時の割引券を発行している。
i一子育てネット	http://www.i-kosodate.net/ FAX：050-3488-3078	全国の認可保育所、放課後児童クラブ、自治体の子育てサービスなど、子育てに必要な情報を検索できる。

買い物＆宅配サービス

名称	URL・連絡先	概要
生協の宅配(コープネット)	www.coopdeli.jp フリーダイヤル：0120-043-502	このサイトから関東1都8県の生協の資料請求が可能。共同購入・個人宅配もでき、ネット注文や妊娠・育児向けのサービスもあり。
ダイエーネットショッピング	http://www7.daiei.co.jp/ callcenter@email.daiei.co.jp	子育て応援・簡単しつけグッズなどを販売。商品は注文確認後7〜10日で配達。支払いはカード、銀行振込、コンビニ決済、イーバンク銀行。
イオンオンライン ショッピングサイト	http://www.aeonshop.com/babyshop TEL：04-7166-0141（9:30〜21:00）	ネットで午後4時までに注文すると、最短で翌日お届け。支払いはカードや銀行振込など。イオンネットメンバー（登録無料）は5000円以上で送料無料。配達料は1回につき525円（一部別料金）。
西友ネットスーパー	http://www.the-seiyu.com/ TEL：03-5336-8117（月〜日10:00〜17:00）	首都圏限定で即日配達。支払いはカード（一部のカードのみ）か代金引換。配達料は、商品5000円未満は525円、5000円以上無料。
森永乳業	http://www.hagukumi.ne.jp/ TEL：03-3798-0133（宅配商品係）	「森永Ｅお母さん」「赤ちゃんのビフィズス」、特殊ミルク、ベビーフードのインターネット宅配販売のページ。

多胎育児関連サイト＆サークル

名称	URL・連絡先	概要
twins-mam.jp	http://www.twins-mam.jp/index.html mail@twins-mam.jp	多胎育児のポータルサイト。多胎児の出産・育児にまつわるたくさんの体験談が載っている。全国の多胎育児サークル情報も豊富。
ふたごいくじねっと (双子育児ネット)	http://www.futago-ikuji.net/ info@futago-ikuji.net	多胎の妊娠・出産・育児の情報交換・コミュニティサイト。妊娠・出産から授乳など子育ての技まで、多胎育児の情報満載。
スモールベイビー.com	http://www.small-baby.com/index.html	早産で生まれた赤ちゃんの健康応援サイト。発育・発達上の気がかりや、病気やトラブルなどへのアドバイスが載っている。
双子ママ便利生活	http://futagomama.net/ info@futagomama.net	双子育児応援サイト。育児に役立つグッズやサービス、育児テクニック、デジタルアルバムの作り方などの情報が載っている。
ツインズ＆スーパーツインズ・ メーリングリスト	http://www.twins.gr.jp/	メーリングリストを使って育児の情報交換ができるサイト。会員数は約4000人。サイト内に多胎育児本やサークル情報もある。
ツインマザースクラブ	http://www.tmcjapan.org/ TEL＆FAX：03-5337-0766(火・木・金10:00〜14:00)	会員制の育児支援クラブ。会員になると、会報の送付、集会の参加、電話相談などが受けられる。各地域での集会もある。
みらくる子ぶたはうす	FAX：049-242-9613	全国三つ子以上の多胎育児サークル。会報、回覧ノート、リサイクル活動中。
多胎児子育て支援グループ マミーベアーズ	http://blogs.dion.ne.jp/mammybears/htm hyogo-tatai-net@w7.dion.ne.jp	兵庫県神戸市を中心に、集会や育児・家事援助、リサイクル活動を行っている。電話やメールでの育児相談や情報提供活動もある。
多胎育児サポート ネットワーク	http://www.tatai-ikuji.jp/ TEL：03-3269-2514	多胎児の家族の支援を考える中間支援団体。会員以外も利用できる「おしゃべり電話」は毎週火曜日午前10時〜午後2時。03-5261-8915

※上記は2009年7月現在のデータです。URL、連絡先は変わることがあります。

50音順索引

さ行

た行

な行

ま行

や行

ら行

は行

たまひよ新・基本シリーズ+α 双子&三つ子ママの妊娠・出産・育児

発 行 日　2006年 3 月31日発行　第1刷発行
2009年 7 月31日発行　第4刷発行

編　　者　たまごクラブ／ひよこクラブ／たまひよこっこクラブ特別編集

発 行 人　堀口育代

編 集 人　坂井一之

発 行 所　株式会社ベネッセコーポレーション
〒206-8686 東京都多摩市落合1-34
お問い合わせ=フリーダイヤル0120-68-0145

印刷・製本　図書印刷株式会社

ISBN978-4-8288-6259-0　C2077